政协委员传记丛书

中国政协文史馆◎编

本书执行主编◎谢柏梁

学术指导◎中国戏曲学院

梅韵玖传

梅葆玖

吴迎◎著

中国政协文史馆◎编

本书执行主编◎谢柏梁

中国文史出版社

图书在版编目（CIP）数据

梅韵玖传梅葆玖 / 吴迎著 . —北京：中国文史出版社，2014.8
（政协委员传记丛书）
ISBN 978-7-5034-5250-5
Ⅰ . ①梅… Ⅱ . ①吴… Ⅲ . ①梅葆玖—传记 Ⅳ . ① K825.78
中国版本图书馆 CIP 数据核字（2014）第 188867 号

责任编辑：王文运　梁　洁
装帧设计：白雪飞扬

出版发行：中国文史出版社
网　　址：www.wenshipress.com
社　　址：北京市西城区太平桥大街 23 号　邮编：100811
电　　话：010-66173572　66168268　66192736（发行部）
传　　真：010-66192703
印　　装：北京温林源印刷有限公司
经　　销：全国新华书店
开　　本：16 开
印　　张：18.75
版　　次：2014 年 9 月北京第 1 版
印　　次：2014 年 9 月第 1 次印刷
定　　价：38.00 元

前言

中华民族历来重视从历史中汲取智慧。政协组织人才荟萃，全国政协委员是中国社会各个领域、各个界别有代表性、有社会影响力的杰出人士，为阅历丰富、成就斐然的政协委员立传，是一件很有意义的事情。2013年2月22日，中国政协文史馆举行委员传记中心成立仪式暨委员传记工作座谈会，全国政协副主席孙家正在讲话中指出："他们都是国内顶尖的杰出人士，他们每个人本身就是一本书，一座挖掘不完的矿山。知人方可论世。他们的个人经历折射出社会的变迁、历史的进程以及时代的风貌；他们跌宕起伏的人生给后人无尽的启迪。"

从数以千计的全国政协委员中精心选择传主，组织专门力量帮助他们收集"亲历、亲见、亲闻"的资料，挖掘他们的精彩人生并以传记形式出版，是新形势下创新和推进人民政协文史资料工作的重要举措。

文史资料特指人民政协征集的以"三亲"为特色的历史资料。1959年4月29日，时任全国政协主席的周恩来特地为60岁以上的政协委员举办茶话会，"希望过了60岁的委员都能把自己的知识和经验留下来，作为对社会的贡献"。人民政协汇聚了我国现当代政治、经济、军事、外交、文教、科技、民族、宗教、华侨等各个领域有代表性的人物，请他们口述亲身经历和所见所闻，从不同侧面、不同层次记述历史，是政协组织的优势所在，这些视角各异的记述可以在历史研究中发挥互相比较、互相印证、互相补充的作用。文史资料的内容涵盖各个领域，能够具体、翔实、生动地展示历史的曲折进程，使历史如多棱镜和万花筒般呈现在世人面前。半个多世纪以来，各级政协共有40多万人次参与这项工作，征集史料80亿字，编辑出版50多亿字，从一个特殊的角度延续了中华民族尊重历史、重视历史的传统，并发挥着“存史、资政、团结、育人”的社会功能。

新的形势下，文史资料征集内容的深度和广度不断延伸，征集手段和工作成果也趋于多样化。中国政协文史馆将依据人民政协的界别特色，每年遴选一批政协委员，借助规范的口述历史手段，组织专门力量立传。这种由专门机构计划和组织委员传记写作，在文史资料征集工作中还是第一次。我们希望更多的政协委员能够关注这项工作。

向广大读者提供优秀的人物传记是我们的责任。优秀的人物传记记录和反映了杰出人物的生活史和事业史，可以高扬探索的精神、创造的激情和人性的力量，实现立德、立功、立言的目标。优秀的人物传记的写作，必须具备鲜明的立场、蓬勃的热情和采集第一手资料的功夫，能够从浩繁的资料中科学取舍和整理，再通过一定的表达技巧，达到吸引读者、教育读者、感化读者、提升读者的目的。为此，我们选择兼具专业素养和文字能力的作者，能够将传主亲历、亲见、亲闻的历史写成彰显个性色彩和具有丰厚内涵的传记，使读者能够从传主的人生阅历、奋斗和体验中得到借鉴和启示。但愿我们的努力能得到广大政协委员和各界读者的认可。

中国政协文史馆

2014年6月

目录

第一章　肝胆相照

2013 年 8 月 2 日下午 3 时，全国政协文史馆在文史馆七楼第三会议室召开有关梅葆玖委员传记座谈会，名曰“梅芳雅韵、玖玖留香”。

会后我们相约，一周后在泰州举办“双甲之约”纪念梅兰芳诞辰 120 周年巡演活动首演时，静下心来，好好聊聊。

梅先生和夫人一行 8 月 6 日从北京到上海，没出机场直奔泰州，梅先生喜欢接力式，下午 4 时，宾馆安顿好后，梅先生和我说：“我们先把明天‘双甲之约’专题演讲会的材料对一下，总不能照章宣读。”我说：“回到故乡，和父老乡亲谈家常、谈父亲、谈谈梅派艺术。真是回家了，特别的亲切。”1956 年 3 月 14 日，梅先生第一次随父母回故乡祭祖，梅兰芳当天有戏，梅先生代表父亲讲话，念稿纸的这张照片，找很久，这次找到了。

8 月 7 日，在新建的现代化泰州市图书馆，演讲大厅坐满了，梅先生没有完全看稿。他说：

“2014 年是我父亲梅兰芳诞辰 120 周年。按我们中国人的习俗，农历纪元六十年为‘一甲子’，120 周年谓之‘双甲子’。有特别隆重的纪念意义。故乡作为‘双甲之约’演出的起点，更具历史价值。我代表梅兰芳家族和我本人对诸位的光临和参与，深表敬意！向故乡的父老乡亲请个安！”

台下感到特别的亲切，鼓了掌。

梅先生说：“梅兰芳是近代世界上伟大的艺术家之一，是我国京剧历史上一位承前启后、继往开来的表演艺术家。他一生在艺术上孜孜不倦、勇于探索、不断革新而创造了众多优美的艺术形象，积累了大量的优秀剧目，形成了具有自己独特风格的梅派艺术。

“梅兰芳以他中正平和的表演手法，以特有的甜美圆润、音聚响堂的嗓音所创造的淋漓酣畅、落落大方。优美动听的演唱，为人们所热烈喜爱。给人们提供了极为美妙、高雅的艺术享受，使人感到洁白纯真，从而荡漾着人们的心灵，为无数戏曲艺术的后继者树立了师法、学习的典范。”

我看见坐在前排好几位青年人用MP3或手机在录音，他们不是记者，是自身的需要。我想这个小城毕竟是梅兰芳、柳敬亭的故乡，人们的文化素质就是不一样。

梅先生说：“党的十八大要我们建设优秀传统文化传承体系，弘扬中华优秀传统文化。党中央的声音代表了民族的意志。”

“我们面临着时代的挑战，如何使前辈们创造的宝贵的艺术财富在新的时代发扬光大。如何像梅兰芳那样继往开来，接过旧的、完善当时的、发展将来的，已成为迫在眉睫的事了。”

“梅兰芳的蓄髭明志，坚贞不屈的爱国思想，完全是受到中国传统文化中‘舍生取义’的理想人格而形成的，这和他的生死观是一致的。和岳飞的‘精忠报国’，文天祥的‘人生自古谁无死，留取丹心照汗青’的名言一样流芳百世。梅兰芳的精神将永远激励我们。”

演讲完，乡亲们一拥而上，和梅先生一一留影，签名留念。我们有点担心他会不会累，毕竟年近八十了。看他一点也没有表现出不耐烦的意思，笑容可掬。梅先生在梨园界的内外圈里性格好、脾气好、没架子是出了名的。人们常说艺如其人，精神境界体现在艺术的表现上。梅派能始终成为京剧的第一大派，有它的根。

进了房间，梅先生给我沏了一杯从北京带来的香片，临窗而坐。他和我说："中午最好随便吃点，我们都上了岁数了，少吃为妙。"

我说："这次写传记，大家都很重视。"

梅先生说："第一，千万别称我'大师'，更不要做'大师'传记。我父亲才是名副其实的大师，中国真正的大师不多。第二，把我自己艰辛的学艺过程，一步一步如何走过来的心得，梅派艺术为什么要坚持'移步不换形'，京剧以后怎么办？如实讲一讲，留给下一代和喜欢中国京剧的朋友看看，是我们愿意做的。"

我说："言之有理，一个国家，大师少几位，甚至没有，都没有关系，以后会有的。就怕普通人心中'大师'的标准都糊涂了，大师越来越多，那真可怕了。"

梅先生说："基本上分几个阶段，童年的动荡，学戏和读书——双轨的艰辛，进梅剧团跟随父亲演出时期，父亲逝世，挑梁梅剧团时期，'文化大革命'搞音响、农村劳动，改革开放、重放光彩，40位弟子对梅派艺术的继承和今后梅派长期发展愿景。流水账不报了，通过常演的几个戏，讲几件事儿，传点艺，动点真格。将几个时期有意思的事，有趣的事儿串起来，不生硬平铺直叙，同时对戏校同学、青年演员的学艺也会有点帮助。"

梅先生说："我生在上海，思南路87号，受的是外国教会学校的教育，和科班里成长的演员有点不同。父亲的教导又特别严格，好在你是知道思南路'梅华诗屋'那种文化氛围的。而且，你是真喜欢，几十年前和卢文勤一起写的书，至今几十年过去，青年演员都还在用。我们写，千万别言过其实。"

我说："我是想通过把你的艺术心得、为人处世、人生追求记录下来，对当前京剧的现状和今后的发展，给决策者和实践者起到抛砖

震旦大学校门

引玉的作用，也是和我们的爱好者，广大读者一种神交。”

梅先生最后说：“这 30 多年来，改革开放，我在国内、国外到处演出，业余时间唯一的去处，就是政协了。从北京市政协开始，近 30 年了，从第八届全国政协起始也实足 20 年了，每年 3 月初都要聚会。‘共议国事’，成为我精神上的一种寄托了。父亲在世时就是第一届委员，那时文艺界委员很少的，以后又是常委，‘文革’以后，五哥（梅绍武）也被选为常委。

“现在我的学生中，李胜素、董圆圆也在全国政协了，今年中秋戏曲晚会，李胜素、董圆圆、魏海敏都表演了梅派节目，张晶当天也在电视里上《醉酒》的课，使我十分欣慰。平时，请家人和朋友吃饭，我总是在北京站对面的市政协餐厅，20 年的习惯了，很少去后海的‘梅府家宴’，因为我到了，总不肯收我的钱，太客气了。”

我说：“那我们就先以此为题，倒叙了。”

梅先生说：“1948 年，家里还算平静，卢燕母女去美国已近一年，四哥考上了震旦土木系，和我一个学校，我是预科，他是本科。七姐（葆玥）在震旦女中，父亲请了陈秀华老师来家教她余派，她和我一样读书和学戏，也很忙。社会上民不聊生，父亲为上海伶界联合会和北平国剧公会义演两天，为救同行燃眉之急。票款和捐款三亿七千万元全数请德高望重的萧长华先生主持分给同行。下半年除了拍《生死恨》电影，没有演出，唱片公司版税每年都会如数送到家里，帮助我母亲的日常开销。北方内战激烈，上海各大专学校都上街游行‘反饥饿、反内战’，我还是中学生，没有去参加，但震旦校园里已经不平静了，有的外国神父要准备撤了。家中每天倒还是有不少父亲的学生来，吊嗓子、学戏，‘梅华诗屋’里坐得满满的。到了 1949 年，战事更吃紧了。国民党政府要撤了，希望我们全家也撤到台湾去，说是房子也有了，一切都准备好了。”

梅葆玖上学时代的作业本

1949 年 4 月，梅兰芳的挚友、上海戏剧学院院长、留美的熊佛西先生，带着夏衍先生到了思南路梅家，希望梅兰芳留下来，迎接新中国的诞生。梅兰芳同意熊佛老的说法：“唱戏的在小岛上能活吗？”

5 月 27 日，解放军进了上海，梅兰芳说：“共产党的军队，纪律严明。”我们家附近思南路，复兴路到建国路一带非常宁静。

5月31日，梅剧团接受陈毅市长的邀请，在上海南京大戏院（今上海音乐厅）连演三天，热情招待和慰问解放军。“父亲很当件事儿。”

梅先生回忆说：“当年陈毅市长威信很高，第一天演出完，陈毅就专门到后台，对我父亲表示谢意，我每天随父亲去剧场，这是我第一次看见台下如此秩序井然的特殊观众，给我留下了十分深刻的印象，几十年来，我参加无数次慰问解放军和赴朝鲜慰问志愿军的演出，都会想起梅剧团那次演出的情景。”

6月4日，父亲接受陈毅市长的邀请，在八仙桥青年会参加了上海各界知名人士座谈会，上海各报都登了梅兰芳一起开会的照片。

1949年7月2日至19日全国第一届文学艺术工作者代表大会在北京召开，梅兰芳在会上见到了毛泽东、周恩来、朱德等领导人。当梅兰芳第一次和毛泽东握手时，毛泽东风趣地提及北平人对梅兰芳的欢迎程度不亚于解放军进北平时的情形，毛泽东幽默地对梅兰芳说“您的名气比我大。”①

梅先生回忆说：“这是我第一次离开上海到北京，从小在上海法租界长大，就那么一个小天地，到了北京吓了一大跳，怎么那么大啊！一切很好，唯一不能接受的是豆汁那股味儿，实在是……”

“我和葆玥姐随父母以及许姬传先生一行准备北上，母亲准备了好多给亲友的礼物。在上海出发前，熊佛老就来告知，到北京会有演出，所以管服装的郭岐山先生（现在梅剧团管服装、舞美的郭春慧先生的父亲）、老生王少亭等人，包括周信芳、程砚秋、袁雪芬等上海代表有60多人。我16岁第一次出远门，特别兴奋。”

“6月24日出发，到北京已经27日了，火车路上走了三天，路过南京，刘伯承将军在原国民党的励志社（我父亲1936年演《生死

---

① 参见谢思进、孙利华编著：《梅兰芳艺术年谱》，文化艺术出版社，2009年版。

恨》大为轰动的礼堂）设宴招待我们，在南京白鹭洲停了 17 个小时，为避空袭。路过济南，正值午夜，那天晚上月亮非常好，碧天如水，皎洁的月光照到泰山顶上，愈显得泰山的崇高伟大，奇峰突起，好看极了。葆玥姐是念中文的，诗兴大发，念了许多古代诗人描写明月的佳句，也使我想起昆曲里，写月的曲词‘月明如水浸楼台’，‘月明云淡露华浓’，古人写景的技巧，真有独到之处。火车几乎每站都要停，我父亲每到一站都要下车和沿途的戏迷打招呼，毕竟大家都有十多年没有见到梅兰芳了。

“天津的欢迎阵势最大，我父亲答应北京的事儿完了，第一站就到天津来演。

“北京站终于到了，人山人海，‘梅老板回来了’的消息不胫而走，老百姓都想来看一看。在京的同行，尚小云、荀慧生、谭富英、萧长华、姜妙香全来了。

“我们住在东单史家胡同陈关锋家中。”

梅先生和我说：“就是你以前常住的干面胡同红十字会宾馆。这住宅以前正门在史家胡同，后门在干面胡同，现在后门成正门了。”

我说：“你和这块地儿真有缘，第一次回北京住这儿，结婚了，就住干面胡同对门，50 多年了吧，这 50 年发生了多少事啊！”我因为住红十字会宾馆，在梅先生家对门，有时要研究点戏或者跟梅先生的几位弟子张晶等来研究点戏，也常在这儿，梅先生过来参加也方便。

梅先生说：“陈关锋是新华银行经理，冯六爷（耿光）是新华银行的董事长，所以都是老朋友了。陈关锋先生的夫人已经去国外了，当时住的还有一对音乐家夫妇，这是一个西洋式的旧洋房，不是四合院，北京城里很少有。‘画廊金粉半寒星，池馆苍苔一片青。’我父亲肠胃不好，演出忙，饮食无序，他除了开会时间外，都到这儿吃饭休息，我母亲还邀我父亲的学生王珮瑜一起来北京，她是营养学专家，来料理我父亲的饮食卫生。”我说：“我认识，前几年她从美国回来，

梅兰芳参加政协第一届全体会议的代表证

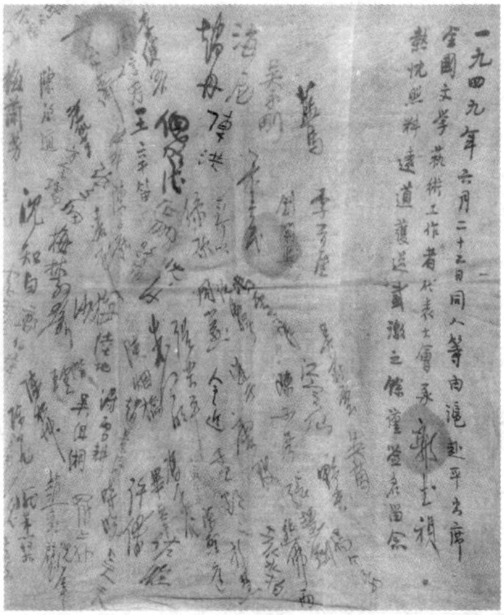

1949年6月，梅葆玖随父亲参加第一届文代会，上海代表团70余名代表在火车上一起签名

找我帮助解决上海的房屋之事。她唱得好，我有她‘洛神’的资料。”

“文代会”期间，我父亲演出了《霸王别姬》，当时领导文化工作的人安排我父亲观摩延安平剧院演出的《中山狼》《进长安》和现代戏《四劝》。我父亲在7月底，为救同行之急，在长安大戏院演了四场义务戏，票款全数由梅剧团总管李八爷（春林）管理，支付同行救急。

9月4日，梅兰芳作为政协委员动身北上，参加9月21日的中国人民政治协商会议第一届全体会议的开幕式，会议期间梅兰芳发了言。梅兰芳和许姬传先生住在六国饭店全国政协的招待所，出席会议的岁数大的委员都安排在二楼，便于上下楼，代表的伙食，规定到饭厅集体进膳，早晨8点稀饭馒头，12点午餐，6点晚餐，摇铃通知。此外，还有理发券、洗衣券、乘车证，招待得很周到。代表中也有多年的老友，如周孝怀、张难先、江翔云、李步青、陈望道都是思想开明、齿德俱尊的老人。尤其是张难先老人，以前做过浙江省主席，当年已 76 岁高龄了，饱经沧桑，阅历丰富，数十年来始终不愿参政，不想多事。但是这次召开的人民政治协商会议，这一批人都欢欣鼓舞，不顾年老体弱，毅然参加，会议中发言引发全场极为热烈的鼓掌，庆贺这些久经事变的老人，也可以说是庆贺人民政协的本身，这些老朋友和梅兰芳一样选择了几十年，现在真正选对了。张难先以前在国民党里以廉俭著称，他十分仰慕梅兰芳蓄须明志的民族气节，这次知道梅兰芳也来参加会议，特地备了一个扇面，请梅兰芳画梅，引为佳话。到六国饭店特地拜访梅兰芳的还有一对十分特殊的父子，在第一届全国政协 622 位代表中唯一的一对父子：父亲陈已生，儿子陈震中，父亲是上海工商界人士，儿子是代表学生的中华全国学生联合会副主席。陈氏家族中不少女眷都是梅派名票，对梅派极为热爱。虽都生活在上海，但以前无结识之缘，故此次特地拜访。这一对父子在抗日救亡的烽火中同日寇进行了不屈的斗争。他们出自一个颇具传奇色彩的家庭，陈已生的父亲陈汝康是光绪“戊戌变法”维新派的重要成员。祖孙三辈，子秉父志，先后参加了自 1895 年“公车上书”“戊戌变法”，直到新中国成立，绵延半个多世纪的近代中国大变革。

梅先生说：“新中国成立之初，这些委员和我父亲一样，都是中华民族的优秀志士，他们一辈子都在拼搏，都在专心做自己的事，自己的命运和民族的命运休戚相关。”

一届政协第一次全体会议期间，梅兰芳演了一次戏，并在共和国成立第二天，政协联欢会上做了一次节目主持人，和现在电视里的节目主持人差不多，两位主持人，另一位是田汉。票戏的人都是文化界的领导同志和政协委员中的爱好者，这可以说是现在全国政协京昆室的前奏了，但今天的政协京昆室大多是政协委员中的专业演员了，委员中能上台唱一出的不多了，尤其是中年的不多了，青年更少了。

政协的京剧晚会，没有戏单。史料记载，许姬传那天也迟到了，进门已经是第二出《钟馗嫁妹》，由侯益隆的徒弟演的；下面是云燕铭的《鸿鸾喜》，演到“投江”为止，不带“棒打”；压轴是谭富英的《定军山》带“斩渊”。大轴梅兰芳的《宇宙锋》，12 点钟上场，“那天嗓音甜润，做功表演深刻，台下一点声音也没有，安静极了，我们坐的地方距离戏台有十几排，但是【反二黄】里‘懒睁杏眼，倒凤颠鸾，一声来唤’，几个低腔，每一个字都送到耳边，异常清楚。我觉得近三五年来听梅剧以这次为最舒服”。阿英同志常说：“优美的戏剧，能够净化观众的心灵，使之升华。”那天晚上真是到了那种境界。梅兰芳事后说：“因为环境与心情的和谐，演得非常舒适。”和我们看戏的人有着同样的感觉。

政协开完会，因梅兰芳离开北京近 20 年了，20 岁左右的人没有听过梅兰芳的戏，要求演出的市民呼声极高，长安大戏院（老长安大戏院位于西单，西长安街路南）方面，托尚小云（梅兰芳表妹夫）来说，要求帮几天忙，梅兰芳也觉得应该和市民观众见见面，约定开完会，唱十天。演员大部分是梅剧团的老人。小生俞振飞，从上海赶来，其余萧长华、刘连荣、王少亭原来就在北京。老生约了奚啸伯，因为奚啸伯内人过去后，情绪很不好，梅兰芳为此，相约他参加。同时对杨宝森打了招呼，杨宝森也认为应该帮奚啸伯的忙，原来他们交情就很好。戏码由梅兰芳自己圈定。点定了《起解》《贩马记》《宇宙锋》《别姬》《凤还巢》五出戏。戏改已经开始，觉得还没有大毛病，加以部分修改，比较容易。在“长安”演出的十天中，有四场《别姬》，因为买票拥挤，票柜上的玻璃都被打破了，警察也无法维持秩序，“长安”院方要求多演《别姬》，解决这种困难。

值得纪念的当推 1950 年 12 月 31 日，梅兰芳带着梅先生在中南海怀仁堂为中央首长演出《金山寺・断桥》，第二天，1951 年元旦，梅先生又到怀仁堂演了《玉堂春》。

梅先生很谦虚地说：“以前所有有关梅兰芳的书都写了这件事，那时我才 16 岁，还小，这次《传记》是否要写？”我说：“要写，那是一个时代的历史，而且所有的书里就那么几句话，也不详细，你是否详细一点说一说。”

梅先生说：“实在没有什么可多说的，那时，我还在上海念书，要到 1951 年暑假，我才完全离开学校。12 月 13 日，我在长安大戏院参加中央人民政府文化部主办的京剧招待晚会，和我父亲，姜六爷演的《游园惊梦》，前面是谭元寿《问樵闹府》，再前面是戏曲实验学校学生谢锐青等的《金山水斗》。年底那天，就说要去中南海演《水斗 · 断桥》，第二天有我的《玉堂春》。演给谁看，没有人说过，父母也不说的，跟着父亲走就行了。

“第一天，父亲也没有进首长休息厅，因为要演出，不能见客。第二天，我演《玉春堂》那天，我父亲在看我扮戏，周恩来总理在开场前对我父亲说：‘除夕看老一辈艺术家，今天看青年一代，你来看戏，一定很高兴吧。’父亲回到家中对母亲说：‘今天在休息室里见到毛主席，他含笑和我说：昨天看了《金山寺 · 断桥》，你演的白娘子扮相与众不同，想的很妙，浑身穿白，头顶一个红线球。毛主席看戏可真仔细！这么多年，从来没有人谈过白娘子的扮相。的确，我是花了很多时间来研究，才改成现在这个样子的。’”

梅先生说：“我在后台扮戏，也没有什么人来说话，当然，我还小，主要是我父亲。那天的王金龙还是姜六爷（妙香）扮演。蓝袍、红袍是梅剧团老人王少亭和韦三奎扮演。因为是在中南海后台，所以特别安静。

“自己唱得也比较满意，因为这出戏在上海参加夏声戏校演出时，经常贴，唱熟了，台下很安静地听戏，完了才鼓掌。

“当时，我们家已经搬进由政府安排的护国寺住宅了，即现在的梅兰芳纪念馆。”

1949 年梅兰芳到北京参加第一届文代会时，周总理对梅兰芳说：“我希望你到北京来主持即将成立的中国戏曲研究院，你可以住到旧

1924年梅兰芳夫妇与友人在无量大人胡同留影

居无量大人胡同。”

梅兰芳对阿英同志（当时任天津市委宣传部长）说：“此房我在解放前已卖给柯家了，现在如果住进去，人家会怀疑我依靠政府力量强占此屋，你把这层意思转告周恩来同志，希望能了解我的苦衷。”事后，总理派了政务院申伯纯同志陪梅兰芳看房，就到了护国寺街一号，那是一个四合院的规格，只有北房和东西厢房，南面是杂草地。梅先生表示“现在就我和许姬传二人，足够住了”。于是就拍板了。那房当时是招待所，邓宝珊将军还住在里面。到1950年下半年，我母亲带着我们来时，南房也盖起来了，就是现在这个样子了。

近半个世纪，北京人知道的梅家——西旧帘子胡同29号，是梅家唯一的房产，有产权证。当年是大公报经理胡政之的女婿王先生的私房，由当年为梅兰芳管理经济的老友新华银行北京分行经理曹少璋租赁居住的。那年，业主要售去此房，梅兰芳得讯，就对曹少璋说：

“你问房主卖多少钱，我买下来了。省得你搬家了。”当时花了六千多元就买下来了，也就唱几天戏的收入。把此房稍加整修粉刷，作为招待外路来的亲友的处所。新中国成立以后冯六爷夫妇从上海到北京就住过此地。梅兰芳先生逝世后，梅夫人福芝芳因住在护国寺触景伤情就搬到了西旧帘子胡同。1966年，“文革”的风暴席卷北京城，护国寺梅宅大门内贴满了批梅兰芳的大字报，不久梅家人被扫地出门。梅家除了梅葆玖住岳父家中，全都搬到西旧帘子胡同。前几年，西城区改造，又动迁至和平门新壁街的一宅新的四合院，梅先生住北屋，南屋是范梅强（梅葆玥的儿子），东、西厢房归四哥、五哥的后代居住，梅家从李铁拐斜街开始，随着梅兰芳在艺术上的成功和影响搬了六次家，住得最长的是上海思南路，和平门是最后的乔迁。

1986年10月27日梅兰芳纪念馆在梅兰芳一生最后十年居住的北京护国寺9号开幕。当时，我们都录了像，私人录像那年代不多，做成VHS带子留在纪念馆。有人放了“二踢脚”，街头十分热闹，可惜男女

梅葆玖在全国两会上

政协大会前，梅葆玖在天安门广场留影

厕所就一个，考虑不周，国外专家来参观，颇为不便，几年后，已改进了。中央政治局有好几位领导参加了开幕典礼，习仲勋同志代表党中央即兴讲话，他和当年陈毅同志一样称梅兰芳是“一代完人”。

梅先生说：“我父亲平时在家，从不训人，也不高声说话，他有多方面的爱好：诗词、绘画、音乐、书法、花卉和武术，但并不是以此作为谋生的手段，将其换取物质上的享受，而是把各种文化的熏陶和艺术的尝试当作磨炼自己艺术修养的手段。为的是提升自己的艺术品位，提高自己的艺术修养，提炼自己的艺术作品，使自己保持较佳的艺术创造的精神状态，并细细地从中体味不断追求着的艺术精神。

“我已年近八十，以上是我学习我父亲一辈子都学不完的地方。”

梅先生回忆说：“这整整 20 年的政协生涯，每年我都会提三四个提案，出于我内心的提案。最揪心的是关于吉祥戏院的催生，连头到尾，大概有八年之久，我找不出原因可以理解。我向大家报告，五年又过去了，金鱼胡同的乐天银泰商业大厦建成营业已经二年多，原定在此大厦八楼的吉祥戏院，一年以前有过动静，现在仍什么都没有了。一个老戏院的恢复，要我们这些老艺术家和政协委员四次提案，从 2004 年起整整七年了，这实在是和科学发展观怎么也对不上号的，我请管这件事的领导，体谅我们的心情。我将我父亲梅兰芳90年前开始的一段情，向你们禀告一下：1915年5月梅兰芳21岁，在吉祥首演新京剧《嫦娥奔月》开了京剧改革之先河，也打破了外国人不进戏馆茶楼的习惯；1916年1月红楼戏《黛玉葬花》《千金一笑》首演；1917年12月1日《天女散花》首演；1918年2月20日《童女斩蛇》首演；1919年和当年16岁的程砚秋师徒同台《天河配》，1919年10月与余叔岩《游龙戏凤》轰动京城；一直到1959年，在吉祥排出了最后一部《穆桂英挂帅》，梅兰芳和吉祥的渊源，及其他几位著名艺术家在吉祥的历史记录，将成为吉祥文化底蕴最好的解读，以及创建吉祥戏院百年品牌最好的广告。我慎重建议，将这一文化元素在室内设计时，把它固定下来，作为'吉祥文化'的展示。我第五次希望领导能理解老北京人的感情。这个题目的提案我写了五年，近60位同仁支持我。每次写我都会想起父亲第一次参加政协会议时的那些老人……

"我至今仍以此来鞭策自己，要对得起这份荣誉，这份责任：肝胆相照，荣辱与共。几十年来，中国人民政治协商会议已深深植根于中国的土壤，不是说变就可以变的，也不是想变就可以变的，这是中国历史状况所决定的一种适应当时社会的制度。今天社会现实不断有新的情况出现，不断改进也是应该的。这是我的态度。"

梅葆玖在政协联欢会演出，进行化妆最后一道工序

第二章 动荡的童年

“1934年3月29日，我出生在上海思南路87号，三楼我妈妈的床上。”

为了中央电视台《往事》栏目拍摄梅兰芳抗日战争期间蓄须明志的往事，该栏目对梅先生进行专访。梅先生和我、沈维德先生，一起回到了现今充满了商业气息的“思南路宾馆”梅家老宅，一幕一幕尽在回忆之中。

我问：“广慈医院（现瑞金医院）那么近，为什么不去医院？”

“我母亲生了九个兄弟姐妹，我最小，名曰小九。好像都是在家里接生的。”

我说：“可能是娜娜（梅先生的外婆，旗人，我们都尊称她老人家娜娜）太有能耐、太固执、又自信，说上房就上房、一身功夫的老太太，活在今天的社会，可能会和郑凤荣一样打破女子跳高世界纪录的。”我记忆之中，没有看见娜娜穿过女装，全是对襟男装打扮，非常飘逸。

香妈（梅兰芳夫人，梅门弟子和我们都尊称她“香妈”，显得贵气，成习惯了）自幼在北京南城住满旗人的大杂院长大，母亲怀着她离开了不上进的丈夫，受尽了磨难。她没有文化，但为人正派，有侠义之风，号称福大姑。母女二人，相依为命。香妈童年在炕上一起剪纸花的伙伴，按梨园习俗都嫁给梨园行，果素英嫁程砚秋，冯金芙嫁姜妙香。香妈 16 岁时由老师吴菱仙介绍给肩挑两房的同门师兄，独子梅兰芳。因为梅兰芳结发妻子王明华一双儿女均死于麻疹，长辈同意梅兰芳再娶一房，生儿育女，王明华同意以弥补她本人未能尽到的责任。那个年代，不管是谁，不管台上有多好，不能生育，在平常人家也是一个大问题，伶人家庭的梅兰芳也不可能例外。王明华同意香妈进门，两头大。香妈她奉守当年的伦理标准为这个家庭奉献了一切，婚后 14 年中先后生了九个子女。头两个一男一女；第三、四、五均为男孩，葆琪、葆琛、葆珍（绍武）；第六、七、八均是女孩，葆玥、葆珑、一位没取名就死了；最小的小九是梅先生葆玖。

我曾问过梅先生："你们家又不是没有钱，兄弟姐妹九人之多，还不包括王明华生的永儿、五十，什么道理就四哥、五哥、七姐和你成人，其他都没有保养好呢？如果在现代社会，梅兰芳先生对子女的责任要引起质疑的。"梅先生说："这和当时整个社会不重视卫生是有关的，因为死因都是流行病，过于信任中医也有关系，如果现代的流感发生在那个年代的话，也不知会造成一个什么样的惨局。我父亲实在太忙，要养活戏班里一大帮人，必须经常唱，甚至日夜三场，园子堂会二头赶也不无关系。三哥葆琪，一双大眼睛像我父亲，很得宠，父亲练功都带着他，又送他到外交部小学，聪明超凡，自幼就看得出接父亲班的苗头，可是到了八岁，流行白喉，空气传播，不治夭折。如果没有白喉流行，我可能和四哥、五哥一样，做我想做的工程师了。我们今天可能就到科技会堂见面了。小时候也不用如此辛苦，一边读书上学，一边拼命学戏了。"我说："是啊，三哥那么好的条件，和李世芳年岁相当，形成梅派艺术发展的牛市'双肩底部'反弹势头，可想而知。'四小名旦'李世芳、毛世来、宋德珠、张君秋的推选又会出佳话了。”梅先生说：“所以啊，我八岁也生病了，你看这相片，我染病在床，手里拿着飞机模型，葆玥在旁边陪伴。医生验查后说是白喉，母亲一听‘白喉’二字，就昏倒在地了。”

葆琪的去世，给梅兰芳夫妇带来了挥之不去的阴影。他们对他寄予的希望，人所难言。

1932 年 1 月 28 日，日本飞机轰炸上海，商务印书馆被炸为平地，梅兰芳早期保存完整的两部电影，《春香闹学》和《天女散花》是“商务”拍的。库存影片全部被毁，两部影片也同归于尽。梅兰芳在北京为上海受伤军民义演三天。同时，国民党政府与日本帝国主义侵略者签订了《塘沽条约》，华北局势危急，日军逼近山海关，梅兰芳携家老小，迁居上海，住沧州饭店（今上海南京西路，住处仍在）。当年住在现思南路 85 号的国民党湖南省主席（新中国后中央人民政府副主席）程潜，愿将东首空房 87 号租给梅兰芳。不料梅兰芳一家一住就住了 26 年，成为梅兰芳一生最精彩的历史时期，最后撤走的是娜娜，已是 1958 年春天，我们还去送了行。

当时，日本帝国主义在东北阴谋筹建傀儡满洲国，梅家旧友满清遗老到思南路 87 号邀梅兰芳前去演出，来人云：“你们梅家三辈受过大清恩典，樊樊山先生且有‘天子亲呼胖巧玲’（ 梅兰芳祖父梅巧玲）这样的诗句，而今大清国再次复兴，你理应前去庆祝一番，况且这和唱一次堂会又有何区别？我真纳闷你为何不能前去？”梅兰芳说：“现在他（指溥仪。大婚时梅兰芳以《天女散花》唱堂会三天，皇后婉容一度成为头号粉丝）受到日本人的操纵，要另外成立一个伪政府，同我们处于敌对地位，我怎能去给他演戏，而让天下人耻笑呢？”（见梅绍武《我的父亲梅兰芳》）

1932 年 4 月梅兰芳接受好友叶恭绰的提议，以梁红玉战金山的故事编演新戏，体现奋起抗敌的激情，以适当时全国高呼抗日之大势，这使梅兰芳想起有一出传统老戏《娘子军》，“是一出技术精湛的刀马旦戏，完全可以扩充增编，赋予新意”。这就是后来的梅派经典剧目《抗金兵》。这事发生在距今80年前，梅兰芳对传统的继承，对时代和内容的贴合、艺术家自我心灵的欣慰，非常值得当今积极推广，以供京剧改革人士参考。1951年4月3日，中国戏曲研究院成立，梅兰芳被任命为院长。成立大会上，时任全国政协委员、中央文史馆副馆长的叶恭绰先生前来祝贺，和梅兰芳重谈梅派经典、爱国名剧《抗金兵》和《生死恨》，梅兰芳和老友叶恭绰老夫子说：“《抗金兵》这戏的名字还是您取的。现今朝鲜军情吃紧，侵略者有入侵之意，我们演《抗金兵》正合时宜。”同年5月21日，梅剧团在武汉，对《抗金兵》的剧本结构、情节安排、人物造型、艺术布局等各个方面都进行了重大的修改。有趣的是，梅兰芳指定的韩世忠人选，杨派大武生高盛麟，正在戒毒所戒鸦片，不能出来。梅兰芳淡淡地说：“戒了就好，他行的。”高盛麟果然不失所望，文武出色。有嗓能唱，四年后又入了党。重排的《抗金兵》阵容强大，值得一书，除了梅兰芳饰梁红玉、高盛麟饰韩世忠外，姜妙香饰韩尚德、杨盛春饰韩彦直、萧长华饰朱贵、王少亭饰刘琦、郭元汾饰张俊、刘连荣饰金兀术、董少峰饰黄炳全、高世泰等饰义民，李庆山、张啸庄等饰兵丁。真是满台好角儿，为了加强梁红玉水战出征的场面，还特让大弟子魏莲芳演摇桨女兵，后来成了魏莲芳的女婿、现尚健在的武旦名家冀韵兰演擎旗女兵。梅葆玖先生对我说：“1951年去武汉是我正式参加梅剧团的开始，我也应该参加这个阵容，哪怕来个女兵都行。”我说：“就怕你爸不让您演女兵，就让您跟着他演《断桥》。”

“我出生那天，父亲不在家中，他在武汉演出，碰巧戏园失火，他把该期包银的一半，拿出来救济同行底包。至今70年过去了，我到武汉演出，当年底包的第二代、第三代还牵了我的手，重提往事，让我万分感慨！他从武汉回上海没几天，河南又发大水了，他又去开封救灾义演十天。救灾刚完，又接受苏联邀请，去苏联参加那次极为

梅兰芳夫妇（摄于1929年）

重要的演出和学术研讨会。我从出生就是这个环境，父亲太忙了，演出是不断的，逢到假日，经常日夜两场，有时还得双出。

“我母亲管家井然有序，听说 1929 年那两三年特殊的年代，父亲给她的家用，她只花了一半，这是冯六爷（耿光）说的，冯六爷是中国银行总裁，对数字概念特别清楚。母亲虽然也是唱戏出身，但真是一位贤妻良母。”

我说：“生你那张床，泰州梅兰芳纪念馆成立时，四哥（葆琛）做主，作为梅兰芳的遗物，送给故乡纪念馆，留作纪念。”泰州梅兰芳纪念馆的馆名是李先念主席写的，李先念和梅葆琛是嫡亲连襟。四嫂是林佳楣同志的妹妹。北京护国寺的梅兰芳纪念馆，馆名那几个字是邓小平写的。国家领导人和普通戏迷一样，喜爱梅兰芳，梅兰芳是中国传统文化的一个符号。北京和泰州的纪念馆都成了爱国主义教育基地。

梅先生说：“我父亲梅兰芳先生是一位热爱国家、热爱民族的人。”

1937 年“七七事变”发生后，日本侵略者的战火燃烧到了祖国内地。中国人民抗日救亡运动在中国共产党发动和领导下蓬勃发展，“不做亡国奴”“誓死抗战到底”的呼声响遍了神州大地。梅兰芳为了抵制日本帝国主义，不参加服务演出，蓄起胡子不再登台，这件事在抗战期间影响很大。当时，日本侵略者对梅兰芳进行胁迫，逼他演出。梅兰芳在不得已的情况下，只得接连三次冒着生命危险，给自己注射伤寒预防针，使自己发起高烧，予以抵制。梅兰芳以这种损伤自己身体为代价的爱国行动，其崇高气节和境界，无异于“为国捐躯”。我们如果从文化视角看待它、研究它，就会发觉梅兰芳这种坚贞不屈的爱国思想，完全是受到中国传统文化中“舍生取义”理想人格的影响而形成的，这和他为人处世的儒家思想，他的生死观是一致的，岳飞的“精忠报国”和文天祥的“人生自古谁无死，留取丹心照汗青”的名言一样，流芳百世。梅兰芳的爱国精神将永远激励我们。

梅葆琛的孙子梅玮北京大学中文系毕业以后，又读研于中国戏曲

捐赠给泰州梅兰芳纪念馆的床具

学院戏文系。研究生毕业以后在北京梅兰芳纪念馆做研究工作，他的夫人也在纪念馆做文职和党的工作，夫妻二人，相亲相爱，继承祖业。今春，梅玮首次来上海，我带着他们小夫妻拜访几家现仍健在的梅门子弟和思南路梅家的近亲好友，对每个人进行了采访，留下了宝贵的素材。梅玮说："如今，台上有胜素她们撑着，我们做好梅派艺术的理论研究工作也很好。"我看着他那种素淡平静的样子，真像梅家人。

傍晚，我和梅玮走在宁静的思南路上，这一条为了保护旧上海风貌，不允许随便拆迁改造的小马路真是颇有巴黎的风情。梅玮淡淡地和我说："玖爷爷小时候，听说很辛苦？"我说："辛苦倒还好，就是动荡不安。"

我把梅先生的童年界定到他十岁。1938 年初，梅兰芳率梅剧团去香港演出。春末，香港演出结束之后，面对动荡局势，梅兰芳先生决定留居香港，暂不回已沦陷的上海，但将 100 多位演职人员安全送回大陆。梅兰芳先生租住乾德道一所公寓，平时深居简出，只和少数几位熟悉要好的朋友往来，每天看报，做画，下午请一位外籍教师教英语，并养成了集邮的爱好。有时独自拉二胡悉心复习和研究自己的唱腔，复习几段昆曲。每周六与音乐舞蹈教师陈方能去九龙打几个小时羽毛球，还经常看看电影。

1941 年 12 月 8 日听到日本偷袭珍珠港成功，太平洋战争爆发的消息，梅兰芳先生对时局深感忧虑。香港沦陷，从此蓄起了唇髭。

1942 年 7 月 27 日由于侵港日军不断纠缠，梅兰芳结束了在香港的生活，取道广州，回到上海。那一年，梅葆玖先生首次登台，扮演《三娘教子》里的娃娃生薛倚哥，父母感到"有潜质"，决心让他学戏。1943 年从北京请来了老师王幼卿，开蒙学戏。

毕竟父亲回来了，母亲也安心了，眼睛不是常跳了，家又像个样子了。两个哥哥还在内地桂林、昆明念书。当年收了老友言菊朋的女儿言慧珠为徒，另一位徒弟李世芳也出科在即。

梅先生和我说："你说得对，小时候真是动荡。"

"父亲1938年率梅剧团赴港演出，留港居住。我才四岁，没有什么记忆。据我母亲说'八一三'淞沪战役，上海沦陷后，青帮头目张啸林向我父亲提出'日方'要求。希望我父能在电台播一次音，借以收买人心，点缀升平……"

我说："这事我倒知道，听我岳父说起过，张啸林为拍日本人马屁，先是和杜先生（月笙）说，他知道杜和你父亲有交情，请杜来劝你父亲，杜不肯。他就跑到梅公馆自己去说了，被您父亲断然拒绝。这是您父亲第一次对日本军国主义的斗争。旧上海三大亨里，张啸林是和日本人走得近的。和杜月笙不一样，张也票戏，唱花脸。日本人没有投降，张啸林就被军统给暗杀了。"

我说："你和《生死恨》近似'双胞胎'。《生死恨》1934年2月26日在上海天蟾舞台首演。此剧从另一个角度，表现了抗敌救亡之声，夫妻以一生一死悲剧为终，激起观众的共鸣。上演后反响强烈，因而激怒了当时上海社会局日本顾问黑木，他通过社会局局长出面交涉，以非常时期，剧目未经批准等为借口，不准上演。而您父亲非常智慧，请这方面有路子的票友把社会局局长搞定，以观众要求，照演不误，而且在2月29日转到南京大华戏院连演三天。当时，南京是首都，排队购票的观众把票房门窗都挤坏了。消息传到上海，起了连锁反应，争看《生死恨》成为时尚。这可能也是您父亲抗战胜利后，要拍《生死恨》，让它成为中国第一部彩色电影的原因。"梅先生说："《生死恨》是我青年时期唱得最多的一出爱国名剧。"我说："我说的双胞胎，是因为这出戏的戏名是您母亲亲自取的。您父亲说：'这戏让未得同房的夫妻一生一死，就叫《生死梦》吧？'您母亲说：'我看取《生死恨》比《生死梦》更贴切。'您父亲说：'《生死恨》更好，更贴切。'这是您母亲亲自说的。我和梅玮说，现在纪念馆出的有关《生死恨》书籍，都把这一点误载了，要改正。梅玮说：'现在政协文史馆出的书能改过来，就很权威了！所以这本书还要把《生死恨》详细写一下，留点真格的下来。'"

梅先生说："我父亲留香港那四年，母亲带着四哥、五哥、七姐和我留在上海，苦度光阴。每逢四哥、五哥放暑假，母亲带着我们兄弟姐妹四人去香港和父亲团聚两个月，这张照片就是在香港照的。母亲为了节省开支，英国"加拿大皇后"号从上海到香港不便宜，所以给我们买的是三等舱船票，她在头等舱，吃饭时我们过去，把饭菜叫到她房间里五个人一齐吃，有一次让一个外国女服务员撞见了，她瞪眼干涉，不许我们吃头等舱的饭，母亲生气地跟她辩理：'付了钱为什么不许吃？'我们也放下刀叉，不吃就不吃，四哥、五哥还调皮地冲那个洋婆子吐舌弄眼作怪脸，掏出兜儿里的饼干问她要不要来一块，弄得她没辙，转身走了，我也跟着两位哥哥起哄，哈哈大笑，照吃不误。1941 年，我七岁，父亲把我和四哥、五哥留在身边，打算让我们在香港进更好的学校，母亲也同意，可我念了一年小学，第二年母亲再来香港就跟着她和七姐回上海了，因我太小，母亲舍不得。1983 年，"文革"结束后，北京京剧院和上海京剧院共同组团首次去香港演出，香港朋友还带着我去找过当年住过的半山上的乾德道八号那套公寓和我上了一年小学时的小学，连影子都没有了。

"回到上海后，我就上盘石小学，离家近，思南路 87 号的弄堂往东穿出去是吕班路，现在是南北高架下面的重庆南路 224 号，两家天主教小学并排并，男孩子上盘石小学，女孩子上晓星小学。"

梅先生问我，"你太太王医生不就在晓星小学？"

我说："是啊，她家也住附近一条路上，这两所小学，在天主教严格训导下，出了几位人才。"

梅先生说："现在我到上海演出，也还有盘石、晓星的小学同学匆忙从美国赶来捧场。70 多年，风雨沧桑，人生几何？这是中国人的情结，京剧的情结，梅派的情结。

随母亲、四哥、五哥、七姐首次去香港看望避难的父亲

“父亲在香港日子不好过，太平洋战争爆发，日军围攻香港18天，英军投降了，港地居民惶恐不安，日军酒井司令在香港企图逼我父亲为他们演出的消息，也不时传到上海，让母亲日夜担忧，家里真的不太平，有朋友来家中看望妈妈，听说有香港消息，妈妈都会紧张得哆嗦不已。这样的童年经历，好像不多。

“有朋友来说，香港被日军占领之后，严格配给粮食，家中粮食也很紧，可是我父亲还得尽量照顾昔日好友，‘缀玉轩’挚友齐如山先生的次子齐瑛全家也到香港了，生活更加困难，父亲叫他多来几趟，每次装一手提篮的米带回去凑合度日。齐先生帮我父亲搞了那么多新戏，梅齐分不开，没有齐如山，就没有梅兰芳，就好像没有谭鑫培，也就没有梅兰芳。

“父亲把四哥、五哥送到内地桂林、贵阳念书后，听取冯（耿光）六爷的建议：香港和上海也差不多了，给人认出来更麻烦，不如回上海和家人同甘共苦。我父亲什么也没说，快快不乐地取道广州，回到了上海。

“这一个时期，母亲得不到父亲的消息，日日焦虑，如坐针毡，动荡的日子，也影响到我幼小的心灵。

“那是一个平常的下午，我在园子里玩，父亲突然出现在我面前，吓得我大叫妈！妈妈见爸又黑又瘦，还蓄起了唇髭，含着泪说：‘我以为这辈子见不到你了哪。前不久，上海传遍你的凶信。徐九爷（超侯）前来说，听外国广播报道，有一艘香港来上海的轮船途中被打沉了，据说乘客里有你，我一下子就晕过去了！’当父亲说四哥、五哥也安全到达内地有朋友照应，很好，在念书。母亲埋怨：‘你也不跟我商量商量，他们那么小就出远门，你可真够狠心的！’母亲又哭了。当时，父亲看见母亲脸部神经抽搐不止，母亲说：‘那次别人误传你凶信，我一惊就得了这个毛病，扎针吃药都没有用！’”

我最后一次见到梅先生的母亲香妈，已经是1976年，唐山大地震殃及京津，香妈来上海避难，住延庆路 153 号沈维德家。沈维德先生的父亲是心脏内科专家，前上海第一人民医院院长沈仁武医师。沈医生和梅家世交，梅先生幼年常询医沈医生，也就过继给沈医生，沈干妈待人十分和善。我太太王医生和她老人家有缘，经常去探望。这次，马连良夫人，马小曼的妈妈（我们习惯尊称马家姆妈）也一起来了，还有贴身照应香妈几十年的俞妈。香妈知道我家离沈家不远，要我和太太王医生每天晚上都过去坐坐，说说话，问我一些事。她自从梅兰芳故世后，十几年没有来上海了，一见我就问思南路 87 号房子，现在住了几家人家？室内阳台是否封了？那是梅兰芳先生和梅葆玖先生幼年吊嗓的地方。思南路 87 号是她陪伴梅兰芳蓄须明志，刻骨铭心的旧居。我看着她已经布满皱纹的脸，不敢引起她的伤心。这几天沈家十几平方米的小屋成了当年思南路“梅华诗屋”的缩影，梅门弟子，亲朋旧友都来叙旧，谈得最多的当然是“文化大革命”。我也曾请杨畹农老师的儿子杨开基也去沈家，杨老师身为票友，却教出了李炳淑、杨春霞等角儿，“文革”前常在梅家，几十年的老熟人了，“文革”中死得那么冤，现在儿子来见见也好。

有一天突然许二先生（源来）来了，他受屈，还没有“解放”，脚上穿了一双两元钱的军用球鞋。沈太太把他引到另一个屋，香妈过去给了他一叠钱，许家三兄弟（姬传、源来、伯遒）跟了梅兰芳一辈子，写出了《舞台生活四十年》等那么多名著，直到“文革”后，政府才安排他们到了文史馆。

和香妈说说话是一种享受，旗人的语气、语调和一般北京人有点不一样，香妈说起话来特别有教养，有一种《雁门关》白口的感觉，我问她：“您绒线还结不结？”我听汪太太说香妈打毛衣可称名票，得到纺织专家冯秋萍女士亲授，可以结好多图案和风格。她自嫁到梅家后，一贯低调，相夫教子，角儿的痕迹一点都没有了，那年代上海上层名媛群，定期发表自己设计和制作的毛衣款式，是沙龙话题的高品位娱乐，香妈没有发表（发表者均有作品和玉照）过她的作品，可是她给梅兰芳、四哥、五哥、玖哥都结了毛衣、毛裤，这是她做人的风格。

香妈做善事是出了名的，曾经要我送一个大信封到东湖路冯六爷家中。冯六爷是梅兰芳一辈子的挚友，当年的中国银行总裁，新中国成立后的全国政协委员。冯六爷已谢世，冯家姆妈还在，已卧病在床。“文革”抄家，抄出来的已经都是当票了。还有“文革”前已经潦倒的，我学戏的引路人李三爷（释勘），梅先生说以前北京大家聚餐，一定是李三爷付钱，香妈每月送钱养着这位当年《霸王别姬》的剧作者，所谓“梅党”首席干将，“梅党”这个词，我从来没听说过。在拍《梅兰芳》电影时，陈凯歌导演也是一句一个“梅党”，甚至问我：“你一定是‘梅党’干将！”我说：“从来没有听说过，也没有组织生活，梅兰芳就参加过一个党，共产党。”不知道是哪一位“小报记者”起的哄，搞得现在网上都是。

梅先生的善举也是出了名而人所共知，大概自幼父母教育之故。

1983 年上海剧协举办梅派艺术训练班，有一位云南省京剧院的主演王玲同学，在公交车上钱包被窃，卢文勤先生和我时任正、副班主任，我把这事告诉了梅先生，他一听就拉着我找到了王玲，把裤袋里所有的钱，数也没有数，一把全给了王玲，大概二百多元，当年也不少了，并一再叮嘱王玲，不要和任何人讲，这件事到现在 40 多年了，我都没有在任何场合说过。这可能是梅巧玲、梅竹芬到梅兰芳家风如此吧。1948 年 5 月 23 日、24 日，梅兰芳在天蟾舞台为上海伶界联合会和北平国剧公会筹款义演两天。当年民不聊生，物价飞涨。演完结账，汇至北平是三亿七千万元，直接汇给萧长华，由德高望重的萧老，分派给极其困难的伶界同行。1995 年我在北京拜访著名鼓师赓金群先生，他还和我提及此事说：“当年，我年轻，但也没法过日子，人心惶惶，没人看戏，我在梨园公会领到梅兰芳大师给的两袋白面，不易啊！梅大爷是我们梨园界的圣人。”2008年梅先生被所住的街道社区评上“模范邻居”，京剧艺术网上以题为“邻居们说梅葆玖好事做绝”的文章，我看了后在电话中和梅先生说：“梅巧玲祖上积德，这可比施瓦辛格签署给你的美国政府大奖（文化类）更棒，真正的草根香味。”

1932年秋，八岁的梅葆琪患白喉去世已有几年，梅兰芳夫妇心中阴影挥之不去，断然离开了北京无量大人胡同（今红星胡同）“缀玉轩”南迁。1951年梅家开始重返北京，仍京沪二地住，梅家人最后户口迁出上海是1958年10月份，先后长达26年，是梅兰芳人生最精彩的时期，也是梅先生出生、学戏、成长的时期。

梅先生动荡的童年没有一天离开过思南路87号。为什么说这87号是梅兰芳最精彩人生历史所在地呢？梅先生给我梳理了一下，希望随着历史的步伐，让它发挥更多更好的功能，以谢先天之灵。

其一，八年抗战，为了表现中国人民的气节，梅兰芳蓄须明志，谢绝舞台。以前梅家老朋友，后任汪伪政权宣传部长褚民谊要求梅兰芳在南京、长春和日本东京以庆祝“大东亚战争胜利”演出，被梅兰芳坚决拒绝。随后日本军需部部长山家少佐又上思南路87号梅家，梅兰芳在无可奈何之际，冒生命危险连打三针伤寒预防针，强使体温高达40度，以重病为计，坚决拒绝。这事就发生在思南路87号。为了激励人民抗日热情，梅兰芳创作和演出了至今仍长演不衰的梅派爱国主义名剧《抗金兵》（1933）和《生死恨》（1934）。首演都在上海天蟾舞台，十分轰动。他青年时期所追求的提高京剧的社会作用的理想，在思南路时期得到了较好的体现。

其二，梅兰芳戏曲表演艺术体系在这个时期得到了国际认同。1935年3月12日至4月21日，梅兰芳率团从思南路87号出发赴俄罗斯演出，并进行一系列学术讲座和研讨，震惊了许多世界著名艺术家，他们纷纷赶抵彼得堡。继梅兰芳在1930年成功访美，获两所大学博士学位，到1935年访俄，建立世界级的戏剧表演艺术体系，使我国以京剧为代表的，以写意、虚拟、程式为手段的中国民族戏曲真正走上国际舞台。

其三，1942年至1945年就在思南路87号“梅华诗屋”的书房中和花园草坪上实实在在地造就了一大批第二代京剧旦行表演艺术家，如李世芳（小梅兰芳）、言慧珠、张君秋、杜近芳、李玉茹、童芷苓、白玉薇（现在美国）、顾正秋（现在中国台湾）、杨荣环、陈正薇、沈小梅、梁小鸾、陈永玲和梅葆玖。美国奥斯卡奖终身评委卢燕，在这故居中居住了14年。梅门弟子111人，一部分学生都曾先后在87号和老师朝夕相处。这些角儿影响了中国京剧将近50年。

1944年，梅葆玖和父亲、白玉薇师姐、七姐梅葆玥合影于上海思南路87号的家中

其四，在思南路87号，梅兰芳还结交了许多国外著名表演艺术家，如1936年2月9日在思南路接待了美国著名表演大师卓别林和夫人。老朋友相会，梅兰芳陪同他观看了马连

1946年李碧慧师姐拜师，左一卢燕，右一梅葆玖

梅葆玖和卢燕姐一起演出

梅葆玖和卢燕姐一起接受采访

良主演的《法门寺》。1937 年 2 月 17 日，英国著名戏剧家，世界反帝大同盟名誉主席，77 岁高龄的萧伯纳来访，临别时，梅兰芳向萧翁赠送了一套京剧脸谱和一件戏衣。同年 6 月，梅兰芳应邀赴英国考察戏剧时又和美国黑人低音歌唱家罗伯逊交流心得和歌唱经验。

在二楼“梅华诗屋”书房，梅兰芳经常会聚画师，画友汤定之、吴湖帆、李拔可、叶恭绰、陶道遗等。1945 年春，完成《达摩面壁图》并题了语意双关的一偈：“穴居面壁，不畏魍魉，壁破飞去，一苇横江。”以此表达自己在生活困境中的乐观情绪，以及对抗战必胜的信念。为了生活，1945 年 4 月在福州路都城饭店举办画展。梅氏名画梅花图《春消息》，是在 1944 年冬，梅兰芳在家从收音机内听到日本吃了一个败仗的消息后，即性发挥而作，以预示胜利的快要到来，梅兰芳先生以小书童身份磨墨参战。

为了筹备拍摄文献纪录片《又见梅兰芳》，2004 年 6 月 6 日下午梅先生约我一起回思南路 87 号看一看，我准备了每层的平面图，复印了若干份，哪一件事发生在哪一个房间，有根有据。梅先生指着三楼宽敞的过道说：“父亲教卢燕的《虹霓关》就在这儿，那时候我还看着好玩。”中央新闻电影制片厂制作的、文献性的纪录片《又见梅兰芳》，梅先生特别重视，他和我说：“故事片和电视剧，合同你都签了，那都是艺术片。影视界有他们一套，人物、时间、地点不可能完完全全符合历史的真实，是要经过艺术处理的。国内外那么多梅派爱好者，对我父亲都很了解，好些都是二代人、三代人的交情，他们不了解故事片和电视剧拍摄的要求，会产生疑问的。《又见梅兰芳》由我们和卢燕姐直接参与，完完全全根据历史真实拍的片子，要请大家都去看。你一定要多上心。”

第三章　学戏和读书两下锅

梅先生1947年从盘石小学毕业，考入了法国天主教的教会学校震旦大学附中。直到1951年17岁正式参加梅兰芳剧团任专业演员，离开了学校。

震旦附中，现在搬到瑞金二路上了，新中国成立后取名向明中学，是上海市重点中学。去年该校110周年校庆，梅先生以“杰出校友”的身份参加了校庆活动，看得出和那么多少儿伙伴相聚，他很欣慰。

我问梅先生：“你从小学到中学都在教会学校，又很优秀，教会都没有发展您入教？”

梅先生说：“实在太辛苦了，头一天晚上要看父亲的演出是铁的纪律，一定要看的。散戏回家要12点了吧？‘梅府家宴’也顾不上吃，赶紧上四楼睡觉，第二天7点要到校。我还是升旗手，第一堂课做弥撒，困得不行，‘着’了，学校的神父看见我摇头。‘坐到最后一排，靠着墙上坐’，那可真‘着’了，年龄太小，犯困。神父很喜欢我，学校有事还和我商量。父亲常教育我：‘要尊重神父，他们是有信仰的。’但是家里也没有让我和姐姐（她连大学都是教会学校，五哥最初念的是之江大学，也是教会学校）受洗礼。你父亲是之江大学、沪江大学的老教授，你不是也没有入教吗？不一定的。自由一点也不错。

“当时物价飞涨，蒋经国来上海‘打老虎’，神父和我说，学校经济上很难。我回家和父亲说，父亲断然提议我和葆玥姐同台义演为学校募捐，以解燃眉之急。我们高兴极了，最高兴的还是妈妈，妈妈说，就唱《二进宫》罢，小玖刚学完、葆玥也学会了，徐延昭请谁呢？父母亲几乎同时说：‘请盛戎吧。’”

“裘盛戎先生当年相对固定在中国大戏院。那天，盛戎先生来我家。当时盛戎 30 岁左右，平头，稍黑一点，很精神。父亲轻声地对裘先生说：‘小七、小九还小，您台上兜着点儿。’裘先生风趣地说：‘二老放心，我一定把两位小老板给傍严实了。’可惜当年没有条件把资料留下来。新中国成立以后，裘先生的艺术得到了很大的发展，几乎到了炉火纯青的地步。‘十净九裘’人人皆知，这是他的造化。20

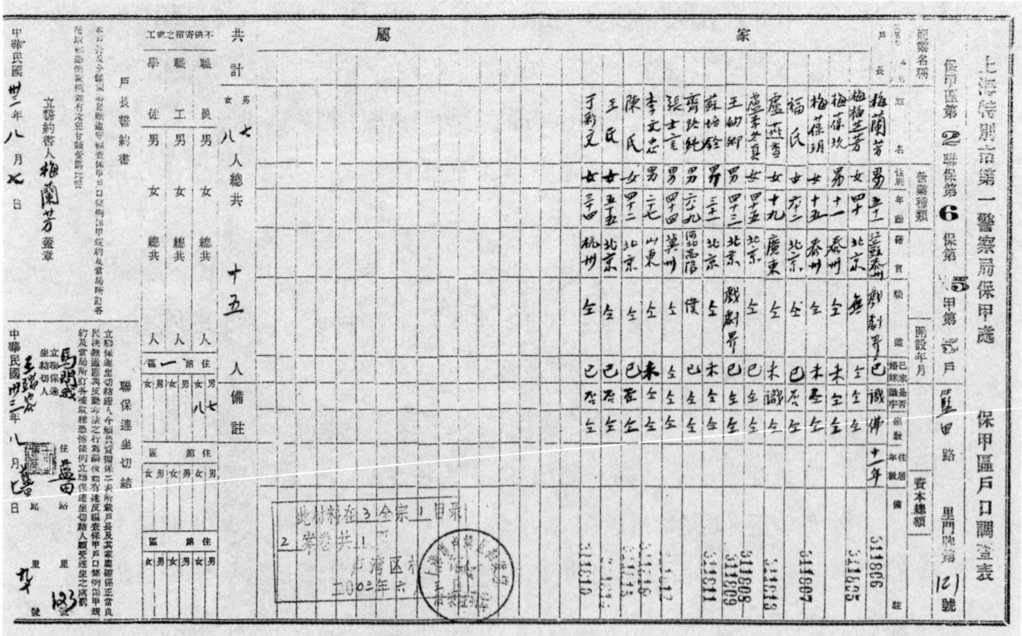
上海特別市第一警察局保甲處 保甲區戶口調查表

梅兰芳亲笔填的1944年上海思南路87号户口簿

世纪60年代，我们同在北京京剧院，只是不在一个团，见面机会也不多，每见到时，他总对我倍加关心，这是他敬重我父亲的缘故，我很看重这份情。”

这次义演，不少亲朋好友，都去捧场，也捐了不少钱，教会神父不断地画十字，以表寸心，又送了一幅圣母玛利亚的油画给梅家，梅兰芳看了说画得很好，就把它给挂了起来，前面还放了两支白蜡，俨然是教会风格，引起了言慧珠、顾正秋等徒弟们一时的骚动。“师父刚刮光了胡须，什么时候又信教了？”到处打听，梅兰芳也没有特别的解释，只是抗战胜利了，子女也能表演了，看了画很高兴，就挂起来了，梅兰芳口头语“顺其自然”。新中国成立以后，政府安排，家要从上海搬到北京，周总理问梅兰芳：“无量大人胡同（今红星胡同）是你成名之地，是否重新搬进去？”梅兰芳回答：“这房子我南迁后，抗战后期，日子过不下去，已经卖给柯姓人家了，甭管现在房屋产权属于公家还是私人，解放了，我如果靠政府安排住进去，不能够，还是另外安排一个地方，小点无所谓的。”政府就把梅兰芳安排在护国寺9号（现在梅兰芳纪念馆）。我和梅先生说，老爷子“正宗梅派”，梅先生淡淡一笑。老生常谈，唱梅派，先学做人，绝非说说而已！无量大人胡同的房子政府安排给中国摄影家协会等单位进驻办公。这幅天主的油画，1957年我去时，已经堆在楼梯底下了，北上搬家时，娜娜送给香妈的干儿子、实业家卢明悦先生了。

费尽周折在档案部门找到了1944年（民国三十三年）8月7日梅兰芳亲自填写的户口簿，复印后送了一份给卢燕姐，她在户口簿上的名字是卢燕香。当年四哥（梅葆琛）、五哥（梅绍武）在内地读书，香妈不无牵挂。卢妈妈李桂芬（卢冬真）和香妈是1919年南城游艺园崇雅社童年的伙伴，宗谭、汪二派，武功扎实，20世纪20年代，曾和筱老板（筱翠花）会演过《翠屏山》，演石秀，“杀山”时的“六合刀”是谭派，剧中有几句梆子，唱得很冲。香妈说：“我最后一次登

作者吴迎（中）与梅绍武（左）、梅宝琛（右）合影

台是搭太平社坤班，阴历九月二十五日（1921年10月25日）在煤市街文明园我演《祭塔》青衣唱功戏，倒第二李桂芬的《骂阎罗》是汪派的。王琴生曾和我说，当年有诗云，‘谁向歌台一现身，同汪名字得谭神。李家女儿杨家戏，应属须生第一人。’”

梅兰芳请李桂芬给葆玥姐开蒙，亲授《洪羊洞》《辕门斩子》等十余出谭派本门戏，卢燕母女在梅兰芳独居香港那几年，给梅家生活带来了一份温馨。卢燕姐很优秀，一边在交大读书，一边考上大光明电影院的《话译风》，展示了她出色的英语功底。她靠着她的意志，荣获“电影奥斯卡金像奖”终身评委，地位很高，人很平和，地道梅派，又有理工科出身的干练。80岁回到上海，还是住交通大学的专家楼，真是很特别，很平凡。近30年到美国去发展的明星们，都得到过她的帮助，甚至住在她家里，和她接触过的人，都会留下“中正平和”的深刻印象，绝非当前那些时尚明星可比。我们现在遇到像拍文献纪录片《又见梅兰芳》这样的大事，一定要请她，英语版的《又见梅兰芳》从翻译到配音，她一人到底，我看她连续16个小时，一遍又一遍，不厌其烦地录，自己满意为止，那种梅派的劲头，使人肃然起敬。

梅先生说：“十岁生日，我初次踏上了红毯，卢燕妈妈教了我十几天《三娘教子》的薛倚哥，娃娃生，父亲就说了一句：‘试试吧！’最高兴的是我母亲和娜娜（外婆）。”

我说：“可怜天下父母心。葆琪死后，南迁上海，你的出生，给了她对您继承梅兰芳艺术的殷切希望，去过思南路的人都能感受到，她毕竟也是演员出身，多希望自己儿子里有一位接班人。”

梅兰芳那三个字“试试吧”，是他知道这条路很难，很难。他希望他的子女都念到大学毕业，受到最好的教育，不唱戏，可做其他行业，养活自己。

梅先生在台上少年老成的感觉给观众留下了较好的印象，余叔岩挚友、迄今最好的《余叔岩传记》的作者、思南路常客、孙养侬的夫人，胡韵女士演王春娥，宗梅派，卢妈妈李桂芬的老薛保，梅先生说：“我的薛倚哥，一点也不慌，台下黑黑的，大家十分捧场，娃娃调一句一个彩。”他用纯正的上海话说：“交关闹猛！”我说：“我记得1950年，你和余派大家沈苇窗先生也演过《教子》，现有照片。连马连良都捧你，唱这出《三娘教子》而成为佳话。”

薛倚哥，父亲点头了。吃戏饭，初定。

“请三片（王幼卿的小名）过来吧。”42岁的王幼卿老师1943年的秋天来到了思南路，一身短打对襟衫裤，纺绸内衬，袖口特别干净，白色纱袜，圆口千层底布鞋，一望而知，梨园高人。1943年11月读者可以在梅家的户口簿里，看见王幼卿

梅葆玖十岁演《三娘教子》薛倚哥

的大名，最可笑的是这本当时伪政府发的户口簿有一项名曰“是否识字”，殖民主义者把我们中国人的文化程度，仅有“识字”和“不识字”之分，真是奇耻大辱。这是梅兰芳亲自填写的户口簿，梅先生指着这户口簿对我说：“王幼卿，算是识字的了，教授，科学家也只是识字阶层。”梅先生开始了少儿时期一边读书，一边学戏的极其紧张的特殊经历。

梅先生少儿时期学戏的环境、方式、方法和科班不同。梅兰芳给他请的老师都是一流的老师，几位高手盯一个学生，这一点和那些著名的科班又有相似。和私家培养角儿的方式，如小达子培养李少春相比，所不同的是，梅先生又同时接受西方教会学校的文化知识和劳作的课程，外语就有两门：英语和法语。这倒是和20世纪60年代的中华戏校重视文化课教育的模式，又有类似，但接受文化和专业训练的量要大得多，比目前戏校培养的课程，强度就大多了。梅先生今天具备的功夫和打小的训练有必然关系，科班出身的同行往往不理解，这次我们在中国戏曲学院帮周龙教授搞《长恨歌》时，专门对教学方法进行了讨论，以后还想做一些专门的研讨。梅先生几乎每次和我看了戏校小同学的演出，都不无感叹地跟我说：“老师的传承是根本的根本，关键的关键。”十几年前，看了中专四年级的《宇宙锋》后，心情比较沉重，在车里二人不说话了。他最后和我说：“要讲究规范，梅派讲的是规范，不能太随意地教啊！”我印象很深，真的担心了。

梅先生说：“王幼卿老师住在我家，二楼的后房。大约25平方米，在这间房间里，我学了七年半。我加入梅剧团后，父母亲还是请他给我把场，盯着点儿，对我艺术上的成长是起了关键作用的。先后长达十几年，一世交情。”

王幼卿是王凤卿之子，王少卿的弟弟，深得其伯父王瑶卿的嫡传。梅兰芳1913年19岁第一次随凤二爷（王凤卿）到上海演出，凤二爷的包银3200大洋，梅兰芳1800大洋。王幼卿、王少卿随父前往，哥哥王少卿已经可以在王、梅前面加演《鱼藏剑》《空城计》了。弟弟王幼卿 12 岁也在《朱砂痣》和《汾河湾》里演娃娃生了，王氏三杰是 1913 年上海京剧舞台的佳话。

王幼卿成年后傍过杨小楼、余叔岩，并和马连良挂过双头牌。

1928 年 3 月北京那家堂会的《六五花洞》，一时传为佳话，除了“四大名旦”外加了筱翠花、王幼卿，武打的演员更了不得，萧长华、曹二庚、慈瑞泉、高连峰、罗文魁、贾多才。从 1929 年高亭唱片公司出版的王幼卿、谭小培演唱的《武家坡》《南天门》，尤其是 1936 年百代公司出版的王幼卿、贯大元演唱的《苏武牧羊》中，可以很直观地感受到王幼卿老师的王派明显地接近梅派了，尤其是“江阳”、“发花”，功夫了得。我刚学戏时不太懂，在梅门弟子、营养学专家王珮瑜的淮海公寓家中，听王幼卿老师哼戏，特别好听，与众不同，十分清晰，五哥梅绍武还保留那天聚会的照片。一直到 1981 年左右，为写《梅兰芳唱腔集》，反复地听王幼卿老师给梅老师说《六月雪》《骂殿》《芦花河》等录音，才渐渐理解梅兰芳先生为何当年请他给梅先生开蒙，并实实在在地，连续地打了七年半基础是有道理的。2013 年 5 月，中国戏曲学院副院长周龙教授组织我们对《梅兰霓裳》的唱腔和白口，帮助张晶教授集体备课，为此，我专门请教梅先生，还请他在我家中把这出戏的白口，一字一字完整地录了一个音，做成数码文件。梅先生十分认真，前后录了两次，非常兴奋，我瞧着真像梅兰芳，我和梅先生说：“现在缺的就是这个，怎么办？”正统青衣白口，必须从幼工开始苦练，梅先生说：“当年王幼卿老师要求我《玉堂春》那段‘大人哪……’每天 50 遍，都是提着气念的，苦啊！”对中国戏曲学院如此认真的做法，梅先生说：“以研究的态度和方法来对待教学，这非常好，张晶拜师要 20 多年了，刘维虽然年轻，拜师也要二年了，研究生都毕业了，你虽然不是科班的，但也搞了 60 多年了，大家在一起，各叙其见，把各自的心情，养分都提供给张晶，让刘维也要珍惜这个机会，我也有兴趣参与一分子。”我说：“我们有录音、录像，你给予指导。”梅派艺术的传承今后究竟用一种什么手段而使其系统化、规范化，希望这本传记能起到积极的推动作用。

梅派艺术的传承离不开梨园文化和梅兰芳为人的榜样。梅先生说：“徐兰沅、王少卿、王幼卿这些梅派唱腔和音乐的奠基人，我们都是亲戚，又加上凤二爷和父亲的长期合作，彼此的感情已经在理性层面了，不是雇佣关系。”

我说：“你父亲写的《舞台生活四十年》中，谈及王瑶卿、王凤卿、梅雨田，说到了《玉堂春》《武家坡》师友传承关系，没有谈起亲戚关系。”梨园界的亲戚网络，很特别，有意思。这和梨园行不和外行人家通婚的习俗有关，和京剧文化不可分离。为了说清这层亲戚关系，得从梅兰芳的外祖父，名武生、内廷供奉杨隆寿说起，晚清宫内的升平署，原先都是宫内太监组成，王爷甚至皇上也是自娱自乐、封闭式的，这是清朝宫廷文化的一部分。戏曲文化毕竟来自民间，一定要和民间交流、互动，才能发展。咸丰六年（1856 年）已经有场面、梳头等随手 12 名，武行（翻跟头）八名入选进宫加入升平署，到了咸丰十年（1860 年）开始入选演员共 20 名。同治年代，外患不断，升平署停办数年，直至光绪九年（1883 年）重新开始，西太后旨意，凡入送的民间著名演员，大部分被任内廷“教习”，并发给银米，随时被传入宫中演出，习称“内廷供奉”，该年四月初三第一批演员入送，其中首席即杨隆寿，在当年是顶级的。今日是院士级的，第一批 19 位名单中，没有杨隆寿的亲家梅巧玲（梅兰芳祖父）的大名，梅巧玲是哪一批的“内廷供奉”查不到，知道的、认识的人朱家溍、许姬传都不在了，我也 76 岁了，就按以前的书上说吧。梅、杨两亲家住一个胡同，李铁拐斜街（今铁树斜街），梅家 101 号，杨家 45 号。杨隆寿之子杨长喜；孙老梅剧团名武生杨盛春；曾孙今梅剧团退休武生杨少春。杨隆寿长女嫁梅兰芳父亲——名旦梅竹芬，四女嫁梅派琴艺创始人徐兰沅，杨长喜之女嫁王幼卿。从亲戚脉络看，很清楚，梅兰芳和王幼卿是至亲、是同辈，应该是梅先生的长辈。但在梨园的习惯中，王瑶卿、王凤卿和梅兰芳一直是兄弟相称，这是从其他亲戚脉络上排的。又因梅兰芳出道早，红得早，所以私下梅先生也称王幼卿为王三哥，梅门弟子魏莲芳、言慧珠和请王幼卿老师说戏的任颖华、王珮瑜等梅门弟子，都恭称王三哥，连和我同岁的沈小梅也恭称王三哥，很亲切！王幼卿待人就像他说戏一样特别温和。改革开放后，许多称呼都在调整，面对媒体，梅先生都尊称王幼卿老师，生人面前从不称王三哥。

要特别提一下杨隆寿，梅先生的曾外祖父，中国京剧历史上对武生行有特别贡献的人物，他所创办的家庭式的小荣椿科班，就设立自己家中（今铁树斜街45号），培养出了杨小楼、叶春善（叶盛兰、叶盛章的父亲，今叶少兰、叶金援的祖父，富连成科班的大家长），这些都是对京剧艺术传承、对梅兰芳的成长有举足轻重影响的大艺术家。

梅兰芳选择王幼卿来给梅先生开蒙，十几年一直盯着，其中是有着培养京剧艺术家必须遵循的内在规律的。

京剧自谭鑫培兴起，生行当家，但一个剧种不可能突出一个行当，否则是成不了气候的。从王瑶卿到梅兰芳，这一代人极大地完善了旦行的表演手段，推向成熟，尤其到梅兰芳全盛时期，拓宽了旦行表演空间，使京剧的影响力急剧地扩张，成为国剧，文化艺术上的国粹。

王幼卿给梅先生开蒙，并不是按陈德霖、吴菱仙年代开蒙戏必定是西皮《彩楼配》、二黄《战蒲关》、反二黄《祭江》，而是经梅雨田、王瑶卿重组新腔的《玉堂春》这出戏十足学了半年，一个字，一个气口，一个落音，从不轻易放过，一次的复习量一般要30遍，梅兰芳还特意去买了一面小镜子，挂在四楼梅先生的卧室处，练习时自己对着镜子看口形，开内口，下巴不能多动等，极严格的训练。第二出学的是《六月雪》，第三出是《贺后骂殿》，以后是《祭塔》《武昭关》《朱

梅葆玖11岁演出《女起解》

痕记》《孝感天》《桑园会》《别皇宫》《祭江》《孝义节》《落花园》《花园赠金》《彩楼配》《三击掌》《母女会》《武家坡》《赶三关》《大登殿》《算军粮》《投军别窑》《大保国》《二进宫》《三娘教子》《四郎探母》《女起解》《玉堂春》《御碑亭》《梅玉配》《雁门关》《打渔杀家》《游龙戏凤》《甘露寺》《美人计》《回荆州》《二堂舍子》《五花洞》《卢花河》、头二本《虹霓关》《长坂坡》《南天门》《汾河湾》，四十几出传统的青衣戏和闺门旦的戏。没有学传统青衣开蒙的戏《战蒲关》，一直是我的一个疑问。1911 年文明茶园的戏单，17 岁的梅兰芳的《战蒲关》挂中轴，1932 年梅兰芳在长城唱片公司录的《战蒲关》中【二黄碰板】“俯念奴至诚心无敢渎亵”当年广为流传。2004 年中国戏曲学院二位硕士研究生到我家咨询，她们问的是梅兰芳早期的唱法，我说在 1908 年左右搭班喜连成时，唱得较多的是和周信芳合作，或和雷喜福、林树森合作的《战蒲关》，现在没人唱了，我就给他们哼了几遍，解释一下哪些唱法是陈德霖的，哪些唱法是王瑶卿的，她们录了像。梅先生没有唱过《战蒲关》，我是不可能也不敢去问梅兰芳：“玖哥为何不演《战蒲关》啊？”

梅兰芳九岁开蒙，吴菱仙教的第一出戏就是《战蒲关》。今天在研究“非物质文化遗产”的角度，对《战蒲关》值得重新审视，技术上吸收其经典，这是科学的态度。

这出戏的故事是说，汉将王霸镇守蒲关，为胡关所困，城危粮尽，百姓易子而食，王霸拟杀妻徐艳贞以犒三军，但自己又不忍下手，遂命家人衔命前往，徐窥之来意，乃拔剑自刎而死。于是军心大振协力坚守，援兵至，围乃解。因剧中“易子而食”，故该剧又名《吃人肉》，现代人一听戏名《吃人肉》，绝对是恐怖分子所为，不看不听为好！梅先生曾经有一次去中国戏曲学院和他的高徒张晶教授也谈起过：“有的老戏，内容上确实有些不妥也是个别的，封建时代嘛！但有些身段，尤其是唱腔唱法上有很好的东西，这些东西，往往就是现在青年演员所缺少的，嗓子很好的，听起来就不对劲了，就是传统功夫不够。”

梅先生这句话，听似平淡，实为深矣！

梅先生回忆说：“开始学戏时，王老师坐着，我站着，这是老规矩。我上小学四年级，我是童子军升旗手，每天早晨上课前要举行升旗仪式，大约下午 3 点才能回家，接着就是学戏，星期天也没有歇着，天天如此，王老师看我小小年纪，太累，一年以后，让我也坐下。

“王老师认为每一段必须要唱几十遍，绝对不能看本子，不然容易忘，也会走样，和如今戏校学戏不一样的。王老师认为如果学得不扎实，浮光掠影，似是而非，成不了角儿。”

年近八十的梅先生，有那样的嗓子，前无古人。这是科学，有其内在规律。

前两三年春节前几天的一个深夜，著名民歌歌唱家胡松华先生打电话给梅先生，直入主题，“您 76 了吧，又唱假声，应该说难度比真声更大，您是怎么找的，水音还挺足，有点奇了”。胡松华先生的藏族赞歌，从庆祝新中国成立十周年演唱《东方红》至今，红了 50 年了，他的疑问是具有学术性的。梅先生回胡松华先生：“最近，我也和身边的人在研究，想有一个较科学的答案，不单是‘牛排 + 苹果 + 睡眠’形象化的了，好在过几天全国政协又要一起开会了。见面，我也要向您请教，您前几天在电视里，声音还那么棒。”接着梅先生就和我挂了电话，说了这事。

这个题目是梅先生70岁以后我们常谈的，每次演唱，他总是像问其他朋友一样问我，怎么样？我说，连《宇宙锋》【原板】第一句“发恩德”的“发”字都可以不毛，“发花辙”啊！奇迹！

梅先生总是很平静地说：“心情要好是首要的，当前表面上社会确实存在一些问题，但总的来说是平稳的，是有希望的，和我们刚学戏的年代物价飞涨、民不聊生不一样，那时候老百姓真是过不下去了。蒋经国来上海‘打老虎’，‘打老虎’每个国家都会有，我们现在‘老虎和苍蝇’一起打，老百姓听得进去。

“嗓子好，心情是根本的。我有一些学生，自己精神状态很好，嗓子也越来越好。我父亲在日伪败溃前夕，画《春宵忘》时，他也勇敢试过嗓子，唱了‘气得我咬牙关火上眉尖，我手中有兵刃决一死战，把这些众狂徒就斩首在马前’，声音怎么也出不来，这就是心情的原因。所以平时少生气，不要不高兴。

“小时候王幼卿老师教得好，严格得有道理。父亲对我学的传统老戏，从不插手，难得有时引导一下，也很关键。再有一点，要喜欢音乐，民族的、通俗的、古典的、西洋的、现代的，我都喜欢，都有借鉴。”

梅先生青少年时期接受的严格的训练，究竟意味着什么，我也是这几十年来慢慢搞明白的。

1980年，上海剧协梅派艺术研究小组，卢文勤先生和我准备把梅兰芳常演的43出戏，用尽量正确的记谱方法，使简谱给谱出来（简谱、五线谱都不可能将京剧各行当、各流派的唱腔丝毫不差地谱出来，只能意到谱到，或者是意到谱不到）。那天梅先生、卢先生和郁钟馥大姐在我家闲聊，照片上可以看到卢先生希望梅先生详细说一下，梅、王发声要领，虽然王瑶卿、王幼卿由于其他原因，中年就塌中了，但是从他们的女弟子中，如王玉蓉、雪艳琴、杜丽云、罗蕙兰、李毓芳，用嗓都很科学，音聚响堂，是一定有内在道理的，一定有高招的。梅先生兴致很高，说了一些梅兰芳在家吊嗓练声的范例，以及王幼卿老师教戏的方法，王幼卿教《贺后骂殿》《六月雪》的录音，我又放了一遍。我说，我们要有一套方法，让戏校同学、青年演员听得懂，知道自己的问题在哪里。大约过了一年后，卢先生根据他在戏校教学发声的实践，总结出一套方法，再请梅先生补充、审定，做了如下一个顺口溜，梅先生说："很管用。"

放松自然，必遵循

发音姿势要端正，下巴切莫向前伸；
上颚不动下巴动，高位共鸣不可能；
喉结活动很要紧，它能助我判发言；
过上过下都不好，自然适中都稳定；
面部肌肉莫僵紧，眼睛要传词有情；
发音咬字位置高，千万莫向喉中掉；
舌根喉咙要放松，气息声音得流动；
软口盖儿须提起，声音向上在前进；
出字前推声易散，气柱无管不立音；
吸气莫将双肩耸，鼻息为主少而深；
气吸上胸胀而浅，开口发声不留存；
呼吸乃是唱根本，气若不接喉咙撑；
切莫误认嗓音阔，有横无立要坏声；
呼气要有吸气感，机能平衡得均匀；
咬字口型要找准，张口字儿莫包音；
外长内压成反比，张嘴概念要弄清；
咬字吐字使脆劲，恰到好处有弹性；
切莫过力字咬死，落得有字无有音；

若只嘴边喉中响，定因过紧少共鸣；
字成拖音口不变，腔儿要靠气来行；
冒调声音来摇晃，收腹僵紧找原因；
调门再低也塌调，沉气外撑使僵劲；
方法可以因人异，放松自然必遵循。

梅先生说这顺口溜管用，意思是说，它是基本的，是不能违背、毋庸置疑的。

基本对了以后，再找“味道”，前后不能倒置。不要开始学就找“味道”，这也是专业梅派演员和票友之间的差异。今年中央电视台举办的“少儿歌手大赛”，办得很好，人气很旺，对京剧的抢救无疑有功，但那些孩子用嗓的问题，大部分都存在以上顺口溜所示的状况，令人担忧。

如何用嗓子，如何让唱戏对自己身体有益，如何理解王幼卿老师在这七年多时间给梅先生打基础的科学方法，其答案，梅先生是一个典型。

会用嗓子，首先要“通”，音色和嗓子“通”不是一回事，梅先生在“文革”刚过，演全本《穆桂英挂帅》，那天中央电视台要录像，那时候录像不容易，不像现在那么普遍，用手机都可以录。他发烧到39.4℃，音色的透明度是打了点折，但是没有不能唱，外行甚至也听不出来。嗓子要通，你找到了，它就在你眼前；悟不出道理，犹如大海捞针，难上加难。作为一个要体现“美”的梅派演员，无疑是痛苦的。前三年，张晶要我去听一位二年级的同学彩排“水殿风来”，张晶教得很好，很沉稳，很规矩，同学的音色也很好，但发声有压迫感，完了后大家照相，很高兴。可是我不敢多讲，这位同学发声有问题，不完全通。因她对自己是迷茫的，没有意识到。我问这位同学，您有没有突然间声音不自如了。她说有，我说一定要找到原因，慢慢地训练那个部位。不舒服，就练那个部位，梅氏父子都是练出来的，梅先生到这个岁数，还是一边开车，一边使劲地跟着伴奏碟吊嗓子，很享受。听说三大男高音，全是这样，不妨碍任何人，而且可以消除疲劳，可是车技不过硬的，千万别试。像这样的学生，音质很好，但发声如果解决不了，不对症下药去克服，将来会受到很大的限制。

我有一位唱老生的朋友，在学校就是“科里红”，嗓子一直很好，自然地好。他从来没有去研究自己声音为什么那么好，根本不在乎，可是红过后，他不知不觉中把嗓子给丢了，怎么丢的自己也不知道。这是因为他嗓子是怎么练出来的，他根本不清楚或不完全清楚，完全是感性的，所以怎么丢也不清楚。其实就是因为不清楚，想不丢都难，这样的人在我们前辈里，那么有名的角儿，都会得此病症，这是一定要不断琢磨，多唱、多吊，不断地找位置，巩固阵地，没有胡琴，练念白也一样，可是万万不能丢，丢了再找回来很费劲。

几年前，君秋先生在上海过七十大寿，和俞五爷（振飞）素服亮相，表演了一段《贩马记》，又由当年黄桂秋先生的琴师、徐兰沅徒弟陈涵清伴奏，清唱了一段《春秋配》的【二黄慢板】。当天，唱完了，我在后台和陈老师一起向君秋先生讨教有关用嗓的高见，因为君秋先生和世芳先生生前用嗓的问题一直都是我心中的一个结。君秋先生笑笑说：“我倒还真是没有专门去研究发声的问题，怎么舒服，怎么来，顺着来。以前我们每天至少吊二出戏，也是顺着来的。”君秋先生道出了一个“量”与“质”，“顺”与“逆”的辩证关系，值得深思！

卢文勤先生曾经给过我一张字片，是当年在思南路王幼卿先生说戏时，讲到“气”、“音”、“字”练习的有效方法，是用“十三辙”来练的，我也奉献给诸位读者，记录如下：

风（中东）、催（灰堆）、暑（姑苏）、去（一七）、荷（波梭）、花（发花）、谢（也斜）、秋（由求）、爽（江阳）、云（人辰）、

高（遥条）、雁（言前）、自（友思）、来（怀来）、俏（遥条）、
佳（发花）、人（人长）、扭（由求）、捏（也斜）、出（姑苏）、
房（江阳）、东（中东）、西（一七）、南（言前）、北（灰堆）、
坐（波梭）

一个字一个字提着丹田来念，哪路音干了，哪路音圆了分得清，找得准，比较有效。

2007年上海电视台戏曲频道，来函邀请梅先生和我做一档《梅派念白》的《绝版赏析》节目，两个多小时，分上中下三节课。我去请教梅先生，大家分分工，怎么录法，演员请谁，用哪些素材，梅先生和我说，念白比唱更重要。思南路年代，父亲为了我能控制念白的嘴型，在四楼给我挂了一面小镜子，让我对着镜子练白口，看嘴型。因为嘴型不对音就不准，像“姑苏辙”的字，王派唱嘴型呈小O形。梅派呈小扁形，特别好听，但发音很难，就必须苦练，不然《起解》的“哭呀”，就不好听，“忽听得”的“忽”字也会唱不出来。父亲要我按王幼卿老师的要求一个字、一个句每天念《会审》的大段白口，指标是30遍。后来就是《别姬》的出场，那是他自己教的，打“明灭蟾光，金风里，鼓角凄凉”开始，“忆自从征入战场”，一直到“不知何日方得太平也！”为止，每天30遍“看功”还得反反复复加工。这就是“学戏”，从我亲身感受，梅先生很不容易，能过来就不容易，“角儿”出得来，绝不是靠“媒体推荐”、“曝光率”甚至“潜规则”所能取代，只能是“方法对头”、“功到家”，别无捷径可言！

现在的学生绝大多数是女的，大多属于亮嗓子，（以前是男旦，大体可分为立音嗓子、亮嗓子和闷音嗓子，立音嗓子能持久，亮音嗓子不练必败）梅兰芳先生年轻时“正宫调”至少是“六半调”，梅先生年轻时也是“六半调”，我存藏的梅先生年轻时全部《廉锦枫》、全部《天女散花》、全部《会审》、全部《生死恨》等，全都是“六半调，

"文革"以后恢复了三个月，留下了全部《三娘教子》的录音，还是"六半调"，嗓子好比牛筋，抻开得慢而回得快，所以必须天天练。

为了写这本传记，梅先生和我说："我们搞严肃艺术的传记，要记一点真正有用的，不要搞得像娱乐明星那样，一会儿一个什么奖，做什么秀，等等。"我说："中国戏曲学院梅兰芳艺术研究中心希望你的传记有一种教科书的功能，我只能尽量做到，历史真实是第一，再一个也要人家爱看。"

梅先生给了我徐兰沅先生的一个口诀，专讲亮嗓门的，建议我用上，对于青年演员或学生会有用，录之于下：

小嗓忌闷宜脆，脆亮悦耳滋味。
唱法灵活嗓有蒙，难比宽亮宝贵。
"啊"音佳能张嘴，"衣"音亮要字对。
青年调切莫低，高能延长年岁。

梅先生说："青衣身上的基本功，也要不厌其烦地练习，才能正确。要讲究'边式'，包括各种指法、手式、抖袖、整须、抱鞋、开门、关门、走步、圆场、气椅、哭头，都要反复地练，王幼卿老师特别地认真，反复地示范，反复地矫正，有时父亲也会走过来看看，顺便活动一下，王老师总是笑笑，喝口茶，气氛很好，家庭式的。

"第一次唱给大家听，我记得是冯六爷（耿光）生日，父亲带着七姐葆玥和我，王幼卿老师提了胡琴，父亲还留着胡须，到了冯家，吴二爷（震修）、李三爷（释戡）等都在。饭后，我唱了《六月雪》中的反调，七姐唱了《乌盆记》中'老丈不必……'王老师操琴。那天是1944年10月27日。'缀玉轩'的伙伴们缺了齐如山在北京，齐先生也是抗日的，他得留在北京，日本人要通缉他。"

2013年5月19日，中国戏曲学院梅兰芳艺术研究中心成立，要揭牌，梅先生为研究中心写了“ 梅兰芳艺术研究中心”，梅葆玖题，同时又为研究中心写了“缀玉轩”三个字。傅谨先生和我说：“梅兰芳的成功，首先当然取决于他在艺术上的创造，但又绝非仅仅如此，人格的完善则是他作为大师的必要前提。探讨其中的原因，应该是一个有意义的理论命题。”

梅兰芳对“缀玉轩”的友人，对那些几十年荣辱相共的文化人的倚望是他艺术上不断进取、不断攀登的动力。新中国成立以后，这些文化友人中不少也是政协大家庭中的一员，或者是文史馆的馆员。至于“梅党”这个名词，除了小时候在“罗宾汉”小报中看见过，正式的报刊、书籍中不会出现，梅先生说：“我们好像从来没有说过‘梅党’那样的词。”

我说：“我得记住 1944 年 10 月 27 日这个日子，当年无量大人胡同‘缀玉轩’室主带了子女，在民族危难时刻，看望当年为伶界大王前前后后忙碌的老伙计，初学戏 12 岁的儿子，16 岁的女儿来唱一段，似乎带来了一点希望。”

1945 年，抗战胜利了，梅兰芳苦熬了八年。梅先生也已经学了好几出衣戏了，梅兰芳为梅先生又找来了好几位老师。

梅先生说：“父亲看我学戏有了好的开端，而且比较稳定，就给我先后又安排了几位不同行当的老师。”

梅兰芳先生特聘来朱琴心先生教梅先生花旦戏，梅先生提起朱琴心先生时，直了直腰说 ：“朱先生了不起，他不仅会表演，懂人物，会编剧，能翻译，虽是票友下海，拜陈德霖，受益于田桂凤，没有唱戏以前，是协和医院的英文翻译”。

朱琴心先生现在的人知道得不多了，朱琴心自幼专习英语，英国文学的莎士比亚。1961 年他去了香港，再去了台湾。1927 年选“四大名旦”时，得票统计除了梅、尚、程、荀，第五位是徐碧云，第六位就是朱琴心先生，他虽然是票友下海，和言菊朋一样，是内外行公认的大佬。

朱琴心对梅先生的花旦、花衫表演是下了功夫教的，这对梅先生20世纪60年代创演《胭脂》《倩女离魂》等新戏有直接影响。朱先生是南方人，生在上海，祖籍浙江湖州，梅先生青少年时期经常借台锻炼演出的“湖社”票房，就是湖州人在上海的活动据点。我外祖父傅雅云老中医是“湖社”票房负责人之一，我母亲、舅舅唱戏就在“湖社”。

“朱老师和王老师很不一样，王老师不是大褂就是对襟短打，北派；朱老师如果拎一只公文包的话，一望便知是吃洋行饭的，也就是现在的外企白领。”

朱琴心19岁参加梨园公会义务戏，压轴与筱老板（翠花）、萧长华、王又荃等人合演《双摇会》，那天大轴是梅兰芳、余叔岩、钱金福、慈瑞泉的《打渔杀家》。23岁就挑班和胜社了，同年马连良在富连成出科，搭班和胜社，朱琴心捧马连良，与之挂双头牌，1924年9月13日中秋节，朱琴心将自己与凤二爷（王凤卿）的《汾河湾》放在压轴，而由马连良唱大轴《定军山》，直到1942年和马连良参加了伪满“建国十年”演出后，心情一直不好，就辍演而告别舞台了，一代伶人，出于无奈，走错了一步。

梅兰芳请朱琴心教梅先生真是别具匠心。他知道单由王幼卿的正统青衣是能够打下扎实基础的，但朱琴心可以作为一个角儿所必须具备的戏剧文化的补充，是再恰当也没有了。朱琴心除正统花旦戏外，所拿手的全是花旦、闺门旦应工的新戏，他旨在研究剧学，增进艺术。朱琴心的《论艺术》发表于1927年10月14日《申报》，他认为：“往昔等优伶于娼妓，以声色取悦于人，无所称艺术也。”他说：“清妙脱俗之技不为人重，而正工合拍之曲不为世知矣……艺术贵于创造，发挥各有天才，若但陈陈相因，类比仿造，则艺术不将为腐肉行尸矣乎？”文章最后表明了自己献身于艺术的志向，“琴心老高而才逊，虽有振作之愿，苦无转移之方，然琴心誓言以此行为牺牲，求活艺术，创造艺术，成败损益，非所计矣”。

从1933年百代唱片公司留下的资料中，新戏《刘倩倩》《画里真真》《玉镯记》《大慈庵》《人面桃花》或者正统花旦戏《得意缘》和青衣戏《祭江》中可以听出来的唱腔里，有明显的新东西，但还是比较顺的，无关流派，正如梅兰芳先生所说：“腔无所谓新旧，悦耳为上。……必须拾级而登，顺流而下，才能和谐酣畅，要注意避免几个字：怪、乱、俗。”大段的【西皮慢板】也没有使人无法适从的“怪腔”，“杂乱无章，硬山搁檩，使人一愣一愣地莫名其妙”。

梅先生说：“朱老师在教《金玉奴》的过程中很有意思，讲究表情，富有感染力，到底是大角儿，虽然他那时已经不露了，但骨子里的气度还在。将金玉奴的各种心态教得层次分明、细腻入微。初见莫稽时流露出恻隐之心，接着由怜而生敬，由敬而渐生爱；继见莫稽中榜后傲慢无礼，心里悲愤却无可奈何；直到被害遇救，夫妻相见，痛斥其忘恩负义，令仆妇以乱棒而打，此时声色俱厉又隐含不忍之意。教得很细、很真。他曾和王大爷（王瑶卿）合作《樊江关》（扮薛金莲），他教的《樊江关》十分地道，除了刀马基本功之外，捏准天真活泼，聪明机灵的性格，巾帼英雄的气概，十分到位。这前后，我也看父亲教白玉薇师姐的《樊江关》，尤其是多次看父亲和魏莲芳、芙蓉草的《樊江关》，虽然路子不完全一模一样，但是经朱老师教过再看，心里特别明白，是一种悟性的启迪。”

梅兰芳先生多次演出，都必须安排好梅先生观摩的座位。

梅兰芳说：“我在艺术上的进步与深入，很得力于看戏。我搭喜连成班的时候，每天总是不等开锣就到，一直看到散戏才走。当中除了自己表演之外，始终在下场门的场面上，胡琴座的后里，坐着看，越看越有兴趣，舍不得离开一步。这种习惯延续了很久，以后改搭到别的班子了，也是如此。

“看戏本来是业务学习，这一来倒是变成了我课余最主要的娱乐，也由此吸收了许多宝贵的经验。日子久了，在演技方面不自觉地逐渐提高。慢慢地我在台上，一招一式、一哭一笑都能信手拈来，自然就会合拍。这种一面学习一面观摩的方法，是每一个艺人求得深造的基本条件。所以后来，我总是告诉我的学生要多看戏，并且看的范围越广越好。”

每当梅先生回忆起当年学戏的情景，和看父亲表演时的享受，双眼特别有神。可能这也是在思南路 87 号这一中国独有文化沙龙给熏的。

梅先生回忆起朱琴心老师时说：“他在教身段时，比画给我看，突然蹲下没稳，嘴里冒出一个 sorry! 或者教得高兴时，流露出一种 enjoy 来。他很民主，完全没有内行习气，教完戏让我坐下，还给我补习英语，这是父亲也没有的要求，是他主动自愿的，可能他知道我父亲也请外籍老师补习英语。”

真是附带请了一位英语教师，按英国人的伦理观，师生、父子、夫妻，首先是朋友。

梅先生少儿学戏的细节，知道的人不多，尤其是科班出身的同行无法想象，自身也不可能有这样的机遇，就会产生隔阂。梅剧团里，老戏班的老人还戏称他为“小丸子”，“丸子”是戏班里对票友的特殊称号，今天社会已经很少有人知道了。梅先生放学回家，老人们就会说：“‘小丸子’回来了。”梅兰芳听了也笑笑而已！因为梅兰芳并没有把演员作为梅先生的唯一选择，就如梅先生常说的：“好好念书，学本事，以后不唱戏，也有饭吃。”平淡的深刻啊！这也让和我同龄的内行们说：“梅葆玖不喜欢唱戏！”其实梅家的人，“喜欢不喜欢”不是以单独某一件事而定论的。有一次，梅葆玖在学校操场上，试放自己精心制作的飞机模型，把学戏这档事给忘了，让老师等了时间，但不是故意作弄，直到现在，他已经 80 岁了，回忆起这档事来，还是笑而摇头，无语申辩。

朱琴心老师教了梅先生《金玉奴》《花田错》《拾玉镯》《虹霓关》等花旦戏后就去香港了，心情不那么好，1950年和俞振飞在香港普庆剧场演过《棒打薄情郎》，压轴有梅派陆恺章先生的《汾河湾》，以后又去了后湾，戏也很少教了，可能是知音不多。那么大的角儿，在那儿搭班的可能性没有，票友出身，又放不下身段，60岁就去世了。把戏看成是enjoy的人是不应该离开北京这块土地的，他离不开戏。真正唱戏的，离开这块土地，活得都不如意！

1983年，梅先生突发奇想，和我说想来点武的，踢踢枪什么的。我问梅先生听见什么话了，他说没有，没事儿。其实，真有什么话，说他武的不行，跟梅兰芳没法比，他也不会理会的。彼此理念不同，文化也不同。我说要打出手，下手活很重要，他说团里大家都挺好的，排完戏大家聚聚，挺高兴。

1983年4月22日，梅先生在中和剧院演出《水漫金山寺》《断桥》，我们都赶到北京市看他踢枪，我太太说“不可思议”，我想难怪，只能一笑了之。《水漫金山寺》还留下了几幅剧照。事后，梅先生说：“我近视眼，那枪黑呼呼地扔过来，我脑子里闪了一下陶玉芝老师，管他的，踢出去，还好倒没有失手，真过瘾！”我说：“你那几下子，是在上海学的，可一点儿也没有南派出手的软劲儿，完全是北派的。”梅先生回忆说：“父亲把陶玉芝老师请来是有道理的，武的是我的弱项，要正统的教才行。”我说：“旧戏班里，‘功夫’不轻易示人，更不用说是教，今天称之为戏曲表演程式，过去艺人们视之为立命之基，深闭因拒。”梅先生说：“陶先生倒没有，好像我父亲周围的前辈都和他差不多，不那么保守，习气也不深。”我说：“是啊，陶玉芝老师当时还教一代电影红人李丽华，挺时尚的。”武旦名家陶玉芝是1919年梅兰芳首次访日时的老伙伴，梅兰芳特地请来给梅先生说武旦活的老师。

梅兰芳剧团的前身是1922年成立的承华社。梅兰芳字畹华，故取名承华。梅剧团成立时，选用的剧场是当年新建的新式剧场——真光剧场，标志着梅兰芳改革的全面启动，接着就率140人的团队浩浩荡荡去香港，自10月24日至11月23日，近一个月的演出，天天戏码不同，最后一场义务戏，梅兰芳前《水漫金山寺》，后反串《辕门射戟》，武旦、小生双出，可见当年梅兰芳改革的力度绝非当今所能想象。谈到陶玉芝，可以看一看梅剧团成立时的主要阵容：

老生	王凤卿、刘景然、扎金奎、张春彦、李春林、李小山
小生	朱素云、姜妙香、韩金福
旦	陈德霖、梅兰芳、姚玉芙（社长）、褚如香、王丽卿、刘凤林
武旦	朱桂芳、陶玉芝
老旦	龚云甫、张菊航
花脸	郝寿臣、李寿山、福小田
武生	何佩亭、沈三玉
丑	郭春山、萧长华、慈瑞泉、罗文奎、曹二庚
二路武生	朱湘泉、朱玉康、吴玉玲、李三星

没有大武生，每次演出仅一出武戏，是武旦戏。因当年的习惯，大武生戏一般都是大轴的，杨小楼在梅剧团客串时，安排大轴《长坂坡》《霸王别姬》与梅兰芳合演。我看戏的时候，梅剧团的演出已是晚会形式，一天演三出戏，第一出是杨派武生戏，茹元俊、杨盛春或者是徐元珊；第二出是谭派老生戏，杨宝森、奚啸伯、王琴生；第三出是梅派本门整出大戏，风格较为一致，时间大概三个半小时到四个小时。老梅剧团从1951年开始就没有专职武旦了，冀韵兰、李金鸿是以弟子身份，难得串串的。

梅先生近60岁演武戏，不是偶然为之，陶玉芝教的“腰腿功”、

“把子功”、“出手功”，打下了较好的基础。非正常行走的“毯子功”没练，“筋斗”没翻。其他圆场，蹉步、碎步、错步、跨步、枪套子、剑套子等基本功都练了，梅兰芳亲自教的梅派古装新戏《天女散花》《霸王别姬》过程中，又系统地进行了整理。梅先生说：“父亲的示范，对我十分重要，特别明白。”

在学武戏、练武功的过程中，梅先生又定期地去陕西南路延安路口马勒别墅对面，闵兆华先生家里，跟茹富兰先生学了整整一出《雅观楼》以及武生的一些招式，这是梅兰芳先生所要求的，也是他老人家经验所至。《雅观楼》对演员的腰腿及造型要求非常高，戏校学武生的必会此戏，就像青衣行当的《祭江》一样。在南方，我学戏的年代，要学《雅观楼》必找杨小佩老师，他是融贯南北，以南派为主的。茹家四代武生是北派《雅观楼》之代表。

提起茹家，梅先生侃侃而谈：“茹家和梅家四代之交，当年茹富兰先生刚好住在闵兆华家里，给闵兆华说戏、练功。我从家里出发，踩自行车复兴西路往西，过陕南新村一直往北，过了淮海路就到了，当时学校下课已经下午 3 点，时间来不及了，父亲当年是唱戏赶场子，我是学戏‘赶场子’，母亲安排用父亲的车子送我。我说，人家又要说了，你看梅葆玖学戏还得用小车送，好得了吗？其实用小车是时间概念，和学习态度完全不搭界。”

茹富兰老师深度近视，在台上因看不见，数台步来走位置，这是戏迷都知道的。他能取得观众如此青睐，完全是因为基本功实在是到位，无可挑剔，让人不得不叫好，茹老师并没有因为梅先生是唱青衣的，说戏点到为止了，还是扎扎实实地教。梅先生说：“上一次课回家还要花十倍时间去练、去复习。父亲见我练武生，他也很有兴趣，常来点拨一下，从来没有厉声说话，更不会打，很民主，可能和他多次出国考察有关，氛围极好。茹富兰老师虽是杨派大武生，可生活中很儒雅，有点杨小楼的意思，没有问过他是否也信道教，和我很亲近。”

梅先生说："这出《雅观楼》是我曾祖父杨隆寿教给茹老师祖父茹莱卿的。茹富兰父亲茹锡九也是著名武生，茹富兰之子是老梅剧团看家武生茹元俊是我年轻时代的搭档伙伴。"

从这出《雅观楼》所带出的京剧传承文化是十分值得回味的。茹莱卿继承杨隆寿是大武生，却又善于文场。梅兰芳倒仓期结束后，结束了喜连成搭班演出，正式入大班演戏了，这时就是由茹莱卿操琴。1913 年 19 岁的梅兰芳首先到上海演出，打下了成功的根基。当时上海观众对有嗓子、有扮相的梅兰芳尚不满足，梅兰芳应时代的需求，在茹莱卿直接教导帮助下，用一个星期的时间赶出了刀马应工的《穆柯寨》，茹莱卿的功劳无可取代。接着《枪挑穆天王》《樊江关》既文又有武，开创了历史。1919 年梅兰芳首次访日演出，被誉为"美的化身"，是茹莱卿先生直接照料并操琴的，这也是茹莱卿对小荣椿班主杨隆寿的感恩。多好的京剧人文啊！流传至今的 1920 年梅兰芳百代公司的唱片：《汾河湾》《虹霓关》《嫦娥奔月》和《黛玉葬花》伴奏操琴的都是茹莱卿，被国际上誉为"梅舞"的《天女散花》等梅派舞蹈，都有茹莱卿的点滴心血，不少都是从武生的程式动作中化出来的，这也是茹家对杨隆寿和梅家的报答，地道老北京的味道。茹莱卿在小荣椿社又把这出《雅观楼》传于程继先、金仲仁、姜妙香；茹富兰又得到了程继先的亲授，这出唱舞并重、打基础的名剧，经一传再传，终又传到茹门本派。作为杨隆寿嫡亲外孙的梅兰芳又请茹富兰把这出《雅观楼》教给自己的儿子、唱青衣的梅先生，又请姜六爷（妙香）将《辕门射戟》一字一句，一招一式地交给了梅先生。至亲之间，上下交汇，倾力传授继承，是我们中国京剧文化的独特风景，除了艺术，还有人文、风俗、逸事。日本歌舞伎有一点这种味道，学我们的，可没有我们深奥。中华民族的文化就这一个侧面，已经够精彩，独一无二了。

梅先生对我说："今天我真正担心的是这种文化的渐渐流失和艺

术传承的断层。”我听了都感到沉重。

2013 年 5 月，梅先生以极大的热情参加了中国戏曲学院的科研项目《梅兰霓裳》的全过程，对梅派经典名剧分别进行诠释和演绎，再创作使他兴奋。他在《梅兰霓裳》论文集的序言中写道：“三年前，中国戏曲学院有一个科研项目启动，就是今天刚完成的《梅兰霓裳》项目。周龙先生邀我参加，我和吴迎先生一起参与了这一项目，周龙先生请了多方专业的各路英雄征求高见。会前寒暄时，周龙先生大概知道梅家和武生世家茹家的关系，无意之中和我聊起茹富兰茹派表演之精彩和对茹派艺术的仰慕、追求，说他正在搜集整理茹富兰老师的教学资料，使我感到震撼，此话居然出于这位中年副院长之口，今天要听到这种话的机会不多了，这种气氛也很少了。

“我和周龙导演说，我少时学戏在上海，父亲指定要我向当年长住上海的茹富兰老师学一出《雅观楼》以及武生的一些招式，我老老实实地学了，每上一次课，回家就练上十几个小时。父亲对武生也有瘾，常过来陪练一番。我说：‘我们可以说是前后师兄弟了。’周龙导演以武生的下意识习惯向我作揖，我立马回敬，很融洽，难得！茹家和梅家打我曾祖父起四代世交。我父亲说：‘有点杨小楼的意思！’周龙先生听着频频点头，说：‘茹老师文武双全，文的继承了程继先，武的学杨小楼。我们高等院校若不整理他这样难得人才的艺术，真是罪过了。’我心中感到和这位比我小三十有余的中年人有一种心有灵犀一点通的感觉，可能是我们对京剧传统无限敬畏而产生的共鸣吧！”

梅先生事后和我说：“戏曲学院的领导有这种想法，真太好了，我们没有白来。我在今年的政协会上，要好好写一个提案，对如何继承传统，如何学习传统，系统地想一想，和小组里同行委员一起提出来。希望中央重视，再不做要来不及了。”

我和梅先生说：“茹富兰先生的武戏，我看了不少，因为他当年常在上海，文戏看得不多。连姜六爷都说过，他演《贩马记》的赵宠，念到‘夫人，夫人，夫人哪’的踢被三脚步，水袖翻拂，帽翅颤动的优美身段，完全宗法程继先。”我想起俞五爷这身段也是一模一样，可能是出于程门。

梅先生说到跟茹富兰老师学《雅观楼》，跟姜六爷学《辕门射戟》时，眼睛是充电的，连我都感到兴奋。他一边比画，一边唱《端正好》曲牌，“奋雄伟莫名盛……”到“赌带争功”，真是唱做并举，一气呵成。“起霸”功架极稳，舞姿处处清楚，在脆帅的身段中显示出李存孝的少年英姿，又略具童气；唱则是满宫满调，处处入戏，干净利落。

提起《辕门射戟》，梅先生30多年来多次说应该演一演，过过瘾。是啊，梅玮提供过一张绝品戏单，是义务戏，梅兰芳双出，前是武戏《水漫金山寺》，后是小生戏《辕门射戟》，我多次建议梅先生按梅兰芳当年戏码演一演，他是能胜任的，几十年过去了，一直是纸上谈兵，聊到老，还是聊。不是我们想唱就能唱的，就像梅先生常说：“我不争，也不提。有什么好争好提的，不唱就搞我的音响，也挺好的。”

梅先生随王幼卿、朱琴心、陶玉芝、茹富兰诸前辈打下一定基础了，已经能在“湖社”票房和搭班“夏声戏校”，在上海兰心大戏院参加演出了。梅兰芳说了一句话，“你必须学昆曲”。1947年秋天，“传”字辈的朱传茗老师来到了思南路87号梅家。

梅兰芳说话对人用“必须”这样的语气是很少的。我和梅先生说，他是你爸，才会对你这样说。

梅兰芳对自己的儿子用“必须学昆曲”的定语，不是“应该要学”，“尽量要学”，而是用了“必须”二字，可见其分量不一般。其含义已经是高等数学里“可能与充分”的条件思维了。

梅兰芳何以对梅先生学昆曲、演昆曲，要用“必须”二字，他在年轻时期就说起：“我提倡它的动机有两点：第一是昆曲具有中国戏曲艺术的优良传统，尤其是歌舞并重，可供我们吸取的地方的确很多；

第二是有许多老前辈们对昆曲的衰落、失败、失传，认为是戏剧界的一种极大的损失，他们经常把昆曲的优点告诉我，希望我多多演昆曲，把它提倡起来，同时擅长昆曲的老先生们已经是寥若晨星，只剩下乔蕙兰、陈德霖、李寿山、曹心泉这几位了。而且年纪也都老了，我想要不赶快学，再过几年就没有机会学了。”

2003 年 4 月底，我参与策划的《大唐贵妃》在北京保利剧场的四天演出，适逢“非典”孳行，观众都戴了“口罩”。演完戏，梅先生、梅夫人等人，连夜赶往上海避风头，他的 VOLVO 座驾开了一天一夜直奔上海教育会堂。

提起教育会堂，现在上海各媒体，知道梅先生来上海的消息已经不用打电话找我了，只要直奔教育会堂，一逮一个准。

梅先生在上海教育会堂已经住了 13 年了。

2001 年，梅先生为了《大唐贵妃》11 月 1 日作为第三届中国上海国际艺术节在上海大剧院的开幕演出，提前于 8 月 15 日来到上海了。制作方和我商量主要演员的住宿，我认为这次演出参加者 250 人左右，动静比较大，北方来的住处最好离排练地近一点。晚上 12 点，我和梅先生通话。他说：“这次演‘大唐’是父亲过世后的一次重要尝试，动用了那么多手段为梅派艺术服务，精心包装。经费较紧，住的地方以工作方便为主。学津身体不太好，他的住房要安静一些。”

我说：“离上海京剧院很近，有一个教育会堂，岳阳路普希金铜像东侧，很安静，就是不适宜接待朋友。”他说有媒体来，你看着办；有朋友来，请他们上京剧院。请吃饭也不要离东平路、岳阳路太远，千万别影响工作。他问我，住处有没有卫星电视，我说那是招待所级别。这对他很重要，平时在北京，他把凤凰台的《世纪大讲堂》《凤凰大视野》以及有关政协的历史题材用录像机、VHS 录像带给我录下来，认真详细写好说明，邮寄或托人带给我看，共学习之，不时还问我看后想法，已积累了一百多小时。这两年，音响店里已经有出售数码的《凤凰大舞台》集锦，用录像机工作已成为历史了。这是我们之间除了戏以外，重要的谈话兴趣，一种由于家庭文化背景，自幼就养成的渴望学习的情绪和支撑，和艺术不无关系。

教育会堂的领导很热心，立马就去装了一个卫星“锅子”，卫星接收很快就解决了，那时候还没法私人装“卫星”。晚上12点，我还是照例和梅先生通电话，我说“锅子”搞定了。再告诉你一个重要信息，离教育会堂一箭之遥，襄阳路、复兴路口有一个数码电子大厦，大的小的、各种功能、各类级别应有尽有啊！梅先生一听“数码电子”四个字，笑了，击中他要害了。他说：“我到上海那天，你把你的小自行车给我使，我可以随时去数码电子城，过过瘾。”

从北京到上海，梅先生夫妇固定航班是上海航空公司FM9108，时间合适。梅先生夫妇看了506房间后，是小了一点，简陋一点。梅夫人的多位朋友是酒店行业的老总，五星饭店，可以打折，但都在浦东。梅先生看了看新装的卫星接收器，立即调一调，说了声：“排戏不富裕，就这么着吧！灯泡换成大的，我自己去买。”到了下午，大大小小的喇叭箱，日本的面包CD、刻录机，一大堆玩物买回来了。爱好啊！发烧啊！

那年，上海京剧院正门，还在东平路，六楼排练厅的窗户可直望大门正道，天还很热。《大唐贵妃》第一天“落地”，看热闹的、各种媒体人特别多，也有上了岁数80多岁的梅门第二代弟子来看看玖弟搞的新花样，一群善于搞笑的青年演员倚在朝北的窗前，还有几分钟，一辆自行车从大门缓缓而进，远看仍风度翩翩。“你们看，梅先生真准时，头上‘地中海’了”。那年梅先生也要67岁了，正经谢顶，头发就剩周围一圈，故美其名曰“地中海”，搞笑！

排戏日夜两场，等我们吃完夜宵回到教育会堂12点多了。梅先生说，反正晚了，再坐一会儿，看得出来，那么多年演员生涯，排戏是很投入的，还没有完全静下来。他拿出从北京带来的香片，要给我沏杯茶，一提水壶，没开水了。我说已那么晚，服务员也下班了。梅先生说："不着急，我知道热水就在这一层里头。"我看着他 67 岁的身子，步子挺硬朗，拿了两个热水瓶，缓缓走向房门。不禁想起在文艺会堂上班时，杜宣先生曾和我说："第一届全国人大开会，梅兰芳、老舍、阿英住一个房。梅兰芳总是起得最早，把被子叠得像解放军军营的规格，轻轻地扫地时偶不防会有一个内行人才看得出来的身段痕迹，非常妙。一个房间有四个水瓶，打开水的事，一直由梅兰芳主动承担。"梅先生说："抗美援朝慰问志愿者，我父亲那屋也住四位，另住三位：周信芳，我父亲称他周先生，虽然是自幼喜连成伙伴，也是客气的；马连良，我父亲称他温如，他称我父亲畹华；程砚秋，我父亲称他'老四'，他叫我父亲'先生'，因为是师徒关系，也是我父亲起得最早。他的内衣、内裤、袜子都是自己洗的。"我说："一代文人啊！如今要找回这种味道，很难了。这种味道和梅派神韵很相似啊！"梅先生微笑点头。

梅先生继续谈学戏的最后部分——昆曲。梅先生说："父亲对我学戏，昆曲比京剧看得重，朱传茗老师虽然早年教过程砚秋，帮程砚秋吹过笛子，又多次和父亲同台，应该是旧识了，可父亲还是很慎重地请朱老师到家里来，和朱老师共同研究，从何处入手教，学哪几出，一一落实，甚至朱老师给我拍曲子时，他还时常过来看看，嘴里念念有词，他也有瘾。"

梅先生说："昆曲的功力跟京剧相比，应该说比京剧的表演程式更规范，它的演唱、它的板、它的尺寸，整个舞台的调度，以及它的眼神比京剧应该说要严格得多。京剧演员要是不学一些昆曲的话，那他的表演，他的手、眼、身、法、步要想再提高就有困难了。所以当年我父亲会说'必须学昆曲！'因为我父亲昆曲演的太多了，好几十部昆曲，实际应该比这个数字还要多。"

我感到有必要把梅兰芳毕生演过的昆曲在梅先生的传记里整理出

来，而显示其在梅派艺术中的重要性，再多花一点时间也是应该的。在梅兰芳中青年时期，经常演出的昆曲剧目、扮演的人物有：

《水斗》《断桥》系《白蛇传》中的两折，饰白蛇。

《思凡》系《孽海记》中的一折，饰赵色空。

《闹学》《游园》《惊梦》系《牡丹亭》中三折。前饰春香，后饰杜丽娘。

《惊丑》《前亲》《追娼》《后亲》系《风筝误》中四折，饰俊小姐。

《佳期》《拷红》系《西厢记》中两折，饰红娘。

《琴挑》《问病》《偷诗》系《玉簪记》中三折，饰陈妙常。

《觅花》《庵会》《乔醋》《醉圆》系《金雀记》中四折，饰井文鸾。

《梳妆》《跪池》《三拍》系《狮吼记》中三折，饰柳氏。

《瑶台》系《南柯梦》中一折，饰演金枝公主。

《藏舟》系《渔家乐》中一折，饰邬飞霞。

《鹊桥》《密誓》系《长生殿》中两折，饰杨玉环。

《刺虎》系《铁冠图》中一折，饰费贞娥。

《昭君出塞》饰王昭君。

《奇双会》中饰李桂枝。

其中《水斗》《断桥》《思凡》《琴挑》《闹学》《刺虎》《游园惊梦》《奇双会》成为梅兰芳优秀代表剧目。

2003年4月、5月，梅先生在上海。由于“非典”横行，应酬少了，一般的朋友不方便来往，每隔一天在我家吃饭、聊天。饭后常看些录像，将收集的600多个VHS带子翻了遍专选值得回忆的看。一天，我放了珍藏的1960年上影的一部昆曲教学片，朱传茗老师素服出现，教授闺门旦的步法身姿。这是朱传茗老师留下的唯一的音像资料了。那年把VHS转为VCD已经不易，更不用说是数码的DVD了，言慧珠在家中练“九锤半”的影像也是由8mm胶片转为DVD的。近年来从VHS转到DVD，转带子占了我们较多的时间，如果不转，那么多的录像带日久会坏的。梅先生说：“现在科技进步越快，我们越忙活。”真是梨园行少有。

梅先生坐在我的电脑书桌旁的沙发上和我说话，两腿伸直了，很休闲。年轻时就喜欢那样伸展，一年唱200多场大戏，身子骨够紧的了。“千万保护好这些资料。”我意识到刚才的录像引起了他少年时期的回忆，我不说话了，洗耳恭听，他像是要和我说些什么，那神态特别像梅兰芳，有什么比较重要的想法和观点也是轻描淡写，款款而谈，从不论高，也不外露。

梅先生手拿着一只苹果慢慢地和我说：“你去一次上海戏曲学院，利用‘传’字辈留下来的丰富资源，蔡正仁、岳美缇、梁谷音、张洵澎、王芝泉、计镇华、刘异龙都还有潜力，华文漪也可回来。给我们梅派第三代传人补一补昆曲，办一个训练班，我也来参加，专教昆曲，我和那些昆大班都是‘传’字辈教出来的，是同学。”我说：“1982年梅派艺术训练班，我曾请张洵澎来教《游园》，一个出场就教了很长时间，真到位。前几年上海戏曲学院搞过旦行的昆角研习班，张晶来参加，学的是《惊梦》，张晶说很实授，北昆的沈世华，也是朱传茗的学生，都是特别优秀的，都应该来教。”

“小时候学戏的时候，因为孩子嘛，不一定体会到学昆曲的必要性，就是跟老师怎么拍板，怎么唱，怎么学，一板一眼地学，把它学会。唱学会以后走身段，走身段不管是《思凡》也好，云帚也好，或者是《断桥》，穿着不同服装也好，你都得跟着老师一步一步学。学完以后连唱带念带身段都会了以后，就跟着排，我有什么特别好处呢？就是跟我父亲同台演出《游园惊梦》，他演杜丽娘，我演小春香，他带着我，开始我也有点害怕。我怕身段走错了，因为两个人都是合唱的身段，走错了就很不好看。我父亲说，你在台上走你的，万一你走得不合适，我反过来可以配合你，让整个舞台能保持完整，后来我就胆子比较大了，我一边演的时候，一边看我父亲的身段，这个时候的受益比私下学强多了。因为昆曲有好多，比如《断桥》《金山寺》《游园惊梦》都是一高一低，一前一后，一左一右，或者斜着走，都是两个人相辅相成的身段。他一带我，感觉出来了。所以我在台上陪着他演的时候，我也是在上课。我不断看他眼神看他的身段，实际上已经给自己输送很多营养。如今我也跟我学生说，昆曲比京剧要早好几百年，学生时代，打基础的时候，就学昆曲，学成了，实践的时候，有了昆曲的基础，可以帮助你的京剧水平逐步提升。京剧演员稍微眼神一动，身段一来，人家马上就感觉出来，此人是否学过昆曲。

梅葆玖早期剧照《游园惊梦》

“昆曲的词非常美，它是一种旧词体的，跟京剧不一样，京剧是‘二、二、三’七字句，‘三、三、四’十字句，这么排练下来的，昆曲不然，它是根据曲，填的词，相辅相成，非常完美。所以我觉得昆曲真是咱们国家的瑰宝，联合国把咱们的昆曲作为重点保护的一个门类，我觉得真是太重要了，不要让它中断，也不要让它慢慢消失。而且懂昆曲，体会到它那种词曲的美，对自己的文化修养，对一个演员的素质提高，也是必不可少的。

"我跟朱传茗老师学的时候，我父亲也给我拍。演出的时候，我父亲把我学的东西再次升华、提高。排《游园惊梦》的时候，小春香和杜丽娘完全是两个人物，一个是正旦，一个是贴，贴就是花旦、丫鬟，昆曲叫贴。如果我也是走杜丽娘的身段，等于台上两个小姐了。所以我父亲说，你是学青衣的，可是你在台上不能跟我一样走青衣的身段，那变成两个杜丽娘，两个都是款款的，就分不出是小姐跟丫鬟了。有一次，父亲来看我，着急了，立马给我走小春香的身段。我一看，我没法学，真好，他那个身段走得整个就变成完全两个人了。我深有体会，我父亲的功力，绝不是说说而已，拿出来就是那么回事，而且那么准。所以他给我排戏的时候，他给我走小春香身段的时候，就是给我上课了。"

我说："怪不得，你父亲 1949 年去北京参加第一次文代会，然后去天津为'移步不换形'做检讨，'过了关'。回到上海在中国大戏院唱了一个多月，他和你合演的《游园惊梦》，唱了八次之多。压轴是奚啸伯的《杨家将》，萧长华的《老黄就医》，开锣《大三岔口》，唱了八回，就是上了八次课，难怪他用了'必须'二字。"

梅先生说："我把他的身段慢慢熟悉了以后，可以跟他的杜丽娘的身段遥相呼应了，观众一看就是非常合适，整个画面协调了。"我说："你看京昆关系应该怎么说？"梅先生也来劲了。梅先生说："我自已体味演京剧时，怎么说呢，内心的活动或是走身段的时候，或者根据剧情板眼配合的时候，要有点昆曲的基础的话，你这种内心表现的东西，它就会给观众一种感觉，那么合适、那么美、那么贴切，而且那么有文化内涵。这种修养就是昆曲能帮助你做到的。我小时不知道，排《思凡》的时候，所有云帚的身段，几乎都全了，高的矮的、左的右的，做各种姿势。你排完后，你要再排什么《洛神》，排什么《太真仙会》，即你太阔了，只要你合适，怎么用都是好看的，没有昆曲云帚给你，跟你打笤帚似的，你怎么耍，你要出彩，人家一看你也是胡耍，我觉得这就是昆曲和京剧的关系，它实际上是给京剧输送了营养，丰富了京剧的表演，提高你的艺术内涵。我很喜欢昆曲，我觉得它的词美，‘原来姹紫嫣红’多美的词，又能帮助演员提高文化。”

梅先生说：“你也知道，父亲在家话不多，他也没有和我说起，他自己学昆曲的过程，我也是看许先生记的《舞台生活四十年》之后了解一些的。平时，他们谈话，我也不在，我要学戏，又要念书；大人说话，我不可能加入的，这是规矩。外界的人可能不信，真是这样，不是现在的‘辣妹’和‘辣兄’，参加讨论有什么不可以，真是时代不同了。”

“但是我陪他同演，他给我走身段时，就给我分析不同的角色，比如《断桥》，白娘娘、小青完全是两种性格，一个很强，另一个非常柔美、非常体贴、非常善良的。所以你拿剑要砍，要杀许仙的时候，你的力度在哪儿？你怎么用这个剑？用什么眼神？当时我们排戏、演出，甚至是拍电影的时候，他都给我现场做示范，这个有什么好处？就是说，我已经会了，不是完全陌生的，他在这个基础上再给我画龙点睛，再指点。北京话说，就是一层窗户纸，你不点，永远破不了，但是这层窗户纸一破，一打开，原来里面是那么丰富，豁然开朗。所以我父亲对我艺术上的培养，就是在会的基础上，再怎么帮我表演身段，帮我从‘本科’升到‘研究生’，就是这么一个过程。”我说：“所以外界说，你收了学生很少教，他们不明白，你教海敏《宇宙锋》在天津宾馆，我们都在，张晶还录了像。胜素教得更多了，不是不教，教法不一样，这一点你们父子，倒是一个样儿。”

提升演员的艺术素质，这是最重要的，昆曲本身是高雅的文化，京剧原本是“俗文化”，昆曲是我们的老师，“必须”继承。

我说：“你在拍《断桥》电影时，谁给扮的，像外国人，和现在完全是两个扮相，这个电影，纪念馆还有不少碟片。”梅先生说：“那时候我太瘦了，拍得不够好，也算是一个学习过程吧。拍电影的同

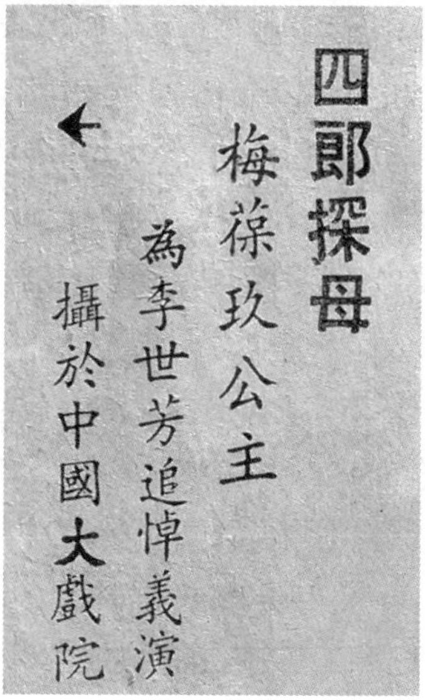

为世芳师哥遇难义演，梅葆玖与葆玥演《坐宫》

时，父亲演了《思凡》，排《思凡》的时候我在看，可惜这一场戏，就用了几个镜头，那个真美。”我说：“可惜那么多素材都没有了，荀慧生先生几乎没有留下任何影像，有个别无声的，一点点，也是和私人玩拍的，没有历史价值。《游园惊梦》是 1959 年 11 月 3 日开拍，你没有上？”梅先生说：“《游园惊梦》那个小春香是言慧珠言姐姐扮的，也拍得非常好。拍完这部电影不到两年，父亲就去世了。这部电影的底片用的是柯达，《断桥》用的是苏联老大哥的，底色发红，拍出来有点油画的感觉。当年没有那么讲究，也不允许学西方，但记录人物还是很完整的。

“在我学昆曲的年代，我师哥李世芳陪我父亲演青蛇，1946 年、1947 年的时候我看过，李世芳那个功力比我强多了，他是科班里出来的，毕竟不一样。他跟我父亲合作得非常好，每一期的《水斗 · 断桥》总是跟他演，他扮相像我父亲。1947 年过年，当时他住我家。他思念新婚妻子——姚玉芙的女儿姚玉莲，想回家，飞机票没有了，是杨宝森让给他的飞机票，不料飞机在山东遇到恶劣气候，撞山出事了，我父亲听到这个消息特别难受。这个《断桥》最好最好的弟子不在了，所以《金山寺·断桥》这个戏他就不演了。拿我们北京话说，捐了，这出戏不演了。他难过，他在台上一演，就会想世芳师哥，不演了。我的《金山寺·断桥》朱传茗老师教完了，好多老朋友都跟他说，为什么不让葆玖陪你演呢？让他陪你演不是很有意思？我父亲想也对，从那时候开始，就给我说了、排了。朱传茗老师的身段也非常美，我父亲他是按北派路子，身段有些出入，我做身段的时候，他有时候给我说，这身段可以这么做。我在跟朱传茗老师学的时候，我父亲说，你一定要完全按朱老师给你怎么排，你就怎么演，不能说是我给你说的，而把朱老师的给改过来，这样不可以，要尊重老师。所以这一年我倒也受益了。就是说，从我父亲舞台演出的规模，从整个大的表现感觉，还有朱老师南派的，南北二派我都受益了。现在回想起来，自己在学生时代，青年时代条件还是蛮好的，应该说我那时候条件比现在同学的条件好多了。

梅葆玖早期剧照《金山寺》

“那时候叫‘昆腔’，后来说叫‘困腔’，一听就‘困’了。我父亲、朱传茗老师，那绝对是世界一流，顶级的，我跟他们学了，我懂，我现在岁数大了越来越爱听，年轻学的时期，还不行。现在词也理解了，身段也理解了，里头的艺术无限丰富，通过词曲表现一个人的思想感情。岁数大了有悟性了，我也越来越喜欢，所以我跟我学生说，昆曲不是说你一学就能到位，你还得补传统文化、古典文学的课，你得多看词曲，把《长生殿》《牡丹亭》全看了，你不要光唱，先从头到尾看那个词，去理解。不懂请人给你讲解，这就等于提高你的文化了，你能够看懂，能理解到它的词曲的妙处，你再演人物，自然脑子里就有这种潜意识。这种意识给你美的、灵魂上的东西，你就能表演出来了。

“京剧昆曲应该说是不分家的，从京剧的形成以前，我刚才说了已经有昆曲了，那要比京剧早好几百年。京剧的曲牌，我们叫大牌子，实际上它的曲牌，都有词的，它不光是唢呐吹的，京剧人管它叫大字，唱大字。所谓唱大字就是这些曲牌里的词，他吹的可以是乐，但是曲里不光是乐，每一个旋律里都有字，所以叫唱大字。那时候富连成的师哥说你得唱大字，就是唱歌词。所以，京剧离不开昆曲，京剧的形成，四大徽班进京的时候，昆曲已经是一个很重要的部分，以后，它的艺术的成分，就融汇在京剧里头了。

“我父亲喜欢昆曲。他要不喜欢昆曲，他能学那么近50出昆曲吗？他若是不唱京剧，他也是一个昆曲的顶级演员了，他演的戏不单单是《游园惊梦》《断桥》，他演的昆曲太多了，你看他年轻时候的戏单，不下几十出，那多的是。他有那么丰厚的底子，再演京剧，拿我们话说，那不是太富裕了。虽然京剧起来后，昆曲逐渐有些衰落，但是京剧是离不开昆曲的，没有昆曲的内涵，没有昆曲给京剧提供的营养，今天京剧它在大文化上达不到今天这个层面。”“清平调上楼角，这些曲牌跟它搭靠的身段非常迎得来，非常合适。”梅先生高兴地哼起来。

梅先生又说：“京剧你就没有那么合适的节奏，也没有那种漂亮的感觉出来。往往我们拍一出戏需要用身上的时候，昆曲就帮助你表现了，给观众加深了印象。

“所以我跟学生说，你不学昆曲，你的戏上不去。我小时候学昆曲，我父亲也跟我这么说，你要不学昆曲，你的眼神、你的身段，不会好看的。人家看你身段很傻，可是你有昆曲的身段以后，你这一来，你怎么比画，拿扇子也好，拂尘也好，手绢也好，团扇怎么拿，小春香的折扇怎么拿、怎么合，有多少身段，眼睛怎么看，它很有分寸的。我就是那么一招一式地学的，你们一定要好好跟昆曲老师学昆曲，这一课万不能断。

《能仁寺》剧照

“昆曲我学了也不下十来出，有的我学了没有机会演，我父亲过去常演的《刺虎》《思凡》《闹学》好多戏，我都学了，有的跟着我父亲都演了，有的作为我的必修课来自己丰富。我主要演京剧，可一演昆曲，就有不同的感觉。昆曲你唱起来的时候，你一定要完全理解它的词意，因为昆曲的发音要求你唇齿喉舌的准确性，比京剧更加准确。而且昆曲中一支曲从头到尾不能等你，昆曲不能等你的，一忘就搁在那儿了，所以学昆曲时都是 20 遍、30 遍、50 遍这么拍的。老师这么给你唱，那时没有录音机，你跟着老师，一遍一遍地唱，所以演昆曲要演好了，自己非常高兴，因为在诗词歌赋中表现一个人物，自己很过瘾。比起京剧的台词，昆曲的文化内涵更典雅，演完了以后自己也沁入艺术美当中去了。”

“‘传’字辈的老师比我父亲稍微年轻一点。1945 年、1946 年那时期跟我父亲演了那么多场，可惜没拍下电影，要是把所有演的昆曲全都录下来，现在可不得了，太美了。而且这些演员，现在看来都是黄金搭档，生旦净丑是最好的。

“朱传茗老师没有活到‘文革’结束就离开人世了，活到 67 岁，太可惜了。朱老师一辈子坚持在昆曲界，在‘传’字辈最困难的 20 世纪 40 年代都坚持演出。我父亲说：‘十分清贫。’

“江南的贫困与北方梨园又不完全一样，它带有人情的淡薄，甚至于歧视。新中国成立以后，他长期在上海为曲友们授曲、教戏。1955 年，我父亲将京昆梅派高手都推荐进了上海戏校。朱老师因为不是演员，工资仍比较低。平日常穿灰色中山装，以前给我说戏时，常常灰布大褂，十分俭朴。虽然旧，但十分整洁，令人尊敬。1959 年，俞五爷和言姐姐排出了《墙头马上》，朱老师是导演，设计了许多好的唱腔和舞蹈动作。我们现在就缺朱老师那样的人才，他是可以导出好东西来的。我真是非常怀念朱传茗老师。”

梅先生这番话，虽然讲得很朴素，我感到真实记录一位艺术家的坦言，比重新组织语言要实在，表达直接，学艺的听得懂，这是他讲过不止一次的话了。我和梅先生说：“值得欣慰的是，现在您那几位最小的徒弟都主动找沈世华老师学《思凡》《闹学》了，以后不会昆曲的要拜，学了以后再拜吧！”

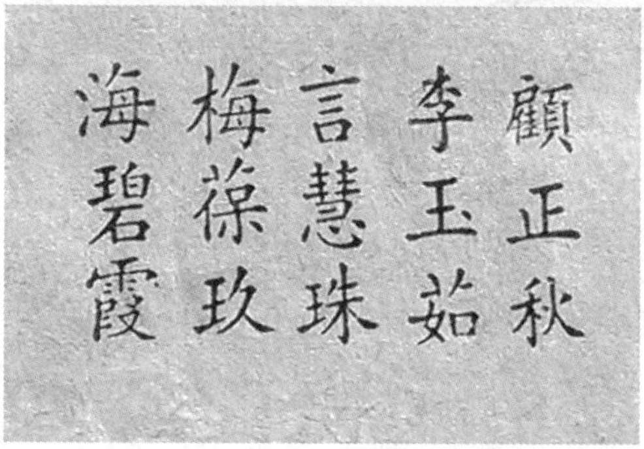

与众师姐演《五花洞》，左起：海碧霞、梅葆玖、言慧珠、李玉茹、顾正秋

以上是梅先生青少年生活中的第一轨道——学戏，第二轨道是读书。“双轨”生活直到1951年春天结束。之后，梅先生正式作为梅兰芳剧团的成员，参加商业演出了。

前文所提，梅先生是上海市重点中学——向明中学的杰出校友，他1947年进校时，该校是中国第一座教会大学震旦大学的预科，也称震旦附中，1903年2月27日由中国神父马相伯先生创办的。1952年与当年梅葆玥在读的震旦女中合并，改名向明中学。该校于1932年建的圣伯多禄教堂与思南路87号梅公馆他们家只有一墙之隔。

该校闻名于世的“震旦三文”，除长期任校长的宗教界爱国人士、第一届全国政协委员，胡文耀外，更为杰出的是我国地质学权威，前国民政府行政院长、新中国成立后的历任全国政协常委翁文灏先生以及孙文耀先生。更有我国国际奥委会委员何振梁先生及著名诗人戴望舒，著名画家徐悲鸿。2013年，我陪梅先生去参加母校110周年校庆活动后，回到北京，梅先生专门做了他所尊敬的马相伯先生、翁文灏先生的视频资料。前辈对他艺术上的修养和提高是很有关系的。这在京剧行的圈子里绝无仅有，可能是梅兰芳当年的远见抑或命中注定。

1947年一起进校，又同坐一课桌的达明环先生是前上海航空公司工会主席，一级飞行员，有60多年交情了。达明环和我说，同学们都知道他和别的同学不一样，几乎没有玩的时间。劳作课做飞机模型、组装战舰模型、自装矿石收音机是他的最爱，和他最合得来的同学们也有共同爱好。上海广电局退休的工程师王志刚，深圳著名建筑设计师等，搞文艺的好像一个没有，连搞社会科学的都没有，都是搞技术的，搞工程的。这是梅先生生活的另一个圈子，很特别。十几岁的男童，没有得玩，其困惑可想而知。难得一次下午3点放学，教戏的老师已经在家坐等了，可梅先生和同学王志刚还在操场上，试放自己做的模型飞机，回家少不了挨香妈一顿骂了。还会听到老梅剧团科班老人说一句“小丸子回来了”。学校和家里是两个世界。达兄很客观地和我说，从盘石小学到震旦都是上海一流的天主教学校，规矩特别严，功课也特别紧，外语就要上两门，英语和法语。同学们非常谅解他，有时演出不能上课，就帮他补习。能够跟上，已经很不容易了。

梅先生说："新中国成立后，父亲给我的演出压力越来越大，我是越来越忙，但我就是丢不下自己做的模型和装的收音机，还有外国音乐唱片。我很羡慕其他同学放暑假可以玩，我没有，像一部'永动机'不停地转。"

向明中学有什么活动，都会和我联系，邀请他这位"杰出校友"来参加，梅先生也总会邀请我一起去。我虽然不是这个学校毕业的，他知道我一直在教会学校环境长大和父母教育的背景，又是从小学戏，师从梅派，有共同语言。我看他一进校门，就显得脚步轻快，一点也不像要 80 岁的人了。而走进剧场、到后台，总是款款的，慢慢的，角儿嘛。确实，少儿的教育功能会影响人的一生。

第四章　准备做演员了

梅先生1951年参加梅剧团商业演出前，在各种场合舞台实践的时间大概三年左右。就是现在戏校的实习演出，就其强度和密度而言，大概是现在戏校的实习演出的三四十倍，这是一种“量”的结累和“量”的变化，对梅先生一生影响很大。

被梅兰芳确认可以放心做一名京剧演员了，那已经是1948年的暑假，这个暑假参加夏声戏校和上海各大票房、堂会的演出不断，梅兰芳明显地给他加大力度，经常是《祭塔》和《三击掌》双出，或者是《春香闹学》和《虹霓关》双出，练人哪！梅先生说，好像就应该是这样的，没有什么感到要顶不住了，相反身体比以前好起来了。做演员要成功，基本的指标是台上的汗水，没有捷径、没有投机取巧可言。梅兰芳认为梅先生有能力抗压了，就开始策划为他准备做演员的各种条件了。

夏声戏剧学校给创造了条件。

1938年刘仲秋先生在西安创办了夏声戏剧学校，一直维持到1945年日本投降。满以为可以振兴发展，没想到国内又爆发了内战，幻想全破灭了。刘仲秋带着夏声戏校到处流浪，前途茫茫，面临解散的危险。

1946年底，夏声戏校流浪到了南京，乞求国民政府援助，解燃眉之急，而国民政府却无能为力。刘仲秋带着夏声戏校一直坚持在敌后战地流亡，当时中国唯一的学京剧、演京剧、弘扬爱国精神的夏声戏校已经奄奄一息。学校流浪到无锡，派出以齐英才为首的十位大同学来到上海。当齐英才这位前上海京剧院副院长谈到这里，老人有点坐不住了。齐英才说：“我们十个人到了上海，连电车钱都省了。没有钱，步行到思南路87号梅兰芳家中，梅兰芳让我们赶紧在他的‘梅华诗屋’中请坐。我们这些流浪者也顾不上身上的脏，满满地在大沙发上坐下了。当我们提到刘仲秋、郭建英是我们的校长和主任时，梅兰芳先生格外高兴地笑着说：‘自己人，自己人。’梅兰芳还是刘仲秋、郭建英的师父。”

刘仲秋，北大出身，学余宗谭。1932年进梅兰芳、余叔岩、齐如山、张伯驹创办的“国剧传习所”。“七七事变”后，有感于国破家亡，灾难深重，哀鸿遍野，大批难童流离失所。刘仲秋、郭建英遂言以戏剧为武器，以宣传抗日为目标，创办戏校，扬“华夏之正声”，唤起民众，高台教化，移风易俗。刘仲秋先生是一位很优秀的知识分子。中国京剧在1943年，已开办了40余年的富连成、荣春社、鸣春社、中华戏校、上海戏校等均举步维艰，纷纷停办。后方物价飞涨，民不聊生。夏声戏校仅靠演出来维持生活，其艰难程度，可想而知。刘校长本人为戏校而生存，日夜操劳，常穿着露出脚后跟的袜子。他和同学共吃大锅饭，同样睡地铺，30多岁尚无家室，未婚妻苦苦等待。为学校，他投入全身精力，是中国文人中真正的优秀分子。郭建英先生，我认识他，1955年找过我，问我有没有意愿到上海戏校就读，唱小生，他是在梅家听说找我的。郭先生也是1932年梅兰芳、余叔岩创办的“国剧传习所”的优秀学员，工青衣，入梅门。1955年和杨畹农老师一起由梅兰芳推荐进上海戏校，任教导主任。郭先生显有文才，1935年作为梅兰芳的助手，随梅剧团访俄，做文字、宣传工作。郭先生善于编新剧，可叹“文革”中和杨畹农一样不明自尽。

齐英才接着说：“梅兰芳面对着我们这些晚辈，很慈祥地问我们学什么行当，演过什么戏？他要我们多学戏，文武不挡，戏路子宽，才有光明前途。我们回无锡后，向刘校长做了禀报，刘校长就亲自到上海思南路87号求助梅兰芳了。”

这件事，梅先生说，他印象挺深的，夏声戏校如能在上海落脚，他也就有了舞台实践的机会了。梅兰芳非常同情二位学生的处境，也为他们有此志向而感动。

梅兰芳首先找的是熊佛老，他们是几十年的老朋友了，尤其是1931年7月27日在北京李释戡家中，李三爷以“缀玉轩”主人的好友身份请专门研究西方戏剧和人文的胡适、余上沅、熊佛西及梅兰芳等人吃饭，畅谈中西戏剧，各叙观点。这是一次中国两种曾经不同观点的戏剧界高端人士坦诚景仰的交流。1954年，李三爷曾和我在他府上谈起，熊佛老是真有学问的人，他谈得很风趣，我想今后在中国戏曲学院梅兰芳研究中心活动时和傅谨先生请教此话题。

梅兰芳知道夏声戏校的难题，熊佛老是能解决这种很具体的难题的。

梅兰芳首先答应愿意帮助“迁沪办校”经费问题“举行义演”。梅兰芳是一位很实际的人，不说做不到的空话假话，从不“聊丁”。

夏声戏校到上海后，各界毫无所知。梅兰芳做的第一件事，自己花钱宴请媒体，在上海四川路海宁路口，凯福饭店举行大型招待会，上海文化界的要人，熊佛西、田汉、丁玲、周信芳以及报界、电台的朋友应梅兰芳之请都来了，夏声戏校的学生，朴素整洁做招待员，和媒体近距离接触。刘仲秋校长和郭建英主任席间介绍夏声为抗战而成立，它的创办过程和艰苦的流浪演出的概况，直到如今筹募建校基金无着落，校舍难寻，苦不堪言，恳求社会援助！

梅兰芳做的第二件事，与中国大戏院老板汪其俊商量，让夏声戏校在中国大戏院演出15场，并亲自和戏院根据市场要求，排出戏码。以武戏为主，学生全都出场亮相，图个热闹，生气勃勃。如《大名府》《战宛城》《陆文龙》《穆柯寨》等，一一上演，亲朋好友纷纷认票捧场，形成气势。

梅兰芳做的第三件事，亲自领衔，发动上海各名家、名票一起义演三天，筹募建校基金，夏声戏校真是久旱逢甘霖。那是1947年，杨宝森也在梅剧团，演出阵容特别坚挺，天蟾舞台场场爆满，四马路，云南路口，拥挤的人群，私家轿车，黑黑一片。举例一天戏码，可见分量之重。开锣张美娟（齐英才的夫人）《大战赤福寿》和钱宝森的《芦花河》，接着全本《红鬃烈马》，计有吴富琴、赵志秋的《彩楼配》，王吟秋、李宝奎的《三击掌》；赵如泉、芙蓉草的《投军别窑》；袁世海、李少春、阎世善的《误卯三打》；周信芳、芙蓉草、朱斌仙、萧长华的《赶三关》；谭富英、程砚秋的《武家坡》；孙甫亭、裘世戎、张春彦的《算军粮》；叶盛兰、魏莲芳、张春彦的《银空山》；杨宝森、梅兰芳、萧长华、魏莲芳的《大登殿》，超豪华的阵容，不亚于“杜寿”堂会。我精心收集的当天的录音，20世纪90年代都奉献给《梅兰芳声腔艺术全考》，其中《大登殿》后来做了“音配像”，图得纪念。

这三件大事，为夏声戏校立足上海获得生机，奠定了基础。在梅兰芳的带动下，前辈们和各名家伸出援助之手，在上海闸北区芷江西路寻得敌产一所，是国民党政府没收的日商厂房，拨发给夏声戏校做校舍。未正式使用前，熊佛老出面，让夏声戏校全体师生暂住四川北路横浜桥上海戏剧专科学校教室三个月，以解燃眉之急。前几天我和梅先生曾路过虹口北四川路横浜桥，校舍还在，现在是医院了。芷江西路的旧址，我没有去过，现在大厦林立，无从找处，已不复存在。

夏声戏校在梅兰芳的鼎力相助下，维持到了全国解放，全校师生一部分输送到三野文工团，另一部分骨干力量充实到华东实验京剧团（上海京剧院前身）和以后的上海戏曲学校。

梅先生说：“现在京剧界，提起‘夏声’，知道的人已经不多了，《中国京剧》杂志和其他戏曲刊物也很少有人撰稿介绍，其实那是一件很了不起的事。抗战时期，他们在敌后，如此困难是如何熬下来的。抗战胜利了，国民政府也没有能力管文化事业，他们只能流浪到上海，沿途做一些简单的演出，我父亲真是十分爱护他们，多次在家说起刘仲秋和郭建英那样有骨气的学生，十分感叹。”

我说：“你父亲真是我们一辈子的榜样，他做的全是实事。他也没有时间空谈，我看他很少无事云云。”

梅先生说：“我父亲说富连成、荣春社都垮了，要是把‘夏声’也解散了，再成立一个就不可能了。他和刘仲秋、郭建英说，你们把它拉到上海来吧，咱们共同想办法。夏声戏校在上海站稳脚跟后，为了加强演出阵容，每逢星期六、日，暑假、寒假，我和姐姐葆玥都参加‘夏声’在兰心大戏院和其他剧场的演出。”

2010年正月十八日，为了核实1947年到1949年梅先生依据夏声戏校在兰心大戏院的长期实习演出，我拨通了北京电话。梅先生在住院检查身体，在政协领导和北京京剧院的关怀下，住进了高干病房。我提起1947年到1949年的实习演出，梅先生一谈就是40分钟，谈往事也是一种享受。

那年他毕竟也要76岁了，不能太累，我赶紧扯开话题，问他这次在协和与上次上海华山医院高干病房相比感觉如何？那次他也在上海突发高烧40℃，我和内人王医生将梅先生送急诊，就送到王医生的母校，上海医科大学附属华山医院，我们也就在病房里住下陪夜了，时值《大唐贵妃》排练期间，我们心中都有压力，玖嫂因为行走不便，一方面王医生和玖嫂保持密切联络，她也一直在担心。梅先生住了两个晚上就没事儿了，他坚持要出院去看看排戏情况，王医生和院方研究也同意出院，出院时和医院院长、医生、护士都合影留念，还赠送了剧照。

我和梅先生说："我正月二十五日飞北京，协助万宝隆颁发全世界对艺术传承有杰出贡献的艺术家的大奖，2009年度获奖者是中国梅葆玖。万宝隆是有一百多年国际优质品牌的德国公司，希望你在二十五日能静养。青年梅派演员的助兴演出已经安排就绪，中国戏曲学院周院长，京剧系张尧主任帮我们，你放心在医院待着，毕竟是76岁的人了。"

这次为写传记，又事隔四年，梅先生近80岁了。在故乡泰州，我们促膝谈心，共忆往事。梅先生和我说："我在1947年时的实习演出很重要，因为那时我已经学了四年戏了，不在台上演出是不行的，但那时经济不景气，又打内战，人心惶惶，京剧科班也都解散了，急救'夏声'的同时，也给了我机会。我在'夏声'不挣钱，所有票房收入和亲朋好友的捐款全归'夏声'，父亲给我的演出费，按现在的标准，十块钱。我积起来买模型飞机，当年也是一乐，自己理财了。

"梳头的就是我父亲专职梳头师傅顾宝森先生，顾师傅的儿子顾永湘给我弹月琴，他拜了王少卿，也是国内数一数二的月琴专家。"我插话："小顾（虽然80岁了，但这么多年大家一直亲切地称他小顾，习惯了）前几天，和他太太到我家来玩，他要我写点有关梅派演唱理论的东西，同时告诉我，学校（上海戏校）有一位学生，16岁，叫炼雯晴，条件好，音质特别好，东北人，要我们留意。不料，一星期不到，他心脏病突发，走了。"梅先生叹了一口气说："真是少年伙伴，小顾比我大一岁。他父亲是俞五爷介绍的，那年头连唱戏的生活都困难，梳头的、管衣箱的，那不用说了。我母亲说顾师傅人实诚，手艺好，住得离我们家又近，就留下了，少年顾永湘也随着父亲到我家。顾家父子到我们北上，就随着梅剧团北上，也就住在我们家（现在的纪念馆）。那年，我平常随'夏声'去'湖社'演出，京胡是由王幼卿老师亲自操琴，二胡是倪秋萍，他是王少卿的大弟子，票友下海，很懂音乐。一套人马也就是帮我父亲的自己人，上海观众特别熟悉。那时上海梅派票友不下千人，都有相当水准，我在这特殊环境中，好是好在人缘好，有人捧；难是难在他们对我要求很高。明知我是王幼卿老师教的，当然唱王派，可是那些铁杆梅迷，经常要提出疑义，强烈希望我和父亲完全一致，可我父亲的态度一直是‘听老师的，别管我’。这种交织的状况，一直维持 50 年，挺有意思的，这几年越来越少了，因为票友没有以前那么多了，可是当年这一股力量，倒真是成了我‘融梅王于一家’的强力推手，台上台下全融合到一起了，现今这种盛况没有了。

“这几年的实习演出，非常使人留念，家里人都围着我转，‘夏声’也对我特别好，我唱《审头刺汤》，刘校长亲自演陆炳；我演《鸿鸾喜》，朱斌仙演‘金二’。朱斌仙和我家是近亲，朱斌仙父亲朱小芬。祖父朱霞芬的家，是我父亲借读学戏的地方。我父亲童年家境不好，我父亲和表兄朱小芬一起学戏，朱小芬比我父亲学得快，比我父亲红。朱斌仙的儿子朱小仙（现名朱锦华）是当代著名丑角。当年他进‘夏声’时才七岁，唱老生，后随父亲改丑行，新中国成立后到北京。我父亲让他进中国戏校，以后和我一起，同进北京京剧院，直到退休。1995 年梅兰芳剧团重建后，我返聘他进梅剧团，参加‘音配像’工程，配了很多角色。”我插话：“电影《梅兰芳》拍摄时，我请朱锦华的儿子——北京戏校丑行老师朱唯，帮助我到各艺校选群众演员，得知朱唯的儿子也是学丑行的，朱曦光。从名丑朱斌仙起四代丑行，从内廷供奉朱霞芬起梨园六代了，多丰富的人文啊！我们好像不当一件事，如果在美国，那是奇事了，可能美国总统都想与其交一个朋友了，因为美国总共才 200 多年，很少有这样的人文逸事的。”

我听梅先生说话有点累了，但他兴致很高，说：“每想到少儿伙伴，像刘志全，我好多对儿戏，葆玥姐尚未学的，都是刘志全和我合的，《桑园会》《贺后骂殿》《汾河湾》《宝莲灯》《芦花河》太多太多。还有我一个人的戏，《祭塔》是在湖社唱的，还留有相片呢，还有《别宫》《祭江》，全本《王宝钏》中，演代战公主的小男旦赵廷原，他彩声比我多，跷功很棒，比我强得多。当年他和我说，很希望能上我家来看看我父亲，我对他说一点关系都没有，随时欢迎来。后来，我听说他去了美国，名字叫赵原，卢燕姐还碰到过他。唱花脸的学兄刘志发，在台湾又主持剧团又导演，长期在舞台上‘逞其霸王之威’。

“上海京剧院的齐英才，当过上海戏校校长就不用说了，他解放后就转到三野文工团了，1953 年赴朝慰问，我们在一起演出，最有意思的是一直到 1982 年北京京剧院和上海京剧院改革开放后首次赴港演出，我们又在一起了，那时他已经是一个领导了，此公好像比 1947 年时期，已经老成许多，天生是做领导的将才。还有马科，《曹操与杨修》就是他导演的作品，我说他懂京剧，自己又能唱京剧，所以和一般话剧导演来导京剧不一样，看起来就比较顺。还有后来到北京的关静茹、孙泾田在天津戏校当书记，刘志全在石家庄也是著名导演了，‘夏声’培养出了一批京剧人才。”

我说：“郭建英是梅门弟子，他的追悼会是平反后补开的。我也接到通知，参加后，心情更加沉重。梅门第二代中，文化人的类型很少，李斐叔最后的情况已无处可查，郭建英任上海戏校教导主任时，找过我谈话，印象很深，是一位正人君子。”

梅先生说：“难过，难过……”

1945 年 8 月 15 日抗战胜利了。10 月 10 日国民政府的国庆双十节，梅兰芳在《文汇报》上发表了《登台杂思》，重上红毡了。梅兰芳真诚地表达了他对重返舞台的渴望及喜悦的心情，梅兰芳先生说：“沉默了八年之久，如今又要登台了。诸君也许想象得到，对于一个演戏的人，尤其像我这样年龄的人，八年的空白在生命史上是一宗怎样大的损失，这损失是永远无法补偿的。在过去这样一段漫长的岁月中，我心如止水，留上胡子，咬紧牙关，平静而沉闷地生活着。

“我自己有一个决定，胜利以前我绝不唱戏。胜利以后，我又有一个新的决定，必须把第一次登台的义务献给祖国。现在我把这点热诚献给上海了。为了庆祝这都市的新生，我同样以无限的愉快去完成我的心愿。

“我对政治问题向来没有什么心得，出于爱国心，我想每一个人都是有的吧！……社会人士对我的奖励，实在是超过了我能接受的限度。《自由报》的记者先生说我‘一直实行着个人的抗战，’使我感激，而且惭愧。”

梅先生回忆说：“八年抗战，父亲蓄须明志，拒不登台。1945 年胜利了，父亲的嗓子八年搁下来，连最低的调门也上不去了。重上舞台，缺乏信心。是俞五爷（振飞）在我们家和我父亲说：‘不要难过，明天我带支笛子来，您唱唱《游园惊梦》，我想是可以的。’我父亲说：‘我只演昆曲，可能观众并不满足。’俞五爷鼓励我父亲说：‘您多年没演出了，老百姓知道您蓄须明志，十分敬仰。不要说唱一出什么戏了，只要到台上站一站，也想来看一看。’父亲接受了俞五爷的建议，请俞五爷出面请来了场面和班子，一切组织工作，俞五爷亲力亲为。”

1945 年在上海美琪大戏院的一期 13 天的昆曲，“美琪”从来不演京剧，只放外国电影，这次为梅兰芳重上红毡而破例，梅兰芳毕竟八年没有演出，嗓子没有全缓过来，带的是仙霓社“传”字辈的同行，昆曲原来卖座就不好，梅兰芳担心怕票卖不出去，但是演出海报一上墙，三天，票一抢而空，接着就是黄牛票来掌控市场了。江宁路、南汇路口人山人海，无轨电车都无法开了，“梅大王功夫不减当年”成为当时上海的形象语言。

1946 年，春节期间，国民政府慰问“盟军”游艺会在美琪大戏院举行，梅兰芳也参加了演出。这天演出，还有一段小插曲。梅先生说：“演出结束，戏院方面说，蒋介石要来后台探望，母亲要我和葆玥姐都到父亲化妆间，一会儿蒋介石和宋美龄、宋庆龄三人来了，一番寒暄后，蒋介石先生在大衣上口袋里摸出一张叠好的宣纸，四个大字，'国族之华'。上款是梅兰芳博士，下款蒋中正。父母道了谢，宋庆龄摸摸我的头，问我几岁啦，唱戏了没有，说要像爸爸那样爱国，我一一点头。"

三年前，在浦东香格里拉酒店，和连战先生、夫人会面时，我还和连战先生谈起这件事，我说那间化妆间还在，还是和往年一样，国民党老人回来时，顺便可以看看。

梅兰芳特别重视梅先生这三年左右的学戏实习演出，每逢周六、日一般在兰心大戏院，也有在"湖社"票房（贵州路、北京路口丽都大戏院的楼上）。梅先生说："几乎每次我父亲都陪着我去，并帮我在后台张罗，亲朋好友也都去碰面，当时，上海'梅迷'这个圈子里，大家都争着去。"

同时，梅兰芳也安排梅先生参加个别的重要演出，例如1947年1月5日，梅兰芳为怀念自己心爱的弟子，李世芳飞机失事罹难，在上海中国大戏院义演六场，筹款六千万元抚恤金，慰问他的家属。梅兰芳特意安排了梅葆玥唱《四郎探母》中的杨四郎，言慧珠演萧太后。

从1949年底到1950年底，梅兰芳先生似乎已经看到了梅先生这四年来学习的成绩和他所具备的潜质，明显地加大了力度，从昆曲着手，在很短的时间段里，梅兰芳带着16岁的梅先生，在中国戏院连演了八场《游园惊梦》，分别是1949年12月29日、20日、21日，1950年的1月1日、11日、15日、18日、22日，梅兰芳动真格了。他以自己切身的经历，知道对梅先生的演员生涯来说，关键时刻到了。最近梅先生回忆说："这段时间，从十二月初一直到开年一月底接连演了两个月左右，他当年也要五十六七岁了，肠胃又不好，年轻时赶场子落下的病。每天是大戏，结束的前一天，还是全部《霸王别姬》，最后一天，演了比较起来算是轻松的，所谓歇工戏的《凤还

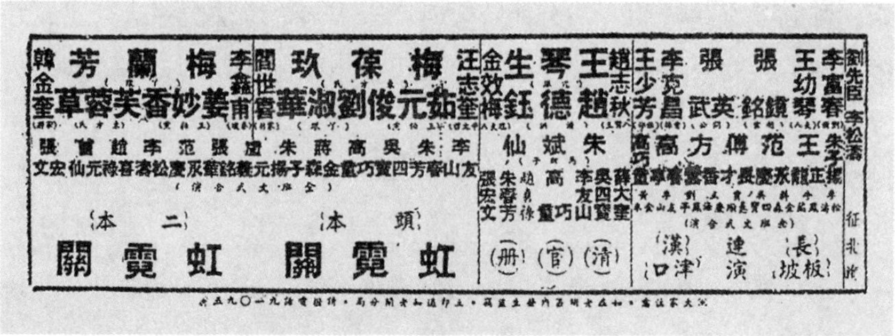

现存唯一的父子合演《虹霓关》的戏单（1947年）

巢》，开场因为是最后一天，加了一出《得胜回朝》讨个口彩。北京来的同仁，要回北京过年了，大家高兴，这连着八天的戏，对我来说，从来没有过。父亲把我的化妆也安排到他房间里，顾师傅等几位化妆和服装的师傅可以方便一点。父亲很少和我说话，倒是我妈比我还紧张，父亲好多徒弟都会来看看我们，她们当时都已经是大角儿了，就站在门口点点头，意思意思，我很兴奋，似乎感觉到自己真的要吃这口饭了。”

“转眼到天津，他放心让我顶替遇难的世芳师兄，上《金山寺·断桥》的小青了。”梅先生和我说，“有关昆曲的内容可以搁在一起，天津百福大楼排戏的过程，真值得一写，让胜素她们也看看。”

我说：“我们还是谈谈6月3日父子同演《虹霓关》，在拍电影的时候，我和陈凯歌、黎明谈这天的《虹霓关》近三个小时，他们都录了音，电影《梅兰芳》，我们从京剧角度上，能做的都尽心做了，但电影毕竟是电影，有他们一套规律。四年前，没有亏本，已经不容易了，中宣部也参加看了，还是很有教育意义的。”

梅先生说：“刚解放这几个月连着演，我父亲真辛苦，他总是很少说话，默默在干。”1950年5月26日，上海解放一周年，筹备会上解放军代表建议，不用一切扎牌楼等形式上的无谓靡费，但是希望有精彩的表演节目，有不少官兵说："看梅兰芳是祖辈就有的心愿，但那时没有条件看。"文化局领导告诉了梅兰芳官兵的心愿。梅兰芳说："我应该唱一出，给为解放上海而努力的战斗同胞们听听。"当天晚上，梅兰芳在中国大戏院有戏的，票两个月以前都定完了。当时，有人提出是否在5月26日白天演，但是战士们都住在江湾，徒步到市区，太早又不行。梅兰芳当机立断，唱《霸王别姬》，因为那天中国大戏院也唱《霸王别姬》。

梅兰芳说："我可以在中国大戏院唱完，下了台不必卸装，坐了车子到大礼堂接着再唱。"市府领导知道梅兰芳的态度，说这样太累了，毕竟也要近60岁的人了，梅兰芳说："偶一为之，不要紧的。"

我和梅先生说："榜样的力量无穷，真不是闹着玩的。"

住在中国大戏院附近的老上海，也跟着在门口等了老半天。虽然公安局在门口维持秩序，而当满头珠翠的"虞姬"和全身披挂的"霸王"从后门出来，钻进汽车，街上看热闹的人，让公安人员很为难了一阵子。这个场景第二天成为庆祝上海解放一周年的特别新闻。根据许先生回忆那天的情况，梅兰芳在车子里说："30多年来，都是这种景象，我不晓得这些看我的人换了多少批，又

梅葆玖早期剧照《霸王别姬》

梅葆玖首次登台，在《三娘教子》中演薛倚哥

不知道我还能让他们看几回。”许先生接着说：“这正合着一句成语叫后浪推前浪，看的人天天换，你就好比一片黄浦滩，潮来潮去，不知经过了多少年的冲击，依然还兀立在这里，真不容易。”梅先生听到这里，沉默了好半天没有讲话。

转眼6月1日是新中国第一个儿童节，梅兰芳让儿子加演一出《三娘教子》，王琴生的老薛保，朱少仙（即现在北京剧院退休的名丑朱锦华，朱斌仙的儿子）饰演薛倚哥。

当年的记载：“小梅唱法完全是老腔老路，令人回忆老梅当年，真是一个缩影。这出戏是王门的看家戏，久已脍炙人口，瑶卿传之幼卿，幼卿再传葆玖，是正统直线，所以有一听的价值。……第一段【慢板】‘王春娥，坐草堂……’唱来老练沉着，完全是大方家教，不类髫龄十七岁的童子。朱少仙是朱斌仙的儿子，斌仙是小梅的表兄，所以少仙比小梅小一辈，今年十六岁，比这位表叔仅差一步，但是在外形看来，高矮悬殊，非常配合。他穿的行头是五年前，小梅十二岁第一次出台唱薛倚哥时候做的。

王春娥教训儿子的道白当中：‘指望儿在学中用心读书，谁想你一味贪玩，贪玩不值紧要，岂不误了儿青春少年。’我听小梅念到这里，不禁哑然。观众决想不到这个王春娥下了台，正和薛倚哥一样，在学中攻读，而且回到家里还常受训咧。王琴生的老薛保学谭富英，嗓音宽亮，颇有谭派意味。接着葆玖之‘老薛保你莫跪在一旁站定’大段【三眼】，及‘你道他年小心不小’之【碰板】，为全剧之高潮，运腔偷气，动中窍要，有举重若轻之妙。俗语说名师出高徒，这地方不能不归功于王幼卿先生的教授有方了。”这应该是对梅先生当年表演的中肯译解了。

儿童节才过了两天，当年贫苦百姓的小孩，连一件像样的衣服都没有。梅兰芳毅然提议为救济失业工人义演，6月3日就举行，当天是星期六，可以多上座，票早早卖完，可以多募点款。

程砚秋饰丫鬟，尚小云饰东方氏，梅兰芳反串王伯党

许多行家建议梅兰芳唱《虹霓关》。这是一出200多年前京剧刚形成时就有的传统剧目。梅兰芳的祖父梅巧玲，梅兰芳的父亲梅竹芬都常演。这出戏还是梅兰芳1913年19岁初访上海，一炮而红的重点剧目，1930年访美时的招牌剧目。1935年访俄罗斯，被电影大师爱森斯坦选中，并亲自导演，莫斯科电影制片厂拍摄的唯一的梅兰芳舞台艺术片。拍完电影后，爱森斯坦大师将他的著作《电影造型的原则》赠送给梅兰芳，并在扉页上写道："谨将我论述造型这一问题的文章赠给最伟大的造型大师梅兰芳博士。"这本书现存在梅兰芳纪念馆。

梅兰芳的《虹霓关》宗的是王大爷（瑶卿）一派。二本《虹霓关》更不用说了，是他亲授的。"《汾河湾》是我老看他表演，不知不觉地就学会了。……我学《虹霓关》的经过是这样的。我先是常看他演这出戏，发生了兴趣。后来我伯父也觉得我的年龄演这出戏非常适合，就跟王大爷商量请他教给我。有一天我伯父带我到王家，要我向他烧香磕头。王大爷很干脆地冲着我说：'论行辈我们是平辈。咱们不必拘形迹，还是兄弟相称。你叫我大哥，我叫你兰弟。'我伯父跟他交往最密，知道他的个性爽朗，不喜欢客套，也就恭敬不如从命地依了他的话。所以我们虽有师徒之分，始终是弟兄相称。”[①]所以有些梅门弟子亲称王幼卿为王三哥，梅先生在公开场合，媒体面前一直是称王老师的，在家里也称王三哥。

梅兰芳同意在救济失业工人义演专场，父子二人同演《虹霓关》，是预见市场卖座一定好，“梅葆玖要唱《虹霓关》”，外传成风，形成了广告语。南京路上私人电台、亚美电台组织直播的同时也进行了募捐活动，募了不少钱救济失业工人，这是活生生的梅派的经济效应和社会效应。这在20世纪50年代的其他城市，可能想都不敢想的。

《虹霓关》这出骨子老戏，其故事情节可以联想到莎士比亚的一些名著，非常相像，而且并不亚于它。200年前京剧作为“俗文化”，连作者都找不到，应属草根。

故事讲的是隋朝末年，天下纷争，各路之中，瓦岗寨尤为劲寇，所向无敌，虹霓关守将辛文礼，臂力过人，勇不可挡。瓦岗诸将屡战而不克，关为所阻。某战，辛被王伯党以冷箭伤之。辛妻东方氏，虽绝世丽人，而蛮靴窄袖，枪马绝绝，誓欲为夫报仇，血刃王伯党，以泄此恨。始与瓦岗诸将遇战，不数合，瓦岗将皆败北而退，继而见王伯党至，东方的部下偏裨牙卒，无不咬牙切齿，格外奋勇，以助夫人威。咸以为夫人此际，一见仇人之面，定必如译话家所说：“怒从心上起，恶向胆边生”矣！不意方一照面，夫人甫启齿问罪，即一阵眼花缭乱，手震颜赧，娇躯险些从马上坠下，继而复四目相观，“我这里个出神，他那里也瞧个饱”，按兵不动。弄得两下里的兵丁都惊诧不定，个个看呆。直至数分钟后，被一阵擂鼓声惊醒，方才交战，王伯党虽勇，卒被擒获，继而押解王伯党入关。两廊众将士，均欢声雷动，庆得仇人而甘心，频频催东方夫人下令行刑，以祭主帅。唯夫人则恋恋

① 参见梅兰芳：《舞台生活四十年》。

不忍杀，反屡以软语挑王伯党。奈王伯党性甚刚勇，坚不许。夫人不得已，复遣丫鬟往说，王伯党三事相要，夫人无不一一允从，乃为之撮合，二人遂为夫妇焉。而王伯党于是乎降东方矣，而东方于是乎从虹霓关降瓦岗寨矣，是为夫妻之爱情。

此情节反封建色彩重矣。

王伯党被擒前为“头本”，继而为“二本”，此戏200年前是东方氏一人到底，刀马应工；丫鬟是青衣应工。梅兰芳开始头本先演东方氏，二本再演丫鬟。王瑶卿说：“这是因为畹华（梅兰芳）他的个性不合适演二本的东方氏，才这样倒换了唱的。当年的演员，每人都讲究下工夫钻研一两出戏。所谓‘不要十样会，只要一招鲜’。像余紫云的《虹霓关》，时小福的《汾河湾》就都是‘一招鲜’。”这是真正的京剧文化。

1950年6月3日轰动上海的《虹霓关》头本是梅葆玖主演东方氏，二本是梅兰芳主演丫鬟，头本的丫鬟是刘淑华，王伯党是茹元俊，二本的东方氏是芙蓉草，王伯党是姜六爷（妙香）的。17岁的小夫人，57岁的老丫鬟，上海人戏言：“当当卖卖都要在前排看一回了。”真的是募捐义演，又是日场，梅兰芳都说：“这桩事有意义，我破例来一回日场。”那么超级的阵容，前座的票价真是够贵的。

梅先生的头本是陶玉芝教的，枪把式非常规范，二本没有学。

梅兰芳在教卢燕时（梅先生首次登台唱《三娘教子》的薛倚哥，前一出就是卢燕的《虹霓关》）梅先生在旁边，也学了些。2013年，梅先生和我重回思南路87号旧居（现改造成思南路会馆整个商业化了）。走上三楼过道梅先生说：“当年教《虹霓关》就在这儿。”

梅兰芳跟梅先生说：“头本就按陶先生教的来，二本你先跟王三哥学会了，等我在台上表演的时候，你看一二回，就明白了，这出戏非常难演，单靠口授是不容易了解的。”

据许先生回忆：“这一次父子《虹霓关》将要出场之前，我到后台看见茹元俊的小王伯党，刘淑华的小丫头，都扮好了，小梅的面部化妆已经完成。他的师父陶玉芝，怀着郑重的心情给他打扮。我看陶玉芝他满头大汗，双手微颤，神情紧张极了，因为这出戏是他一手亲授，已经有三四年的功夫；同时大梅（梅兰芳）从旁指点窍奥；最后还有茹富兰、芙蓉草的修正指示，所以老陶的责任最重，小梅如果在台上出一点情况，他将难过到不可想象的地步。”

我那天实在进不去，我们几个没一个能进去的，一直引为憾事，事后黄裳先生在我家里说：“小梅和小茹都是家传的，颇有渊源。他们前一天已经在家里打了三个小时，到剧场又来了一个小时，果然对枪相当纯熟，台上枪架子非常好看，小梅事先和小茹立了‘军令状’，谁要是打错一下，就归谁请吃点心。我问：“后来点心谁请的？”黄先生说：“应该是老梅请的。因为回到家里，小梅妈问，难道一点没出差错？小梅说，你们发觉不了的，只有会这出戏的老前辈，方能指出来。可是老梅说：‘小九你不要自鸣得意，元俊的武功比你深，幸亏他陪着你唱，才没有什么大错，以后还要下苦功多练。’”

2013 年，中国戏曲学院京剧系硕士研究生李慧通知，经院方批准，由我给她上 20 个学时的《早期传统青衣唱法研究》，今年又有新考取的刘琪同学也是同样的教程，为此我讨教梅先生，关于东方氏的【西皮慢板】的事，梅先生说：“我父亲的头本，我从未见过，二本是以丫鬟为主，青衣应工的。那是大丫鬟，念韵白，和《佳期》《拷红》《闹学》的丫鬟，都是大丫鬟。穿的应该是袄子、裙子、坎肩，不能单穿袄裤，我父亲那天和我合演头二本《虹霓关》，他还专门订做了一件丝绒的坎肩，东方氏是赵先生（桐珊，即芙蓉草），他不像老派唱【慢板】了，只唱【原板】了。”

我说：“有可能是因为陪你父亲唱的缘故，老一辈讲究戏德，怕有抢戏之嫌。在我的备课资料里，陈老夫子（德霖）《虹霓关》有八句【慢板】，唱词也比较‘俗’。”记录如下：

儿的夫为国家阵前命丧，撇下了苦命人好不悲伤。奴这里只把那结婚思量，倒不如与伯党匹配鸾凰。清早起我和他一度商量，不想那狠心郎一味猖狂。奴本当把关印付他执掌，又恐怕众将官说短道长。

包含了早期青衣的【西皮慢板】八个基本唱腔，几乎所有的青衣戏，只要有【慢板】，其唱腔就一定是这八句中的一种，我们可以很清楚地听出梅雨田给梅兰芳的设计。至今李胜素、张晶等梅门第三代的代表中，仍一丝不变继承下来的《玉堂春》的【慢板】唱腔中，和早期青衣的八大腔中发展了什么，发展的依据是什么？发展的手段是什么？一目了然。中国戏曲学院京剧系当今能让研究生去注意这样的古董。

梅先生听了很认真地点点头，说了一句："这就是非物质文化遗产。"

这也是《虹霓关》给我们带来思考的一个方面。2014年五四青年节，中央电视台举办的京剧演唱会中李慧同学唱了至今已失传的黄派（黄桂秋是陈德霖的嫡传弟子）的《母女会》，听得出明显的八大腔的影子，录像记录了观众的叫好声，这种叫好声在国家大剧院里很少会有的。京剧原先就是"俗文化"，"俗"的东西可以变为"雅俗共赏"，可要人为地、生硬地让它变成"雅"，就是值得研究的课题了。

《玉堂春》是梅先生参加梅剧团商业演出前的实践演出中唱得最多的一出戏，其原因：一、开蒙学的第一出戏，有感情。二、父亲在1936年后从未演过，而梅兰芳青年时期打炮，即到一码头的头天演出，讨个口彩"满堂红，红到底"(《玉堂春》在1900年以前公堂上的三位主审和陪审，王金龙和潘必正、刘秉义全都穿红袍，犯妇苏三亦是穿红，故曰"满堂红"。现今刘秉义穿蓝袍，是谭鑫培陪余紫云演刘秉义时改成蓝袍，以示身份不同。从此，跟老谭走，刘秉义就改蓝袍了，可是梅兰芳演时仍是"满堂红"，梅葆玖最后一次1983年12月22日演《玉堂春》时也是"满堂红")。三、此戏见功力，跪在台口唱近一个小时，西皮中的【散板】【导板】【慢板】【原板】【二六】【快板】全都有了。观众爱听，爱看，卖座好。

梅先生说："传统戏里，父亲对我要求最高的，可能就是这出戏了。"我说："也可能他感到自己今后不可能再演这出年轻时的代表作了，寄希望于您了，而且1935年百代公司《玉堂春》那三张唱片流传那么广，至今海外票友中，开口就是。"

梅先生说："就今天的机会说说，也可传一点。第一句叫板'苦哇'，'苦'和'哇'二字都得上去、冲高，因苏三当时的心情是悲愤的，又逢面临审问，以前几次过审，凶多吉少，心情更为着急。和《起解》的'苦哇'不同，《起解》里'苦'字高，'哇'字要低一些。

"此戏中唯一的那段白口，'启禀都天大人，犯妇之罪并非自己所为……'我父亲说好多演员念时都有点'坠'。他说千万不能'坠'，苏三到了高等法院提审，是生死关头，必须越念越紧，造成紧张气氛，掀起观众的情绪，下面的【慢板】就好唱了。尽管我小时他要求我这段白口，每天对着镜子念20遍，我上台了，他还是那样要求我，是很值得思考的。出场的'喂呀'哭声既要表达苏三内心的不平，禁不住要哭出声来，又不敢在森严大堂上放声大哭，我父亲说要哭得恰到好处。

"'来在都察院'的'来'字和'十六岁开怀'的'十'字都是阳平，要高唱，既要有力，又要好听。'都察院'的'院'字和'举目往上观'的'观'字都是反切字，要唱出苏三恐惧和悲切的心情，'胆战心又寒'的'心'字和'有去无还'的'去'字两个腔，往往有演员唱得比较长，而显得拖沓，破坏气氛，这也是十分重要的。这两个字的腔要短，绝不拖泥带水。

"我父亲还特意提醒我，这出戏里身段表情千万有分寸。例如'十六岁开怀是那王……''不顾得腌臜怀中抱，在神案底下叙叙旧情'。他说：'这两句身段只能淡淡着笔，表示旧情的回忆，万不可过火描绘，有的人演到此，眉飞色舞，荡冶不堪，不但失之粗野，而且有诲淫之弊。苏三是一个被压迫、受苦难的女人，在森严的法庭之上，两旁的虎狼之威，当了问官面前，哪里会有这种超出情理以外的表情。’

“回应‘大人哪’，发花辙，比较难唱，要唱得连贯而紧凑，音腔中听得出害怕，苏三知道这场官司又要挨打，所以要战战兢兢，唱得较快为宜。如果顾着耍腔，唱得比较慢，不但感情不对路，观众的情绪也给拖了下来，【慢板】就不好唱了。

“下面【慢板】，苏三被刘秉义吓了一下，但未受刑，心中略为安定一点，而刘秉义所问的问题也并不吓人，所以唱腔可以唱得平和自然一点，到了刘秉义问到‘头一次开怀的哪一个’，苏三心情骤变，她不明白，这位审官为什么会问如此揭人隐私的问题，不回答也不行，但又无法在这个场合作出正面回答，内心斗争十分复杂。这里的唱腔就应该拉长一点，缓一点，再由慢而快，表现苏三进退两难，支吾其词的样子，到最后，被两位大人逼得没有办法，但还是不愿把心上人的名字说出来，那‘王公子’三个字就只能唱得快而干脆了。说到这儿，父亲提醒我千万不能‘笑场’，一笑全完（有天生喜笑的演员，就要特别留神了）。许先生在边上说：‘你逼他笑（指我），都笑不出来’，父亲再三嘱咐我这出戏少露笑容，他说这出戏要演到‘哀怨缠绵’四个字，就算成功了。

“1949 年底到 1950 年初，星期天日场，我几乎全唱《玉堂春》，有一次，因为感冒，嗓子不太痛快，父亲不准回戏，不巧上台以前，左肋又闪了一下，呼吸疼痛，不敢使劲。逢巧，演王金龙的姜六爷（妙香）也另有工作，不能来，这天没有唱好。父亲、母亲都不高兴，要在 5 月 28 日重演《玉堂春》。那天我嗓子好了，又为迎接上海解放一周年，中国大戏院三千多个座儿全满了。我特别兴奋，非常卖力，观众的情绪也非常高昂，叫好不断。那是我出台以来第一次有那多的

梅巧玲的《虹霓关》

观众来看我，我非常高兴。有一位观众用批评式的语气说：‘我连看小梅《玉春堂》，真是昨今日太不同’。”

2012年，上海戏曲学院成立了梅兰芳艺术室，我被召做点力所能及的事。2013年是梅兰芳1913年来上海首演的100周年，上海戏剧学院和上海剧协要办两场演出，为纪念梅兰芳和上海戏剧学院的创办人熊佛西的深厚交情，举办一次恳谈会。演出的准备会议由郭宇院长亲自召开，为了继承和弘扬传统，演出的剧目要求和一百年前梅兰芳在上海演的剧目一致。可是在谈到《虹霓关》时，居然选不出梅派第三代能胜任梅兰芳、梅葆玖年轻时常演的传统骨子老戏。居然没有人能演了，原因不必多说，已经成为事实。我说：“据我知梅门弟子李金鸿老师以前在学校教过。”也排不出一位拿得下头本东方氏，二本丫鬟的梅氏体系的演法。

我向梅先生建议：“传记写到了《虹霓关》这出传统骨子老戏，全世界都有影响的。何不请政协文史馆、京昆室牵个头和中国戏曲学院合作，把它重排，也是对传统的一个实实在在的态度。”

1951年，梅先生将要成为一名职业演员的方向已定，不仅是父母情感上的希望，在社会上也成为共识了。但是在震旦的那些年的学习，梅先生已形成了对科学技术，尤其是无线电技术、音响技术的眷恋，已经成了习惯了。

1947年入冬，出现了一件好事。著名电影导演费穆，约著名电影制作人吴性哉、颜鹤鸣和梅兰芳几番协商，决定成立一个以摄制彩色舞台艺术片为主的华艺电影制作公司。资金由吴性哉筹措，梅兰芳主演《生死恨》，费穆任导演，颜鹤鸣负责色彩和录音的技术，黄绍芬任摄影。当年是没有录音机的，自己做唱片，工艺复杂，不是私人家庭能办到的事。每张唱片也就三分多钟，自己要录音几乎是幻想。吴性哉先生为了这中国第一部彩色电影《生死恨》，常到思南路87号来，有时还带两位公子吴熹升、吴顺升来玩。兄弟俩比梅先生年长不多，与七姐葆玥同年。一天吴熹升带了一个礼物来送给梅先生，这礼物真是雪中送炭，为梅先生学戏、练习起到了重要作用。同时为他日思夜想的电子机械技术扩展了思路，提供了应时的样品。它是美国生产的，学生学语言用的刻读机 Souno Scriber，用廉价的聚氯乙烯胶片，就能现场刻录成只能在本机上回放的唱片，机器内部是留声机机械结构，有音频输出，当然是单声道的，也可以音频转换，有和本机匹配的有线话筒。这在当年国内是稀罕之物，在美国也不是私人都有的，因为它有一定的体积和重量。吴家因为是做电影的，才会有。1946年在天蟾舞台，吴氏兄弟已经把它搬到剧场去录实况了，只是很难得用。比较珍贵的是1946年12月12日，梅兰芳和杨宝森的《武家坡》，吴顺升先生就是用这个机器把当天的实况录了下来。那时，吴顺升先生倾心追求葆玥姐，当然要讨好她。葆玥姐是唱余的，吴二先生在前半场就录了杨宝森，梅兰芳出场【慢板】没有录，【快板】对口及回窑全都录了，所以要做“音配像”就不行了。好在程砚秋和杨宝森的

积累大量资料的美国刻读机

《武家坡》很完整。《大登殿》全录了。打倒“四人帮”以后，梅先生把这《大登殿》转成了盒带，给了我一个。对我常言：“留一个资料，藏好了。”这句话也讲了几十年了，我家中成了出了名的资料库了。今年，他来我家时，仰头一看，说了一句“加强管理”，我都笑了。怎么成了干部的口气了，看上去，怎么也不像干部。同来的有沈干妈的儿子沈维德也看不懂了：“怎么会有那么多小光盘？”我说都不够，刻录机用坏三台了，他还介绍我去买最新韩国产的，可以把 VHS 转换成 DVD。梅先生对这样的话题，特别地来劲。我家那么多机器，大部分都是他介绍去买的，北京京剧院搞音响的尹先生也是参谋之一。他放在我家的大喇叭音响还有两整套，不知何年才会搬走，每次讨论都没有行动。20 世纪 80 年代文化局分配给他在西苑的三居室，满地全是音响喇叭、工具各种机器，人都走不进去，这是梅先生生活真实的一个侧面。

这台美国产的刻读机起了大作用了。关键是梅先生与这台机器有缘，他对这方面的知识追求，超于常人，学戏和玩儿两不误，在梨园圈里可以说无第二人。这台机器随着梅先生、随着梅剧团，走南闯北，录下了多少梅兰芳演出的第一手资料，现在“音配像”用的，大概十分之一都不到，有的还真名贵。例如：有一个全部《凤还巢》的朱千岁是萧长华的，绝！在“文革”后期，相声大师侯宝林，常在梅家陪香妈说话。有一天大家高兴，侯宝林和梅先生在家中唱了一段《坐宫》，这价值具有国际水平，只是我们还没有意识到，按我们国家不断改革开放，科学发展，对文化的敏感也会不断进步，过 100 年会意识到的。即使近代的我们也靠这种手段，无意识、无目的积累了不少，例如，言兴朋刚出道时，因为他是言慧珠的亲侄子，言少朋的儿子，言派嫡传，而言派的风格和梅派不太一致，和程派比较迎合。一个偶然的机会，我建议来一段《坐宫》吧，录了。这种另类的资料，以后会成绝品。

更了不得的是家庭沙龙，1950 年年初二，香妈生日。家庭聚会，许源来做司仪，梅葆琛、卢文勤操琴。演唱节目：言慧珠开锣，《西施》，许源来《击鼓骂曹》，沈韦窗（著名报人，余派名票）《武家坡》，杨畹农《汾河湾》，孙养侬（余叔岩挚友）《洪羊洞》，顾景梅《坐宫》，梅葆玥《珠帘寨》，许姬传《空城计》，梅葆玖《生死恨》，王珮瑜（梅门弟子，营养学专家）《洛神》，姜妙香《黄鹤楼》，陈正薇《巡营》，言慧珠、沈韦窗《让徐州》，梅葆玥《空城计》，梅葆玖《太真外传》，梅兰芳《生死恨》。上海电视台《绝版赏析》主编柴俊为先生是传统的铁杆保皇。虽然他对我们《梅华香韵》有不同看法，公开发表异论，但我很尊重他的意见，彼此心中有数。我送给他一个，他会有用的。还有不少王幼卿老师说戏的：《贺后骂殿》《六月雪》《刺汤》等。特别好玩的是王少卿闹着玩，把王琴生唱错的地儿，剥出来翻录在一张唱片上，这种内行名家和票友出身的专家，私下善意开玩笑，很有意思，带有学术性。

梅葆玖17岁，初到北京

我一直在想"Sonno Scriber"录的唱片，一面才十几分钟，梅氏父子那么多戏，那么大的量，哪里去买盘？梅先生特别有创意，他向沈仁武医师要了许多X光片，（沈维德先生父亲，上海第一人民医院前院长，人大代表沈医生是私人开业，心脏内科专家，家中有上海最好的X光机）然后再去药房买来了"苛性钠"溶液，很细心地把X光片擦干净，晾干了，再用圆规，根据唱盘底坐的半径画出底线，用剪刀细心地剪下圆盘。操作这类事，梅先生既干净又利索又愉快，绝对是熟练工。他做这一类事，哪怕是要寄一个包裹，或者给不认识的人送一个录音，他都会非常仔细地写好，用他习惯的繁体字，很认真地包好了，对谁都一样，从没有毛毛糙糙的。这种习惯一方面是父亲的榜样，另一方面是从小学校劳作课习惯的规矩，就好像教堂里做慈善送的一些礼物一样。有时候，我去他家找他，说是在对面搞汽车。我过去，看他躺在汽车底下，在修理，丝毫没有娇生惯养的公子哥儿的感觉，内行里，

父子同台演出

我没有碰到过那样的人。确实，在这方面，他很特别。他很久以前就说过他最高兴的事不是台下那么多掌声和叫好声，而是听见自己看着图纸一点一点摸索做出来的电子管收音机响的那一刻。在20世纪50年代，就自己鼓捣出一台立体声音响，还相当的前卫。梅先生说："从小，父亲就注意让他们好好地受教育，这样即使不唱戏，也可以做别的。父亲本身是个开明而兼容并蓄，爱好相当广泛又相当聪明的人，使得我从小在父亲的影响下兴趣也相当广泛，才有今天有人说'不务正业'。"梅先生笑了。这一大批自制的唱片，留下的唱机是一体的。

我建议了几次，组织力量，静下来一段时间，把它一出一出地整理编辑出来，对传统的继承会有意想不到的作用。梅先生说："你这话很有道理，难是难在这机器和以前做的那么多唱片，只有我亲手去操作，别人不了解，懂戏的不懂机器，懂机器的不懂戏，你说怎么办？"因为，这台刻读机，对梅先生从学戏到演戏，起过重要的作用，留下的资料，极为精彩。中央电视台拍梅先生专辑，他关照我把这台机器从上海拿到北京，在节目中展示了，可惜没有安排梅先生操作一下，主持人不明白。

初到北京，与父亲、言姐、七姐合影

1953年在北京

第五章　和父亲同台的日子

“1951年4月21日起，我正式参加梅兰芳剧团，参加商业演出了。那年寒假以后就离开学校，不再去上学了。”梅先生回忆说。

最近，梅先生约我一起去参加他母校110周年校庆，走进校门，他和我说：“只有到这个环境，空气都会特别的干净。”是啊，一座成功的学校引起的回忆可以净化人们的心灵，不管你是到80岁，还是100岁。

“1951年4月21日，有念想，那天的戏，大轴是我父亲的《贵妃醉酒》，前面是我和王琴生的《武家坡》，魏莲芳（梅兰芳早期第五位弟子）和碧秋云的《樊江关》，刘连荣的《清风寨》，开锣是当地演员的《伐子都》，我一辈子都不会忘。”

建国了，政协会也开了，一切景象都是新的，需要人们去适应。在梅先生正式当演员的前几天，梅兰芳为了中国戏曲研究院成立，到荣宝斋订裱空白宣纸页，分送毛主席、周总理等中央领导同志请求题词。毛主席亲笔题词“百花齐放　推陈出新”，并题写“中国戏曲研究院”门匾字。周恩来题词是：“重视与改造，团结与教育，二者均不可缺一。”

父子合演《游园》

4 月 3 日中国戏曲研究院正式成立，梅兰芳被任命为院长。以前家里人对梅兰芳的称呼几乎一致按北京人的风俗称“大爷”，较陌生的称“梅大爷”，像冯六爷（耿光）那样很特殊的自己人，称梅兰芳“傻大爷”。那天起不少人都跟着干部们，尊称梅兰芳“梅院长”，到 20 世纪五六十年代，我印象之中，对梅兰芳的称呼就“院长”二字了，像如今简称“梅院”，倒是闻所未闻。研究院成立那天，梅兰芳、谭富英、萧长华等演出了《龙凤呈祥》。

“父亲开始更加忙了，去武汉前几天，还在赶一幅画。全国文联、妇联、美协等四个单位发起，北京市书画界组成抗美援朝书画义卖会，确定了十位艺术家的作品：分别是徐悲鸿、叶恭绰、梅兰芳、老舍、陈半丁、叶浅予、溥雪斋、胡佩衡、汪慎生、王雪涛。

“父亲和梅剧团的成员，4 月 16 日从北京出发，18 日中午到汉口，立即参加下午武汉市的欢迎大会，了解中南戏剧工作者的工作状况，全都是父亲并不善于的行政性质的。

“我和我母亲，以及王幼卿老师 19 日离开上海，21 日中午到汉口，晚上就演出了。

“4 月 23 日开始在武汉人民剧院公演，一直唱到 6 月 16 日，没有休息过一天。因为一票难求，三天打炮戏，改成同样的戏码《女起解》《龙凤呈祥》《贩马记》每出唱两天，还是不行。只能是头等票外，其余座票一律不预售，全部在门口当天发售，又形成隔夜排队的盛况。”

梅兰芳一生从 1919 年开始第一次到武汉，那一期是一个月。上半个月有王凤卿、朱素云、姜妙香、李素云、姚玉芙。下半个月余叔岩顶王凤卿，同来的有陈老夫子（德霖）、王长林、李顺亭。梅兰芳演的戏，包括传统老戏（和余叔岩，王凤卿的）、昆曲、古装歌舞戏和时装戏四种。比较特别的，演了一次《雁门关》，这是梅兰芳祖父梅巧玲的代表作。由陈老夫子演太后、余叔岩的四郎、朱素云的八郎、姜妙香的杨宗保、姚玉芙的碧莲公主、梅兰芳的青莲公主，非常受欢迎。在《舞台生活四十年》中有这样一段记载。梅兰芳说：“跟我同时的演员，叔岩应该算是一个名老生。我们两已经合作了一个时期。不过我常唱的生旦对儿戏，差不离都跟凤二爷唱惯的，所以叔岩的戏码，老在倒第二，甚至于倒第三，这实在有点委屈他。我想出一个办法，跟他研究两出我不常唱的生旦合作戏，这一来把他的戏码不就往后挪了吗？我们对于艺术上的切磋琢磨，后来彼此都感到了兴趣。这次从汉口回去，另有别的欢笑馆邀他过去参加。在叔岩一方面说，有这样的艺术本不应久居人下，应该独树一帜。要不然我们两再继续多研究几出戏，在艺术上或者会有更多的贡献的。”

同时，梅兰芳也回忆到，“李五先生（顺亭）已经七十几岁了，经不起长途的劳顿，在北京到汉口的火车上得了急症，下车不到几个钟头就死在汉口了”。李五先生是余叔岩的老搭档，一代艺术家，当年也够辛苦的。

梅兰芳第二次到武汉是1934年，第三次是1936年，第四次是1937年，1951年应该是第五次下武汉了。

新中国成立以后，老百姓对梅兰芳的热情确确实实使梅兰芳十分感动，京剧艺人地位的提高是触及艺术家灵魂的。社会地位不一样了，改天换日，被尊称文艺工作者。

梅先生回忆说：“这两个月，我父亲确实太忙了。他除了演出外，还要和地方上的楚剧、汉剧同行交流，开座谈会；参加政府安排的其他活动；到中南戏剧学校去上课，兼任名誉校长等，这两个月中就病了两次。从交际处到人民剧院短短的距离，一路上布成了一条人巷，父亲不断地向两旁欢迎的人群微笑致谢。因为外围的人群争先恐后，情绪十分热烈，就冲散了我们走的行列，把我们包围在人丛里面，我父亲一再对他们举手致谢，足足走了20分钟。”梅先生颇有兴致地回忆：“直到现在，武汉隔几年就会邀我去参加各种活动，中南戏校新校乔迁也会请我去，1951年参加我们演出的人虽已寥寥无几，但回忆起来还是顶有意思的。”这也是梅兰芳文化延续的一种形式。

“父亲身体欠佳，我应约连演三天。这在没有参加梅剧团以前，作为主演连唱三天，没有过。

“演出前，父亲要我去他房间里，他对我说：‘你的戏码已经确定了。你有些日子不上台，应该多温习几遍才对，我把我的经验告诉你吧。不论戏的生熟，出台以前，都要认真温习。演员在台上的错，往往都在一个“熟”字上的。熟了就容易大意，大意就容易出错。凡是有舞台经验的老演员，都知道这个原理，还要处处谨慎呢，何况你的经验不足，更要小心。’他说着就露出了他的大腿，指着腿跟我说：‘你瞧，这是你爸爸这几天为了唱《抗金兵》的成绩。我这样的温习，到了台上也不过希望“但求无过，不求有功”。谭老板有几十年的舞台生活，经验总该算是丰富了吧！他在晚年每贴一出不常唱的戏，起床就在茅房里先哼几遍，这是我们都晓得的。这种对艺术不肯马虎的精神，你们都应该好好地学学。’我看着他腿上两块跟洋钱大小的青斑，正是他背《抗金兵》时鼓槌子打敲出来的。这天我许久未能入睡。这是我初入行唱戏时真实的经历。”

梅兰芳先生从没有豪言壮语，字字有用，这也是梅派风格之一。

梅先生三天戏码是《玉堂春》《生死恨》以及和王琴生的《武家坡》，这三出戏是父亲定的。

梅先生对我说：“你没有去你不知道，活动每天排满根本无法推。最后几天父亲实在顶不住了，只能改戏，《宇宙锋》改《醉酒》，调门低一点；《洛神》改《奇双会》；《廉锦枫》改《穆柯寨》带《枪挑》，用嗓子的戏都唱不了了。这才勉强同意我唱三天。这两个月时间的商业演出，我就是陪我父亲唱昆曲，《游园惊梦》《金山寺·断桥》，京剧只是在招待晚会上演。父亲还是坚持昆曲第一，昆曲在台上活了，演

父子合演《断桥》

京剧就不怕了，这一点他非常地坚持。

“这次去武汉，我最大的收获是每天看父亲的戏，真是得益匪浅。

“尤其是《抗金兵》，从排到演这一个多星期，父亲要我每天盯着，我慢慢地才理解了他的一番苦心。”

直到了1984年10月27日，我和1983年上海举办梅派艺术训练班的学员、江苏省的陈旭慧和安徽省的万慧敏，到西旧帘子胡同，看望许伯伯（姬传），向他老人家请教一些别人无从知晓的梅派艺术经典。许伯伯对我说：“这次纪念梅兰芳诞辰九十周年大会演，我看你带着几位后起之秀，台前台后忙着顶高兴。可惜这次会演中少了《抗金兵》，你们梅训班没有学吗？这是我1931年亲自参加创作的好戏啊，1951年在武汉重排《抗金兵》，葆玖每天都在，梅（兰芳）先生作了多次修改，那么好的题材，葆玖为什么不教？”

我和许伯伯说：“我只能向玖哥报告，我说没用的。”

许伯伯还和我说：“高盛麟好啊！不亚于林树森的韩世忠。而且高盛麟更对口。1951年初我们就商量，再演《抗金兵》请盛麟。后来听人说，他在戒鸦片，在戒毒所待着。还是梅院长说了：‘能戒掉的，戒了就好，先出来唱了再说。’我们到了武汉，就把盛麟从戒毒所里接出来，一边服药，一边排戏，头一天不对外预演。完戏后，在台上再说说，梅院长首肯后，第二天正式公演。梅兰芳、高盛麟全本《抗金兵》声震江城。根据当时‘戏改’的政治形势，对1934年的《抗金兵》剧本结构、情节安排、人物塑造、艺术布局各个方面进行了重新修改。明场表现了金兵入侵屠城的罪恶，重笔描绘了义民投军抗金的英勇，着重展示了擂鼓水战的气势，这是当年时代的需要，好在也未动京剧的根本。梅兰芳饰梁红玉，高盛麟饰韩世忠，姜妙香饰韩尚德，杨盛春饰韩彦直，萧长华饰朱贵，王少亭饰刘琦，郭元汾饰张俊，刘连荣饰金兀术，董少峰饰黄炳全，韦三奎、高世泰饰义民，李庆山、张啸庄等的兵丁。为了加强梁红玉水战出征的场面，还特地让魏莲芳演摇桨的女兵，冀韵兰演擎旗女兵。当年的大制作，满台角儿。现在看起来，似乎太少悬念，太多简单。如果现在再在中国戏曲学院以学院派标准，至少要删掉一个小时的戏。”

许伯伯和我说：“演出后，还是将盛麟送回戒毒所，继续治疗。这一段，我在《舞台生活四十年中》没写，你有机会以后可以给葆玖写。”这句话至今也有整整 30 年了。

高盛麟是我们这一代熟悉的最好的长辈，20 世纪 50 年代中期他完全解脱毒品，到上海演《挑滑车》《战宛城》《拿高登》场场爆满。按说 1911 年梅兰芳初演《玉堂春》已经和高四宝（高盛麟的祖父）合作了，高庆奎（高盛麟的父亲）1914 年梅兰芳时装现代戏里也已经是重要合作者了。1958 年高盛麟和言慧珠倒是有《霸王别姬》三十三转的密纹唱片问世，前几年奚中路、董圆圆又有该唱片的“音配像”。而高盛麟整个 20 世纪 50 年代人都在武汉，为什么就没有留下一个《抗金兵》的录音呢？梅兰芳不是说了“戒了就好”？

梅先生继续回忆当年的那三天戏。

“这三天戏，我也谈不上有什么心得，王老师怎么教，我就怎么唱，都已经唱给毛主席听了，我心里真的不紧张，我年轻时，倒真的不像现在戏曲学院学生要演出时，那样的紧张，何况王幼卿老师为我把着场呢？”

我说：“这可能是因为学的非常扎实，又不断有实践演出的机会，那么多的好角儿，姜六爷、王琴生给你配，不是梅兰芳的儿子，根本不可能，得天独厚，现在 60 多年过去了，还有人拿这说事儿。”

梅先生说：“凭良心说，我每一天在台上，都是认认真真的，就如你说‘榜样的力量’在。最为难忘是 6 月 14 日，我又被推上了第一线，在陆军医院病房里唱《女起解》，招待住院的志愿军伤病员。剧场设在大礼堂里，台前摆了几排帆布床，床上有的靠着，有的坐着，都是受过重伤的，两旁的护士们，川流不息地照料他们，这场景很难忘，很感动。为我操琴的是王少卿、倪秋萍，月琴是顾永湘，我前面是小王玉蓉和李鸣盛的《汾河湾》，这是我在青年时期为工农兵服务的真正收获。

“武汉是我的第一站。

“到1961年8月8日我父亲去世，我随梅剧团大江南北，浪迹天下。唱过的码头有：上海、北京、天津、武汉、沈阳、哈尔滨、大连、长春、吉林、齐齐哈尔、长沙、杭州、南昌、南京、扬州、泰州、兰州、西安、合肥、淮南、蚌埠、广州、佛山、黄浦、韶关、太原、邢台、石家庄、青岛、济南、厦门。父亲演出场次平均每年150场到160场。”

据梅玮先生提供给我的资料，梅兰芳从新中国成立以后到他去世，曾经演出的剧目有：

《穆桂英挂帅》《抗金兵》《打渔杀家》《女起解》《穆柯寨》《枪挑穆天王》《春秋配》《二堂舍子》《审头刺汤》（演过一次，在北京饭店演的，周信芳演陈炳）《御碑亭》《樊江关》（演过一次，和筱翠花老板［于连泉］合作）《霸王别姬》《思凡》《龙凤呈祥》《虹霓关》（头本演东方氏，二本演丫鬟）《宇宙锋》《洛神》《西施》《凤还巢》《廉锦枫》《游园惊梦》《金山寺·断桥》

有两种书籍都记载了梅兰芳演过《生死恨》，那一定是搞错了。《生死恨》就在1947年1月3日在上海中国大戏院演过一次，前面是杨宝森的《击鼓骂曹》，没有演过第二次。其原因是后面的【二黄】感到吃力，让梅先生接着演了，成为梅先生青年时期演得最多，观众最欢迎的招牌剧目了。

为了在梅先生的传记中能把他青年时期的代表作《生死恨》说得详细一点，我们作了一次专门的谈话和研究，主要话题是：这出梅兰芳留下来的，载入史册的爱国主义梅派名剧，以后怎么办？

我和梅先生说："我第一次看你的《生死恨》是1951年的8月6日，最后一次看你的《生死恨》是1984年1月10日。"

梅先生说："《生死恨》是我父亲教的，那是1946年夏天的事，这出戏当年是为了抗战而编，几乎和我出生同期创演的，演出效果非常好，真是激励了人们抗日的情绪。抗战胜利后，父亲想唱，试了一次，舞台效果不理想，主要是后面的【二黄】吃调门，比较累，所以就传给我，让我接着唱。所以这出戏，一点一滴都是父亲教的。"

梅葆玖早期剧照《木兰从军》

《生死恨》原来是由齐如山在20世纪20年代根据明代董应翰所写传奇《易鞋记》改编成的京剧，梅兰芳没有演过《易鞋记》。1928年杨畹农北上拜访梅兰芳的半年中学会的《易鞋记》，回南京在"励志社"演出过。票界普遍认好，当时的国民政府中央广播电台录了音。其中【四平调】由百代公司制成唱片，伴奏：京胡，周振芳；二胡，倪秋萍。唱词出自齐如山手笔，雅俗共赏，唱腔由王少卿设计，杨畹农回南京根据自身条件略加调整，更具书卷气。梅先生曾建议中国戏曲学院梅兰芳艺术研究中心，将这类出于梅派专家之手，梅氏父子二人都没有唱过的要好好挖掘、保存。我们这一代没有时间，也没有条件和资源对这些梅派艺术的失传精品进行整理和使用，梅门第三代、第四代会有条件做的，我们这一代至少不能让它流失。

我且把唱词录下，熟悉梅派艺术的读者可以看得出《生死恨》和《易鞋记》的关系：

夜漫漫无睡添愁闷，我这里将身儿机房坐定。
猛然想起那老娘亲，倘若是家门多欢庆，女儿何必靠他人。
想得我心酸痛嗦拿不稳，又只见乌云散斜月微明。

《易鞋记》是以大团圆传统结局，三十几场，要演十五六刻，比较拖沓，是典型的那个年代的产品。

梅兰芳在创编《生死恨》时十分明确地指出："编演这个戏的目的，意在描写俘虏的惨痛遭遇，激发斗志。要摆脱大团圆旧套路，改为悲剧。"

1934年早春的"梅华诗屋"，当年北京无量大人胡同的"缀玉轩"已经不复存在，齐如山远在北京。梅兰芳念旧，请了在上海的李三爷（释戡），吴二爷（震修）等一起来出出主意。访美归来的梅兰芳思路更为宽广了。他开始理故事、立情节、摆提纲，就站在了第一线，和原先"缀玉轩"排新戏的程序不同了。以前的程序是：市场上要求新戏了，大家一起找题材，由齐如山写出情节初稿，然后由梅兰芳定稿。"缀玉轩"主要是齐先生、罗先生（瘿公）、李三爷（释戡）、吴二爷（震修）共同商榷，加工修改，立提纲出单本，唱腔音乐、舞美服装、道具布景同步进行，重要场子由主要演员私下对戏后，全剧串排。最后由姚玉芙抱总纲进行全剧的便衣响排，没有现今的彩排那么一说，接着就是公演了。听梅兰芳说连《俊袭人》那样全部实景，动作程式受到很大限制的新戏尝试，都没有彩排的。这程序有它的合理性和实用性的一面，但由于前期准备，梅兰芳并不参与，其他演员更不用说了，等到了演员手里，架子已经成了，要大改没有时间了，这是不足之处。梅兰芳南迁定居上海后，排演没有那么大了，人也没有那么多了。《抗金兵》《生死恨》一开始梅兰芳就亲自出马，和写剧本的许姬传、叶誉虎，编唱腔的徐兰沅、王少卿在“梅华诗屋”一起工作，避免了事先考虑不足，文人匆匆促成的弊病。

梅先生说：“‘缀玉轩’的朋友，十几年在一起，那时也没有工资给他们，都是凭着自己的爱好、喜欢来的。所以也不会有同事之间的矛盾，他们和我父亲之间不是雇佣关系，也不是股东之间的关系，很妙。”

我说：“我少年时期就结识李三爷（释戡），对他非常崇拜。他那手字写得太好了，个头那么高，还保持昔日银行经理的风度，不听他说话，感觉不到北方人，完全是上海吃洋行饭的高级人士。”

梅先生说：“以前在北京，我父亲说，出去吃饭总是李三爷付钱。”

我说：“我在1954年常去他那小屋，他给我写了一张便条，给杨畹农老师，希望杨老师能教我嘴里的，我也就跟了杨老师前后学了十几年，有七十几出戏，连《千金一笑》都学了，可那时的李三爷已经没有钱了，我母亲要我每次去都要孝敬点。”

梅先生说：“那你也算是入了行了，不过不下海，总还是丸子。”

我说：“新中国成立初期，你父亲要救济多少人啊！比如冯家姆妈（冯耿光的妻子），冯六爷过去后，她又没文化，什么事都不会。香妈要我送过一个大信封，到汾阳路她家，她不认字，还订一份报纸。你母亲每月给她50块钱，而那时大学毕业，才48块半。”这就是“缀玉轩”一代人真实的情况。

《生死恨》带来的新的编创方法，是“梅华诗屋”时期的产物，对梅先生来说一直到2001年要改编《大唐贵妃》时，再到2011年改编《梅兰霓裳》时都一开始就带着我投入第一线工作，那倒是一脉相传的，是我亲身经历的。但也有问题，原因是编剧、唱腔设计、专家指导都很忙，不能在剧组办公，老在一起也不现实。如果参加人员对剧本，主演不怎么有兴趣，或待遇不合意，那就惨了。

1951年8月6日在黄金大戏院[①]的《生死恨》，可以说是梅先生加入梅剧团演出，在上海的正式亮相。其意义远远超过了唱一出戏那么单纯。

1952年梅葆玖主演《生死恨》的广告

《生死恨》首演是1934年2月26日在上海天蟾舞台（现在的逸夫舞台，连演三天，梅先生是1934年3月29日生的，《生死恨》是演受金军侵略，夫妻一生一死的悲剧，《生死恨》三个字是梅先生母亲亲自定的。香妈说：“一生一死就叫《生死恨》吧！”这是我这次写传记时的收获，我一直没有去考证。许先生说是姚玉芙先生说，叫《生死恨》的。我们也不知道，没有赶上，又没有注册，也无专利，不存在知识产权的法律问题，所以也没有当件事。

---

① 后来改为大众剧场，现在影子都没有了，已经是上海繁华的商业广场了。

1957年在杭州演出的广告

上海演完三天，由于是抗侵略的内容，2 月 29 日又转到当时的首都南京大华戏院连演三天，国民党的高级将领，“励志社”军统人员都来剧场观看。由于票不够卖，大华戏院铁门挤坏，玻璃挤碎的照片出现在报端。这出戏表现的是普通平民百姓遭难的现实，老百姓特别感同身受，不单是戏迷，几乎成了街头巷尾谈话的题材，市民反映强烈。为此激怒了当时上海社会局日本顾问黑木，他通过社会局局长出面交涉，以非常时期，剧目未经批准为借口，通知不准上演，梅兰芳据理力争，并通过杜月笙先生和他身为社会局局长的门生打招呼，作了说理斗争，日本顾问黑木吃不消了。这才真是大师的智慧，绝对不是江青在“文革”中说梅兰芳，“靠江浙财阀起家，与流氓地痞为伍”的无知之论。

当时，梅兰芳正在武汉为湖北省赈济水灾义演，返沪后，梅先生已降临人间，接着在上海天蟾唱了一期，从 4 月 13 日唱到 6 月 10 日，老生用的王又宸（谭鑫培女婿），《生死恨》唱了四次，黑木吃败仗了。最有意思的是其中有一天的《生死恨》，姜妙香换成程继先老前辈，梅兰芳让京剧鼻祖程长庚的后代也身列其境参与爱国名剧之中，有它深沉的民族情感和艺术家出自草根的心声。梅兰芳大智大慧，迎难而上，“输不丢人，怕才丢人”！

1951年8月6日、7日两天戏是为了给榛苓小学筹募基金的义演，这是一所专门培植梨园行子弟的小学，每年都有一次捐款义演，梅兰芳特别重视，他每天都到后台，忙前忙后。王少卿的胡琴是特地从北京请来为梅先生操琴的。总提调是李宝奎，他是李寿山的孙子。李寿山老前辈在梅兰芳刚出道时，帮过大忙，尤其是昆曲方面。

第一天戏码：刘宗杨、筱高雪樵、鲍毓春、韩云峰的《四挑滑车》，谭元寿、张鸣禄、班世超的《三岔口》（当年谭元寿先生唱武生和谭鑫培早期一样），倒第二是葆玥姐的《文昭关》，最后是梅先生的《玉堂春》。第二天戏码：王金璐的《铁笼山》，后面是梅先生的《生死恨》。因为票供不应求，李宝奎先生征求了梅先生的同意，第二天的戏再演一天。

梅先生说：“我父亲比他自己唱戏更为卖力，大小事，事必躬亲，回到家里还很有感触地说：‘敢情这舞台监督是不好当的，比我自己演三天戏要累得多，但是也有好处，往常我上戏园子就忙着扮戏，外面的事情，很少接触。这次我在后台看见大伙儿只要一出场，不论扮的是哪一角色，甚至包括龙套在内，都很认真站在他们的本位上演戏。这一点已经是大大地纠正了过去戏班里不重要的角色，在台上马马虎虎、敷衍了事的旧作风’。这可以说是新中国成立后对旧戏班艺人地位提高的真正感受。”

梅先生自1951年在梅兰芳亲自点拨下，在上海演出《生死恨》后，按“文革”前梅先生在梅剧团演出的频率来推算，十多年来《生死恨》大概演出了150场以上，合作者几乎全部是梅兰芳演《生死恨》的原班人马。姜妙香扮程鹏举、萧长华扮胡公子、刘连荣扮张万

梅葆玖早期剧照《生死恨》

户、王少亭扮赵寻、薛永德扮尼姑宝惠、韦三奎扮瞿世锡、耿世华扮李氏、李庆山扮二老爷、张蝶芬扮媒婆，这阵容用现代语言是“豪华版鼎力推出”。几乎梅剧团每到一个城市，梅葆玖三天的戏中，《生死恨》是必定有的。

《生死恨》的故事情节是说：北宋时金人南犯，士人程鹏举和韩玉娘被掳为奴，并强令婚配。韩劝夫逃回故国。事泄被卖与瞿老丈、瞿怜之，逃入庵为尼。后程杀敌立功升为襄阳太守。命赵寻持当年失散之鞋遍访玉娘，始悉玉娘历尽磨难而寄居于义母李家。程闻讯赶来，玉娘已一病不起，终成永别。

梅氏父子在剧中塑造了一位古代极为平凡的爱国女性形象，在胜利来临，夫妻团聚时含恨九泉，感人至深。梅先生说：“我喜爱韩玉娘这个人物，虽然唱做极繁重，但自己有瘾，所以每到一处，都喜欢演这出戏。父亲虽然这出戏演得次数并不太多，但他为了塑造韩玉娘这个人物，真是下了很大功夫去研究。特别是唱腔，着重在性格上的表达。”

在梅先生的弟子中，有条件唱全部《生死恨》的，在大陆也就李胜素一人了。我说的“条件”是指主观和客观两方面的，张晶主观条件很好，但没有机会，最多只能回到梅剧团唱一折《织机夜诉》而已，没有办法，爱莫能助。胜素的《生死恨》，也大概就在北京、上海演了四五次，每次都看了，那是梅先生一点一点抠出来的，看得出她用功的程度。上座在上海也就七八成，那是梅迷集中的城市，而且是就演一天。演完后两天，上海电视台为了方便，在我家中对她进行采访，我也被邀说了些《生死恨》梅氏父子演出的情况，至今已过十几年了。

这是一个令人深思的问题，《生死恨》从内容、人物、剧情冲突、程式运用、唱念做舞，无可挑剔，但就是看的人不多了。我写至此，心情沉重。

是剧本的问题吗？从梅兰芳1934年初演到李胜素在21世纪的演出，一直在改。例如在1947年拍成电影时，社会上刚好放映石挥和李丽华的喜剧《假凤虚凰》，贬低了理发师，得罪了“剃头师傅”，形成了社会的反响。原《生死恨》里尼姑是坏人，怕得罪尼姑和宗教人士，费穆和许姬传商量把尼姑改成好人，改成同情韩玉娘而放她月夜逃走的好人。调整了场子，增加了“磨房”一场，调整了唱段。电影拍完后，又要回到舞台上，梅兰芳自己也感到别扭，在1949年把这出戏，正式教给梅先生时，把电影中改的又回归到以前舞台剧的样子，直到1954年出版《梅兰芳演出剧本选集》时，梅兰芳拍板肯定了最后的演出本。如今，李胜素演出的《生死恨》忠实原著、充分尊重梅兰芳当年据理力争的那个本子。因为这是在中国京剧历史上很难得的民间的正气歌。对这情结我们肃然起敬。

希望读者在看这样比较专业的传记时能够感受到即使京剧过时，一定还可以作为一种文化而存在，是不至于灭亡的。

我们来看一看梅先生在1984年演出《生死恨》，给我们留下的精致的文化。《织机夜诉》一场是《生死恨》的“戏核”，也就是最精彩的高潮。凄暗的灯光和极其简单的道具：油灯、纺车，显示出一幅《孤灯夜织图》，使观众想象到韩玉娘当时的凄凉身世。同时运用适宜于悲剧的【二黄】各种调式，来表达韩玉娘的凄凉身世和抑郁孤愤的心情。唱腔的创作沉着苍凉，简洁朴素。在如泣如诉、如怨如慕的旋律当中都透露出韩玉娘的刚强不屈的性格，使观众得到深刻而强烈的感觉。

韩玉娘在幕内念：“天哪，天！想我韩玉娘好命苦啊！”起唱【二黄导板】“耳边厢又听得初更鼓响”，拉开大幕，韩玉娘身穿富贵衣坐在下场门靠台口的小纺车后，左侧上场门处是一盏孤灯，这舞台组合，本身就是一幅宁静的水墨画。韩玉娘用哭头“喂呀！”叫起板来唱【散板】“思想起当年事好不悲凉，遭不幸掳金邦身为厮养，与程郎成婚配苦命的鸳鸯，我也曾劝郎君高飞远扬。”场上起二更，再用哭头“唉，程郎啊……”接唱【回龙】腔：“有谁知一旦间枉费心肠。”转【慢板】“到如今受凄凉异乡飘荡，只落得对孤灯独守空房”。下面起三更，独白：“想我韩玉娘，虽然历尽艰苦，受尽磨难，只要我家程郎他得回故国，献图立功，杀退贼寇，也不枉我对他一片真情也！”接唱二段【原板】：“我虽是女儿家颇有才量，全不把女儿情挂在心旁。但愿得我邦家兵临边障。要把那众番兵，一刀一个，斩尽杀绝，到此时方称了心肠。”自叹：自与程郎分别之后，至今音信全无，难道说他把我忘得干干净净了么！接唱：“恨只恨那程郎把我遗忘，全不念我夫妻患难情长。到如今只落得空怀怅惘”，起四更，接唱“留下这清白体还我爹娘”。梅兰芳一开始就定下了调子：“我的意思这场的唱腔，重在感情，不要花哨。【原板】末句，‘……一刀一个，斩尽杀绝，到此时方称了心肠’用十字钮，不够气氛，要剁起来唱才有气势，墩得住。”李三爷（释戡）也早早提出用“江阳”辙很恰当，宽亮的嗓音用张口音，旷响堂，能表达苍凉感慨的意境。这一场的大段【二黄】，国内票界，直到港、台地区及美、欧、日本的梅派票友，没有一个不好这口，它凝聚了梅兰芳、徐兰沅、王少卿、梅葆玖多少心血啊！

一出戏，那么多高手出高招，又好听，才能流得广、传得下，这是需要演员和主创人员高度配合，反复琢磨的。现在许多戏流传不起来，和主创人员闭门造车是有关系的。令人欣慰的是梅先生最小的门生，中国戏曲学院应届毕业的硕士研究生刘维，对现在已无人上演《生死恨》而忿忿不平，他在毕业考试时，演了《生死恨》的《织机夜诉》，取得好评，现已留校工作，在梅兰芳艺术研究中心尽力。听说她的《生死恨》还是天津戏校孟宪镕老师教的。

1961 年梅兰芳去世以前，梅兰芳给梅葆玖说的戏，一般地说是他本人已不演的，过去唱红过的戏，传统青衣戏里，像《三娘教子》《花园赠金》《彩楼配》《祭塔》《武家坡》《大登殿》《三击掌》《大保国·二进宫》，就连《宇宙锋》《汾河湾》《二堂舍子》，都认为火候不到、年龄不到，都不给排的。花衫戏里《玉堂春》《坐宫》《打渔杀家》《虹霓关》外，连《醉酒》都认为应该 40 岁以后才能演。古装梅派本门戏里也就是《天女散花》《廉锦枫》《西施》可以演，《黛玉葬花》同意了，也排好了，行头也做了，最后还是没有演成。历史剧中能排上的有《生死恨》《木兰从军》，《霸王别姬》梅兰芳亲自教了，演出的机会还是没有。到 1952 年 1 月 2 日，在哈尔滨演出，梅兰芳患了红眼病，无法化妆，只能由梅先生代演，毕竟学得比较扎实。三天功夫，“钻锅”（短时间能排出来上演）成功，观众比较满意，剧团老人也都说梅先生聪明。梅兰芳的态度是真的把观众看成“上帝”，他怕他能演的、常演的戏，梅先生也演，对观众和对梅先生都不是最有利，就连《挂帅》都是如此。

1951年梅葆玖在哈尔滨首次演《霸王别姬》

昆曲《游园惊梦》《水斗 · 断桥》梅兰芳带着梅先生演，梅兰芳演白蛇，梅先生演小青，每到一地，必演二三次，在上海甚至一个多月，一出戏连演八次，可能梅兰芳先生认为昆曲对梅先生太重要了，昆曲在台上多演会给梅先生带来一种京剧不具有的感觉。近乎固执！

关于《游园惊梦》梅兰芳有专门的学术报告，这里不重复。昆曲到底给京剧演员带来了什么感觉，通过《游园惊梦》应该说一说，因为梅先生就凭着这种感觉，一步一步走过来的。

《游园惊梦》的故事，最初略见宋代郭象著《睽车志》，后见汤显祖《牡丹亭》传奇。冯梦龙《风流梦》传奇，说的是南安太守杜宝，有女丽娘，一日背着父母和塾师，与丫鬟春香到后花园游春，看到断井颓垣，顿生伤春之感。回到闺房休息，梦中和书生柳梦梅在后花园相见，得花神护翼，二人定情而别。后丽娘被母亲唤醒，神情恍惚，母嘱其勿常游园，丽娘仍回梦境，盼望再会柳梦梅。曹雪芹在《红楼梦》里，多次引用《游园惊梦》的原文，可见曹雪芹对此文的欣赏和钦佩。

梅兰芳早期和姜妙香合作，中年以后和俞振飞合作，他和姜、俞合作都非常愉快，并且不断深化对剧中人思想感情的认识和表现。

昆曲，曲本高雅，词义深奥。《牡丹亭》曲谱，梅兰芳就曾请教过名家俞粟庐，曲文的掌握、理解上经常得到罗瘿公、李释戡等朋友的帮助、讲解，使梅兰芳更能深刻地理解人物和剧情，更加细致、生动地在戏中表现人物的情感。《游园惊梦》这出戏，杜丽娘是一个正值妙龄的大家闺秀，和所有封建时代的青春少女一样，她也有“难言之隐”。这是梅兰芳对人物的基本定位。

梅先生与我一边走一边说：“杜丽娘披着斗篷上场，表现了古代少女的早晨生活。脱斗篷、梳头、照镜子这些身段把观众带入400多年前的香闺绣房里去了。表情是平静的，我父亲是用眼神和缓慢的动作来表现暮春天气，‘袅晴丝吹来闲庭院’的环境。进了花园身段动作要比在闺房稍为大一点。杜丽娘是知府的女儿，带了丫鬟春香游园。‘原来姹紫嫣红开遍’，她看到园中百花盛开，紧接着‘似这般付与断井颓垣’，看到花园亭楼荒凉失修。这支曲子是描写杜丽娘看到的园子里的光景，说明做官的人家是无心欣赏烟波画船和鸟语花香的，所以辜负了良辰美景，而引起杜丽娘的伤感。

1957年时的梅葆玖

“这个出场十分重要，我父亲反复地说，‘要演出少女的“春闷”，而不是少妇的“思春”，这个基本点，掌握不好，不正确，整出戏都不入调’。只有和父亲同台，这种感觉才会十分深刻，这可能是中国昆剧、京剧十分独特的地方，国外戏剧没有那么一说。”梅先生说得很高兴。

这种对人物的基本定位，在《惊梦》里更为深刻。《惊梦》的主曲【山坡羊】头两句“没乱里春情难遣，蓦地里怀人幽怨”。旧昆曲里传统身段在刻画杜丽娘思春情绪时，比较露骨，从“则为俺生小婵娟”到“和春光暗流转”，中间做出杜丽娘“春困”的动作身段，把身子靠在桌子边上，再转到中间，然后慢慢地蹲下、起立两三次，为的是表现“春困”。

我说：“在拍《梅兰芳》电影里，有这一段，凯歌导演要求演全，按场景，袁世凯、蔡元培、胡适都在场，要表现出社会上层的各界对梅兰芳艺术的态度，这可难为电影演员余少群了，学了好长一段时间。”

梅先生说：“《游园惊梦》的表演，我父亲是专门说过：‘三次下蹲，动作起伏较大，这是南北相同的老身段。我的年纪一天天地老起来了，再做这一类身段，自己觉得也太过火一点了，本想放弃了不唱它，又因这是很有意义的一出戏，它能表现出几百年前旧社会里的一般女子，受到旧家庭和旧礼教的束缚，苦闷，在恋爱上渴望自由的心情，是并无今昔之异的。再拿艺术来说吧，这是一出当年常唱的戏，许多前辈们在身段上耗尽无数心血，才留下来这样一个宝贵的作品，我又在这戏上，下了不少的功夫，单单为了年龄的关系就把它放弃了不唱，未免可惜。另外，照我的理解，杜丽娘的身份，十足是一位旧社会里的闺阁千金。虽然有跟柳梦梅相会的情节，到底她是受旧礼教束缚的少女，而这一切又正是一个少女生理上的自然的要求。我们只能认为这是杜丽娘的一种幻觉……所以我决定，保留表情部分，冲淡身段部分’。”

梅兰芳不愧为大师，他不是更换身段，而是在不违背历史真实的前提下，把“春困”的身段逐渐冲淡的同时，加重了内心的表现。这样既符合剧本的规定情景，又增加了寂寞空虚的表情。

“梦会”一场的表演是全剧高潮，剧本从柳梦梅的唱词来形容杜丽娘的“如花美眷，似水流年”。这场戏没有整段的唱，用两人追避闪扑来描写他们的初恋情景。梅兰芳抓住“羞”和“爱”这两个字来刻画她的心境，因为梦到风度翩翩的柳梦梅而产生“爱”，又因为时代的“男女授受不亲”而产生“羞”，“爱”和“羞”在杜丽娘的梦中交织在一起。这是历代艺人的精心创造，剧本留出空白，使演员能够发挥他们的才能。

梅先生更强调说：“我们京剧非常讲究念白，我从小在念白上下的功夫并不比唱来得少。父亲在《游园惊梦》的念白，是把京剧中念白的基本功力加到昆曲里去了。‘蓦地游春转，小试宜春面。春哪，春！得知你两留恋，春去如何遣？恁般天气好困人也’这是入梦时的五言诗，我父亲曾要求我反复地练。他念得段落分明，而且两句之间似断而连。‘春哪，春！’这两个‘春’字念得清晰又响亮，充分表现出杜丽娘‘我欲问天’的心情。接下来的三句略有停顿，音节之间仿佛给人以辗转深思的味道。正因为这几句念白不但念得好听，而且传神，简直把杜丽娘伤春的感情完全表达出来了。所以每次念到这个地方，台下总是鸦雀无声，连他在叫板之间轻轻地叹的一口气，观众都能听得清楚。”梅先生说到这里，有点动情了。平时生活里我们之间谈起梅兰芳，他有时按北京人习惯称“老爷子”，有时按上海人亲切地称呼“老头儿”，（只是用北京话来说，有儿化音了）不一样，显得很敬畏，可能是同台演出，印象太深，太走脑子了。

长期陪梅兰芳唱《游园惊梦》的俞五爷（振飞）认为梅兰芳在这出戏唱、念、做、舞，无一不精，而且身段、眼神都和对方配合得十分准确。“在台上有一种特别巨大的感染力和一种特别灵敏的反应力，能够感染别人、配合别人，是因彼此感情水乳交融，丝丝入扣。而且他的步伐看上去飘飘然似乎很快，却一点没有急促的感觉，一起一止都合着柳梦梅唱腔的节奏，但又不是机械地踩着板眼迈步。这份动力，真当得起‘炉火纯青’四个字了。”

梅先生理解梅兰芳对杜丽娘性格表演的尺度，和他在台上的直感时说：“我在说戏时，多次运用了曹其敏的说法，比较到位，一般的演员，能演而说不好。‘在《游园》中把杜丽娘怀春表现得较为含蓄，脉脉含情、言行拘谨、半带羞涩，给人一种郁闷的感受，形体动作很文静，这样的神态是真实的。……在《惊梦》中，梅兰芳表现的杜丽娘的怀春，就不同了。他的感情比较外露，大概是因为在梦中，内心的感觉掩藏得少一些吧。你看，杜丽娘的神色略带迷惘，眼神中露出少女特有的娇媚之态，柳梦梅牵着她的时候，她似醉如痴，面带幸福娇憨的微笑，飘然而逝。梅兰芳以极其细腻优美动人的表演，把杜丽娘在特定的环境里最美好、最细微的感情，表露无遗’。”

梅先生又谈到最近市面上演出用现代包装的全部青春版《牡丹亭》时说：“用现代技术对古典戏曲进行包装，更迎合现代观众的欣赏习惯，无可非议。我在《大唐贵妃》时用了，当年的领导同志说了八个字，‘旧中有新，新中有根’。说得真好，问题就在这‘根’上。如果把我们传统程式，我们的写意、虚拟，给动了，那可不行。做导演的、做演员的还真的要好好看看前辈留下来的经验之谈。否则你的作品，可能是昙花一现。我父亲在《游园惊梦》中的表演是很深刻的，集中‘真、善、美’。对新的《牡丹亭》应该在这方面的要求更高，因为时代进步了。其标准第一还是‘真’，看她的表演是否符合生活，然后在这‘真’的前提下进一步要求艺术的‘美’。先真不美，与先美不真都是梅派表演的大忌。像《惊梦》有几处的表演，为了达到某种特殊的要求，宁可冲破生活细节真实的约束，大处落笔，只要能够‘意到’就行。这属于我们戏曲的‘写意性’了。”

梅先生说：“我父亲让我学昆曲，用‘必须’二字，真有道理的。”

昆曲是京剧的老师。京剧起源就是从汉剧、徽剧、昆曲那么过来的，昆曲它的表演理念跟表演手法对京剧所起的作用，那就是一个老师。这位老师是穿大褂的，可不是哈佛回来的那种老师，是穿长衫马甲、国学根基深厚、很厚重的老师，所以我们要爱护这位老师，可千万别让他病了。这个老师已经不是什么振兴不振兴，因为他已经很老了，他被命名为遗产了，所以他不能被振兴，不能太随意地更改调门什么的，你让穿大褂的老师去跳街舞，那是不行的，别把他脚给崴了，或者腰给闪了，会把他的身体给折腾坏的，这就是我们对昆曲的想法。梅兰芳生前对梅先生说：“学了昆曲以后，咱们再演京剧就得心应手了。”这是他的原话，“得心应手”四个字很重要。怎么会得心应手呢？一个演员能得心应手很难。所谓得心应手是心气走向自由的一个终端。昆曲可以让京剧和其他民族戏曲的演员走向自由，不会昆曲，永远自由不了，一个演员在台上不自由，会发生什么状况？

对梅派来讲，如果没有昆曲就没有梅派艺术，它对梅派影响太大了。梅先生的曾祖父梅巧玲开始是唱昆曲的，徽班进京的时候，占领市场的是昆曲，我们前辈演员里，学戏的都找陈老夫子陈德霖。他的六大弟子，王瑶卿、梅兰芳、王蕙芳、姚玉芙、姜妙香、王琴侬。陈老夫子的昆曲比京剧好得多，而且梅兰芳唱的昆曲主要来源于陈德霖和乔蕙兰，北派的，当然南方也有。他十岁登台，唱的是《天河配》，就是《长生殿》里的《鹊桥密誓》，应节彩灯戏。

在他即将成名的前几年，暂停了他的演出活动，专心学昆曲，大概学了 56 出，经常能够演出的有 47 出，这个量是相当大的。所以，梅派的形成，在昆曲上下的功夫真不是一般的。

梅兰芳从他大量的昆曲剧目的上演，带动了所有新编的剧目和改编的历史传统剧目。在他最出名、当年最占领和影响市场的新编古装戏里，都有一段是载歌载舞的，这就把昆曲的滋养吸收到京剧里面来了，这是梅兰芳对京剧发展的重大贡献。

因为昆曲主要是堂会上，可以在家里大厅表演。我曾经有一个想法，什么道理昆曲身上会那么好看，可能因为它是在家里唱的，更可能是连台都没有，四周围都坐满了人，正厅中间，来一出《游园惊梦》《春香闹学》，它四周围都是可以看的，每个角度都可以去品，所以你必须每个角度看上去都美。不像京剧，舞台是镜框式的，表演是冲着一个方向，冲着观众的。昆曲不行，昆曲是各个角度看上去都要美，这一方面，对梅兰芳的启迪非常大。正如王琴生生前说："真是每个角度、前后左右都好看，静比动更好看。"这是梅兰芳最后一位挎刀老生同台的感觉，我相信梅先生对梅兰芳在台上的感受可能要深刻得多，最后的《穆桂英挂帅》，在天津连演十天，天天爆满。梅先生扮杨文广，他和我说："他在台上就像在家里说话，仅仅是父亲变成了母亲。”何等深刻的中国文化。要让自己的子女有这种感觉，有多难。

梅兰芳首次拍电影是上海商务印书馆1920年给他拍的，两出都是昆曲。《天女散花》多说是京剧，其实前半出是京剧，后半出完全是昆曲。【赏花时】【风吹荷叶煞】以及最后【锦庭乐】接【到冬来】牌子，都是昆曲。《春香闹学》当然不用说了，全昆的。什么道理头一次给他拍电影就拍了昆曲呢？因为，只有昆曲的表演，能够体现梅兰芳美的全貌。20世纪20年代梅兰芳访美时，美国拍的中国第一部有声电影，昆曲《刺虎》，为了拍《又见梅兰芳》花大价钱从美国买回来了，这身段，这形象，今天还是新鲜和令人惊艳的。

梅派经典剧目中，运用昆曲最好、融汇于中的是《贵妃醉酒》。“醉酒”这出戏，梅兰芳是跟路三宝学的，路三宝和梅兰芳同一科班，断断续续说了一点，梅兰芳在台上看一点，半年的积累，拿下了，完全是按照老一辈传下来的演的。打梅兰芳学了那么多昆曲以后，就开始对《贵妃醉酒》进行了大幅度的修改，载歌载舞连贯全剧。我记得1953年，有一天看梅兰芳的“醉酒”，唱到“这景色撩人欲醉”的“撩”字是：$\dot{2}\dot{3}\dot{2}\dot{1}\ 6\ 5\ 6$（撩 人）。那天他似乎情绪特别好，台上那种自由和松弛，一般人是很难达到的，移步换景，触景生情，那么好的夜景“撩“撩人”二字的“撩”字突然唱成 $\overset{3}{\dot{2}}\cdot\ 7\ \ 6\ 5\ 6$（撩 人），“撩”字单音往上挑，完全是昆曲唱法，配的身段，真绝！京剧从来没有这样唱的，那么地撩人，那不是昆曲吗？他自己可能也没想过，怎么会出来这个旋律？我们那位票友出身、很得王少卿宠的京二胡倪秋萍先生，他对音乐方面很有修养，也是梅兰芳看中的，给梅兰芳拉了十几年，那天正在台上干活，他说吓得我差一点忘了手里的，怎么出昆曲了？倪老师说，后来我问大爷了，梅兰芳说：“是吗？我怎么忘了？”这说明了什么？好多东西是即兴的。我们都不敢跟学生讲梅兰芳某些奇特的唱法，不然他们会串。

梅先生说："这种情况在身段水袖眼神上，举不胜举，几乎天天会发生，他真是有规律的运动，可是不可能每天一样。这可能是在我初期要我不断跟着他唱昆曲的真正原因吧，不好写，写不清楚，只能是感觉。"

京剧的传统青衣唱的时候，抱着肚子死唱。1915年的时候，外国人是不愿到演京剧的剧场或茶馆看戏的，那是失身份的。因为那里看戏的人，大声讲话、嗑瓜子、很闹心。外国人坐在那里看戏，不习惯，这对青年的梅兰芳，十分困惑。梅兰芳认为我们演戏，怎么外国人都不愿意来看，明明是瞧不起我们。瞧不起我们，首先值得我们自己检讨，梅兰芳他从来不去怪人家的，他要怪，首先怪他自己，我们哪些做得不对了？就在这样的历史时期，齐如山给他写出了第一出新戏《嫦娥奔月》。《嫦娥奔月》里他用了从来没有用过，梆子戏里才有的【南梆子】。【南梆子】的旋律，适宜做身段和舞蹈，梅兰芳自己大胆地创造了很多好看的身段和造型，再把它们用舞蹈串起来。这种做法就是从昆曲里来的，把昆曲的演法搬到京剧里来，又用了一种很好听、很平民、很草根的【南梆子】曲调，自己基本满意后，感觉到可以让外国人来看了。通过齐如山找到美国领事馆的总领事，劝他来看，总领事就带着参事、朋友，到了梅兰芳家里。在家里梅兰芳请他们吃饭。饭后，把八个八仙桌拼起来，梅兰芳扮起来，在这个临时的台上，表演了《嫦娥奔月》里的载歌载舞、有歌必舞的新京剧，把外国客人看傻了。他们从来没有见过，他们见到的要么就单有唱的歌剧；要么就舞而不唱的芭蕾，没有载歌载舞的，又那么好看，新鲜。

这给外国人对京剧的接触开了一个好头。打这以后，一个一个地走进了梅兰芳家里，不到一年，"游长城、观梅剧、访梅府"成了当年的旅游口号，外国人进剧场了。如果没有1915年《嫦娥奔月》打开局面，没有昆曲在剧中的运用，外国人不可能进剧场。第二出是《黛玉葬花》，第三出是《天女散花》，一出一出地来了，全都有单独的、成块的载歌载舞的舞蹈。直到1926年的一至四本《太真外传》连台本戏中的翠盘艳舞和【南梆子】“唐天子”的歌舞，一系列的歌舞影响了“四大名旦”的其他三位，使每一位的新戏中都有了成块的、入剧情或非剧情的、体现了京剧特征的舞蹈，至今为止，这些舞蹈都已经成为每一流派代表作的重头戏。

梅兰芳是前卫的，时尚的。他的前卫不是昙花一现，他是下苦功去探索的。创新需要文化烘托，不能轻薄。

《贵妃醉酒》里杨贵妃有一个在玉石桥上看鸳鸯戏水的身段，梅兰芳说，“这个身段可是侗五爷教的”。溥侗是宣统皇帝溥仪的堂兄，善昆曲，内行中颇具影响。这个昆曲的身段一直沿用至今。梅先生的徒弟唱《贵妃醉酒》都用这个身段，没有动过。这个身段凝聚了昆曲身上的优势，除了动态好看外，静态更好看。可是京剧取代不了昆曲，有时候必须要坐在那里唱。

梅兰芳的出场，经常有几秒钟左右是纹丝不动的，让观众看，每个角度都好看，很自信，先把人给看美了。那是很不容易的，静的功力，非常沉稳；动起来，动静自如。动态的可以一下没有任何痕迹转到静态，这就是从昆曲里来的。当前梅先生的弟子中，身段上得到大家公认的是李胜素，就是在静动之间比较自如、松弛的缘故。还有一个好的例子，梅兰芳把昆曲的指法、佛教的指法都融入京剧指法，赋予每一兰花指、每一格式都有一首诗，又有专门的艳名。梅兰芳所有的指法里，大拇指不能外露，这是犯忌的。1932年，他到了南方，俞五爷（振飞）介绍了一位丁兰荪，丁老先生。我小时候在“湖社”见过，又黑又瘦，简直不相信此翁是昆曲的顶级人物。我见到他的时候好像已经80多岁左右了，看上去像我常见的那些老中医。可是一动起来，完全是一个少女，真绝！许先生有一段入木三分的回忆。“丁先生到我家，我对丁先生说：‘梅老板要你踏[1]《断桥》《乔醋》。’那时是秋天，丁兰荪穿了一件灰布大褂，面有菜色，说：‘我哪里敢替伶界大王踏戏。’我说：‘名气虽然大，脾气交关好，你放大胆跟着我走。’我和许伯遒、丁先生一同到了思南路梅宅，梅兰芳从客厅里走出来，同丁兰荪握了握手，把他让到沙发上，又亲自倒了一杯茶送到丁先生手里，接着说：‘最近要唱《断桥》《乔醋》，以前教我昆曲的乔蕙兰也是南方人，现在想跟您再学一学。’丁兰荪期期艾艾地说：‘教字不敢当，我们研究研究。’我接着说：‘您喝杯茶，休息一下，先踏《断桥》，主要是身段。’十五分钟后，丁先生站起来，素身表演《断桥》，他口内念着锣经，先做【山坡羊】的身段，出场【急急风】上，走到台口做出身上往前一扑的样子，开唱‘顿然间，啊呀鸳鸯折颈’。这句尺寸很快，丁先生说：‘金山寺水斗，白娘娘吃了败仗。所以是非常狼狈的样子。’接着唱‘奴薄命孤鸾照命……’尺寸就慢了下来了，要显出精神萎顿的神气！踏完这支曲子，梅兰芳说：‘您累了，今天就学到这里，明天还要请您来。’梅先生要用汽车送他，他坚决不坐。代他雇了一辆黄包车，梅兰芳先生亲自付了车钱，又拿了一张十元的钞票交到丁兰荪手里说：‘不成敬意，您留着买点心吃。’回到客厅，我问：‘丁兰荪的玩意儿怎么样？’梅说：‘细致极啦，眼神、手势都好。’他想了一下，接着发表意见：‘齐先生的著作里说旦角一定用兰花指，显得纤纤玉手，柔软好看。今天丁先生的挑眉身段，就五指张开，非常美妙，这个身段我第一次看到，兴奋极了。’”

这是一段写真的叙述，传统文人生活的写照，这样的待人接物如今都很少了。熟悉梅先生的人，到过干面胡同梅先生的小屋的人，都会不约而同地感受到：“自己给客人倒茶”，“屋那么小还让座”，“对艺术的虚怀若谷”真是非常像他父亲。

---

① 昆曲专用术语，排身段的意思。

梅葆玖与父亲、七姐于1949年合影

关于“挑眉”这个指法，梅兰芳事后说：“五指伸开，以前的兰花指没有，太有意思了。”经过了十多年，庆祝新中国成立十周年，梅兰芳创排《穆桂英挂帅》中，接印的那场，为了要夸张地表演挂帅出征时候的心情，转身，手从水袖里出来，揽镜自照。揽镜、自照，梅兰芳用上了这个“五指张开”，美其名曰“挑眉”的指法。梅兰芳在排戏时还说，“这是十多年前，丁兰荪教的”。

梅先生在讲学时说：“打小学了昆曲，做了演员以后，昆曲这个老师经常像‘影子部队’一样，盯住你了，要甩都甩不掉，也可以说成了一本字典，牛津大字典，老是搁在身边的。昆曲的圆，影响了梅派艺术。

“普通老百姓，当年看待我父亲，不全是因为他长得端正，也不会是因为他是明星，而是他的内在。这跟昆曲文化有很大关系，所以20世纪50年代，请他拍了五出京剧电影，尽管里面也有《断桥》，我也参与扮了小青，他还是提出来，能否拍一次《游园惊梦》，尽管当时他已是一位老人，但仍能看得出是何等清纯。少女怀春的身段，给人感觉一点都不做作。”

电影《梅兰芳》筹备时，我向凯歌导演提出一定要有昆曲。《大唐贵妃》策划时，我也提出要有昆曲。当时有人说，昆曲太温，不一定合适，说有昆曲的元素就可以了。真是的，经常听到元素二字，挺化学的，昆曲如此浩大的量值，统称一种元素，相当雷人。由于梅先生的坚持，增加了王珮瑜演唱的一段货真价实的昆曲，收到了满堂喝彩声。今年，我们参加中国戏曲学院教育科研项目《梅兰霓裳》，梅先生在第一次研讨会时就提出“十二霓裳”用昆曲来体现，表示我们对《太真外传》、对传统的敬畏，供大家参考。

谈到《游园惊梦》《水斗 · 断桥》梅先生不无风趣地说：“哼哼昆曲，有益于健康。我们在抗日战争时期，我父亲说实在的，还是挺沉闷的，他就重新编习他的昆曲，独自哼哼。所以我想，每当一个人心很闷的时候，哼哼昆曲，就会舒服一点。它很雅、很美，人就高兴起来了，把有些伤心的事，抛至脑后。”

武汉第一回合下来，梅兰芳和他在梅剧团的老伙伴对梅先生在台上的承受能力心中有底了。接连三天，每天大戏，可以放心了。回到上海在黄金大戏院的义务戏，两天全部《生死恨》，一天《玉堂春》，得到了上海梅迷一致好评。当年梅兰芳二元八角，言慧珠一元二角，梅先生进入市场了，票价一元，可以接受。梅剧团除了政府指定的政治任务、慰问演出、为工农兵的晚会表演外，一直在全国各地南征北战。梅兰芳感到以前服务面太窄，都是在一些市场比较健全的城市，许多小城市没有机会去。那么大的名气，田汉在他的著作里说：“德国的农民知道的中国人就两位，一位是孔夫子，一位是梅兰芳。”可是连自己国家的老百姓都没有机会见一面，心里过意不去。所以东北、西北、西南，山东、广州到处演，直到去世前个月，在病榻上还想着，去新疆演出的戏码都定了，带去的礼物也准备好了，戏箱都已放在吉祥戏院，准备出发。岂料突然离世，竟成了终身憾事。

梅剧团每到一地，按老规矩，梅先生先唱三个晚上，第四天开始老将亲自出马。碰到星期日或节假日，白天日场是梅先生的活，每天戏码是李八爷（春林）排出，梅兰芳拍板。

1953 年开始，梅兰芳将他年轻时的古装歌舞戏，有计划地一出一出在护国寺一号的院子里教给梅先生。唱武生的徐元珊先生，是徐兰沅的二公子，持续地陪着一起练功。直到今天我们还和元珊夫人、我们恭称徐二奶奶有来往，不时去西苑她家拜望。梅兰芳教的头一出是《天女散花》，接着是《廉锦枫》《黛玉葬花》，都是全本的，不是现时在戏校学的，都是中间某一折。

《天女散花》是梅兰芳 25 岁时创演，继《嫦娥奔月》《黛玉葬花》后，第三出古装歌舞戏。它是一个简单的宗教故事，根据《维摩诘经》改编，写如来佛在莲花室座讲经说法的时候，遥知维摩居士在毗耶离大城市现身染病，当即命文殊师利率领诸菩萨和弟子前去问疾，并传旨天女前去散花，以验结习。天女遵旨携带花篮去毗耶离中，把花片纷纷散在诸人的身上。佛旨一毕，于是转回西方而去。这个戏是梅兰芳早期经常演出的古装戏之一。梅先生扮天女的活是在第二场，第四场和第六场。第二场有出场的四句【二黄慢板】和念诗自白，【二黄慢板】和念诗是特别见功夫的。近 30 年来这场戏已经没有人演了，偶尔电视上出现一位年轻的演员，清唱这一段，也不见功力，哗众取宠而已。唱词是："悟妙道好一似春梦乍醒，猛然醒又入梦长夜冥冥；未修真便言悟终成梦境，到无梦与无醒方见性灵。"是佛教的唱词，弄清含义本身要懂点佛，现在的观众对这样的主题，让他们会欣赏和领略，难了。

梅先生说："这段念和四句【慢板】要懂得父亲创作天女人物的用意，他从佛经里找到维摩居士因夜读苦累成疾，害的眼病，感动上苍，派天女散花试其有否仙根仙蒂，懂得这番用意，唱出‘悟妙道’才会切题。”

我经常对来我家讨论梅先生唱法的他的学生，以前的田慧，现在的炼雯晴，给她们听梅先生青年时期唱《散花》这四句【慢板】以及白口的录音。真是腔由情出，情以腔生，这是一种境界。我们在唱时，要懂佛教中“空”的境界，“到无梦与无醒”是一种境界，如果学梅先生的唱对“情”不了解，不加注意，结果只是能模仿其形，不能深得其味，势必趣味索然。若是韵味醇厚，则如饮香醪，爱之不已。

第四场“行路”是当前青年演员表演和以此作参加比赛的热门项目，只要有比赛一定有《天女散花》的“行路”，普遍认为，它偏重技巧，容易掩盖其他基本功的不足。这一场是描写天女离开了众香国到毗耶离城去，路途中看到的景物，是一幕单人的歌舞场面。从唱腔的节奏中配合着舞蹈的身段，把唱词的内容用身段给表达出来。这一场用的是【西皮倒板】【慢板】【二六】【快板】【散板】，由慢而快，为的是造成一种好像在云端里风驰电掣的气氛。

梅先生说：“初学很辛苦，每一个静态的亮相，每一种指法，在佛像都有出处。如果死学，就缺少了意象，仙女的仙气没有了，这是致命的。云带是一种工具，除了靠你的功力来控制工具外，更重要的是靠你的智慧，通过云带表现出排云御气的天女形象。载歌载舞，使云带出现多种的弧形，最后成为一种匀称的图形，飘在地上。人和云带成为一个斜一字的形态，翻起右手过顶顺带而指，慢慢下蹲，示意云路之渺茫；或用两手高撑云带，一抡两抡，转身，从双肩后扔云带，飘到背后，齐落台中，同时脸向右转朝外，双手上翻，亮相，表示云端高飘；或把云带先右后左地抡起两个‘枪花’，眼神随瞬，唱着‘云眼过眼’；……通过如此如此一组一组的美的形象。”梅先生的就地比画，看得出虽然年已八旬，脚底下幼功犹存，使他夫人都露出了会心的微笑。我问九嫂：“你们谈朋友的时候，应该是九哥常演《天女散花》您一次不落地看他的时候吧！”大家都笑了。

《天女散花》是梅兰芳1919年第一次访日演出，打炮而且连演五天的精心杰作，帝国剧场的戏从1919年5月1日起到5月12日，共12天，可从1日到5日，每天都是《天女散花》，没有一定的定力，谁敢那么做，票价是特等十元，而当月，日本歌舞伎特等票每位才四元八十钱，当年梅兰芳才26岁。

梅先生随父亲率领的中国京剧代表团访问日本时是23岁，梅兰芳指定梅先生就演一出《天女散花》，其他戏都不演，这是梅兰芳对梅先生培养栽培的另一种形式。头一天的组成是：梅葆玥、江新蓉的《人面桃花》，梅葆玖的《天女散花》，李和曾、袁世海的《将相和》，李少春的《闹天宫》，梅兰芳、姜妙香、孙盛武的《贵妃醉酒》，女儿、儿子开锣。梅兰芳当年把儿子、女儿的行政级别压到五级和七级，和梅先生配戏的倒已经是三级了。梅兰芳去世，香妈作主把所有收藏的古董字画，共五千多件，全部捐献给国家。据说今值40多亿元人民币不止，当时周总理代表国家奖励梅家人民币60万元，这60万元一直是四哥保管，从来没有分家，也没有人提出要动用，这是梅先生他们家处世的真实状况。真是平凡中的不平凡。

梅先生的全本《天女散花》是比较有心得、很成功的戏，下的功夫比较深，是梅兰芳一点一点抠出来的。可是也有失手的不测。

1956年10月6日，星期日，梅剧团在上海人民大舞台贴梅先生的《天女散花》。我约了二位同学早早订好票。我们知道，以梅兰芳为首的中国京剧访日代表团7月20日回国的，在日本50天，梅先生演了近十场的《天女散花》，1919年、1924年的梅迷，知道当年红透日本的梅兰芳带了儿子来了，儿子演的还是当年的《天女散花》，1924年以后，梅兰芳被誉为“美的化身”，《天女散花》的舞蹈被誉为“梅舞”，梅先生人没有到，已经一票难求了。

这次是回国以后首次商业演出，而且是他离开上海家最长的一次，思南路 87 号热闹非凡。

我们年轻的，也为梅先生的《天女散花》做足了功夫，工人俱乐部京剧组的朋友们也都来了，虽然都是只能订买便宜票价的基本观众，但他们很真诚、很卖力，又懂戏。当年的上海人民大舞台的座位比天蟾还多，有三千多位，懂戏的观众叫起好来，泰山压顶，非常享受。可是，刺激的一刹那出现了，真是“黑色的星期天”。出场非常好，虽然瘦了点，高了一点，款款的台步，见功夫的，一个碰头好！“悟妙道”【二黄慢板】，第一句、第二句都满堂，音聚响堂，中规中矩，毕竟是梅门之后。“行路”那一场，虽然绸子比梅兰芳的要略长一些，但是看得出来，手腕处没有加小棒子，靠手腕的力和势，挺吃功夫的，观众非常认可。到“散花”那场，出事了。

梅先生在幕内唱【赏花时】“世出世间谁点化”（开幔）梅先生站在“云台”当中，身段微向右偏，脸朝外，左手拈花，面含微笑，长长的云带，从身上前面飘到左方前面，就像一尊塑像，光彩照人，一片彩声。我和两位同学，心情激动，暗称好！表演完昆曲【赏花时】，念诗：“众生眼病见狂花，花发花残病转加。悟得华鬘非我相，不妨游戏净各家。”字字清晰，足见功夫。接唱昆曲【风吹荷叶煞】演到“参遍世尊、走遍大千，俺也忙煞”，提着带子，在云台上走一个小圆场，刚要转身，突然梅先生从云台上掉了下来，我们几个已吓呆，怎么会这样，坐在乐池里的王少卿先生下意识地张大了嘴。只见梅先生鲤鱼跳龙门，在台上一跃而起。走到台口，规规矩矩向三千多观众鞠了一躬，从容不迫，往散花的云台右边爬上了云台，并暗示打鼓的裴世长先生重新开始。三千多观众，突然清醒，绝对无声的半秒钟后，一片掌声，观众接受了道歉。后来听说喜欢多事的老孙头（孙家老九、孙养侬之弟）禀告梅兰芳“小九掉下云台了”，梅兰芳回答两个字：“是吗？”只是和管事的说，让梅先生连着唱《天女散花》。最近，为了写《传记》，又谈起这件事。梅先生说：“其实一切很正常，我转过身去，边儿上演花奴的贾世珍着急了，轻嚷着：别过去了，当心！当心！当心！已经来不及了，噗通！掉下去了！我猛然的第一感觉，‘向观众道歉’。爬起来走向台口，深深一礼。上海观众真好，到底是同乡人，一片掌声，表示同情我近视眼。真是，那时刚从日本访问演出回来，回国后，大热天，演了几场《会审》，没什么大事。就来上海，一回思南路，高兴啊，真是回家了。没有几天，人民大舞台就上了。在日本，我的活就是《天女散花》，演了不少回，那云台是长方形的，几次演下来习惯了。人民大舞台准备的云台是呈正方形的，横向短多了，我也曾去试过，贾世珍还提醒我，‘这台短，圆场小一点’可是一上场，上海观众待我那么好，‘云路’真是铆上了，当然裴世长的鼓，王少卿的胡琴，姜凤山的二胡也帮了很大的忙。我在台上演得很应手，入戏了。到‘散花’时就会忘了云台很不一样了，就好像还是唱了多次的日本的长台，连贾世珍在台上叫我‘别过去了’，我都视若无睹，失去控制就掉下来了。”

梅先生用上海话补充：“还好，上海老朋友搭得够，放我一马。”

我说：“还是有人说闲话的。‘到底是不喜欢唱戏，这不，掉下来了罢！梅兰芳气煞！’”

京剧原先就是“俗文化”，剧团的人绝大部分是科班出来的，和话剧团、交响乐团的人不太一样。舞台上用的布景、砌末，也是相当简陋的。《天女散花》的云台，在梅兰芳年代，云台用了16张八仙桌，摆满了舞台的后一半，舞台的前面，摆放着云片，云台的前面也放着云片，天女站在云台上，就好像站在云里。如果现在演“散花”这一场，台是可以升降的，云片也可以用光来显示。就可惜，自梅先生以后，就没有见过全本《天女散花》了，其原因当然是多方面的。

梅先生说：“这事已经过去近60年了，还是忘不了的。老梅剧团长辈们，旧戏班的同行们，平时确实没有人来和我说些客气话，凑我的话，包括父亲在内，总是这也不行，那也不行，我也听惯了，反正也就那个样。我也曾装着‘虚心听教’，不会装。这次可是真格地掉下来了，相反，大家都来安慰我，说‘上海云台太小了，以后先多走几次’。都很友善。父亲说‘台小，就多演几回吧！’在台上，观众的热情和宽容，我是感受到的，印象深刻！”是啊，其实当演员图的也就这一点点。

2013 年 5 月 17 日到 19 日，中国戏曲学院创演以《太真外传》为基础，在传承、再现、创新的理念下，运用现代多媒体视听技术手段重新演绎的创新剧目《梅兰霓裳》在梅兰芳大剧院首次对外公演。17 日、18 日两天是胜素和魁智主演，19 日由学院教师和同学张晶、刘阳、刘维、刘琪以及老生教师贾劲松领衔合演。梅先生非常兴奋，除了自己的学生出色的表演带来的喜悦外，更令梅先生兴奋不已的是高科技，周龙导演在后台对梅先生和我说：“如果梅兰芳先生活到今天，在利用这些新的舞台技术方面，我们不一定能追上老先生的脚步。”他是指利用高科技的手段制作的舞台上的三维虚拟景观，舞台上简易的和虚拟的布景结合起来了，有里有外、有虚有实、天衣无缝，营造了浑然一体的舞台三维虚拟景观。

梅先生在后台很风趣地和我说：“用这一套现代科技的包装再演《天女散花》，我根本不用担心近视眼会掉下来了，云台都成了虚拟的了。《梅兰霓裳》帮我们开了窍。”

梅先生说：“我想能否把《天女散花》也能用高科技手段来演绎，因为是在云端，空间的展现会更精彩。”我说：“做一个项目，我们不一定知道，他们戏曲学院很辛苦，是要各方面支持，这样有关京剧革命的大事，倒是请政协来推动，群策群力，可能效果更好一点。”

梅先生说：“与之匹配，台上的玩意儿，一定要精益求精，不然会成为动漫大片了。例如这出《天女散花》的‘文戏武唱’理念，现在是越来越淡薄了。那年捐献飞机大炮义演时，盖五爷（叫天）扮赵云那次。”我插话：“应该是 1950 年 3 月在中国大戏院你父亲的孙尚香，上了12名宫女，有言慧珠、童芷苓、李玉茹，个个都是角儿。”梅先生说：“那天我在后台，还没有参加梅剧团呢，盖五爷和我说：‘你要好好地学你父亲的玩意儿，你父亲是有真功夫的！’当时许姬传在旁边，事后许先生把这事告诉我父亲，我父亲说：‘盖五爷指的就是《天女散花》。’”

梅兰芳的“文戏武唱”是盖叫天先生在1920年看了梅兰芳在上海反复上演《天女散花》后的精确定位，和杨小楼的“武戏文唱”异曲同工。当年盖叫天和梅兰芳说：“你这出《天女散花》用了《乾元山》《蜈蚣岭》的身段，没有武功底子是唱不好的。”梅兰芳听了后说：“在您面前，简直是班门弄斧啊！”盖五爷正色地说道：“这出戏现在只有你我能唱，别人是找不着这种窍门的。因为绸子不比别的东西，手臂手腕没有熟练的巧劲是耍不好的。”这段对话至今已将近100年了，朴实无华，令人肃然起敬。梅兰芳多年后曾说过：“盖五爷是个直性人，一向是有什么说什么，从不口是心非。他的功夫，就靠苦练，一副兵器往往是五年、十年寒暑不间断地练下去。”

梅先生说：“这两条绸子是衣服装饰，又是舞蹈的工具，画中的天女是在天空御风而行，身上的带子被天风吹得飘飘然的。当演员在台上表演的时候，要使观众有同样的感觉，就需要把绸带舞起，才能有飞翔的意境，既然是演意境，可千万不能搞技巧的堆叠。我父亲教我，要能表演天女御风而行，必须用手，不能用两个小棍代替手，就像红绸舞似的，京剧里也有《陈塘关》，哪吒闹海就是一根小棍把一条长绸耍出‘皮猴花’。哪吒可以用小棍挑起一条长绸来耍，天女可不能用一手一小棍挑起两条长绸来耍，那当然会省力很多，但仙气也就没有了，成杂耍了。

“这种空手舞绸带子的功夫，劲头儿完全在整个手臂和手腕子上，尤其是腕子要灵活，而不是傻力气，是巧力，把这巧劲拿准了，手上练得熟巧了，那才可以配合舞蹈的身段步法，快慢疾徐，进退自如，同时还要和唱腔，音乐的节奏相配合。”

梅先生说：“我也不瞒你，确实太辛苦。曾想不用小棍，用两根短的毛竹筷子，绑在绸子上，也看不出来，手腕可要省力多了。经过我精心设计，就在护国寺家中院子里试用，如果顺手，就可以在台上使了。刚打如意算盘，第一天试，就被父亲看出暗中机关，说了两个字：‘拿掉！’没有二话。”

当前虽然《天女散花》中“云路”一折经常上演，尤其是什么“大赛”，是热门，可是演员为了取悦观众，迎合社会风气，两条绸子越来越长，已经长到当年梅先生用的一倍以上了。我曾去上海广东路做戏服的铺子问问，铺子老板也是戏校毕业的，认识我，和我说“用木棍太土了，现在用同样的材料拧成类似棍子一样的，和绸子是连在一起的，不这样处理，演员不要的”。听说，外地剧团来定绸带都是上这个铺子订，所以梅兰芳所不允许的，都已经在源头上给否定了，造成每一次用“行路”参赛的演员，甚至完全用“红绸舞”的技法，双手正反大耍圆弧，把绸子耍成双圆形，就是在杂技里也能见到的那种，台下不叫好，不收兵。观众席里也有懂的，说：“天气预报有龙卷风，她不是御风而行，是顶风而上了。”也有比较客观地说：“不这样，人家以为不卖力，什么流派风格顾不了啦。”

梅先生说：“要练出‘文戏武唱’的功夫，不容易，而且不唱也得常练，很辛苦。

“现在我大多学生，《天女散花》没有不会的，可会的也就这十分钟左右的‘云路’，我掉下云台的那场昆曲没人演了，不演真是可惜了，我不能说，我来教，你们每人一定要演，可是他们又没有机会演，不由她们说了算，没有得演，学了又怎么样呢？大家都不容易。”

我说：“建议戏曲学院纳入科研项目计划，恐怕是一条出路。”

还有一些带有普遍性的问题，前几天，我在电视里偶然看见有一位 20 岁出头的青年，表演“行路”一场，未出场的【西皮导板】的过门一起，倒是有一种表现云端气氛的旋律，我为之欣慰。不料，演员一张口唱【导板】“祥云冉冉婆罗天”，“祥云”二字铆足了劲，无间隙地冲了出去。“冉冉”二字，无气口，很顺，是梅派的处理，很好。但是由于“祥云”二字实在是刺激了听觉神经，毫无仙气可言，下面听下去就要有耐性了。其实整出戏的表演还是挺认真，挺好的，但是由于“第一印象”出了问题，很难完全挽回。我真想打个电话和这位青年演员说一下，请她立马从网上下载梅兰芳 1924 年由日本蓄音器公司录制的那一段的唱片中梅兰芳“祥云”二字的唱法，梅兰芳特意分开，而且“祥”字是有处理的，这才会有仙气。同样《洛神》这出戏也有类似的状况，最后一场洛神在幕内唱【导板】“屏翳收风天清明，”先不谈洛神的“仙气”，“屏翳”二字，是名词的组合，是两种不同形式的遮挡物件，“翳”字在这里是名词，不作副词，和“屏”同为主语，梅兰芳晚年气不那么足的情况，还是款款唱来，两个字是必须分开的。因为它是两个物件，不是同一个物件，合在一起唱，作为语气、文法上都是错的。除了可以比较省力的实用主义，没有其他任何理由可言。

再有，就是伴奏的问题。根据许姬传先生在梅兰芳过世后的回忆，梅兰芳说：“‘云路’一场的舞蹈是配合皮黄唱腔来的，不求花巧，但须唱得稳重灵活，表现天女的庄严妙谛。‘散花’一场是昆曲配合着来做。‘行路’配合皮黄唱腔做身段舞蹈，可是到了过门的时候，处理起来就比较有困难，因为占的时间比较长，必须想出办法把这一段空场填补起来，才显得充实。昆曲的音调就不同此了，它基本上含有舞蹈的意味，所以配合身段比较适宜。当时研究到这两支昆曲的身段时，我就感觉到比皮黄合拍些。”

自从梅先生在政协提了关于“重视流派教学，传统教学”的提案后，中国戏曲学院也引起了重视。我曾向学院领导请教，就把和梅先生研究的方案中关于《梅兰芳歌舞系列教学大纲》中，关于《天女散花》“行路”那一场的出场及【慢板】中间的过门，确实正如梅兰芳所说“施展不开”。梅先生在20世纪60年代初长安大戏院演出《天女散花》时（有录音，毕谷云用老款808亲自录的），已经有过一种比较短的拉法，现在看来还不单是过门长短那样单纯的问题，而是合拍的问题，处理得好，这场戏会更有意义。

《天女散花》是梅先生年轻时演出场次最多，如今又是梅门第三代弟子每人都会的戏，各地的戏校也都把它列为教学项目。所以这出戏对今后京剧的走向，可能会产生一定的作用。像《天女散花》这样经过两代人千锤百炼的传统节目，具体体现着我们民族的观念和审美趣味，早已与我们这个民族建立了无法割舍的感情，成了民族生命体的一个重要组成部分。

梅先生最后说：“要把《天女散花》我们两代人的努力，写进我的传记。在中国政协文史馆召开的座谈会上，中国戏曲学院的傅谨老师提出希望《传记》能起到教科书的作用，这我不敢当，我只是希望在今天我们京剧不景气的社会现实情况下，能有一点点小小的启迪作用，这是我的心愿。”

我听了梅先生的话，心情也比较沉重。最近有一种时髦的说法：“京剧艺术正在破茧重生，将逐渐告别旧的内容和形式上的束缚，绽放新的光彩和魅力。”我有一点可以肯定，说这种话的人，一定是没有经过正统京剧基本训练，或者是学过，但学得比较差的，不然不会如此感情淡薄，京剧告别旧的内容，还能从另一个角度去理解，可以讨论、研究。而要告别形式，那就是把京剧给毙了，“与时俱进”成了哗众取宠。

“形式”说得通俗一点就是“像”。老前辈王瑶卿曾对梅兰芳有一字之褒，来奖励梅，就是“梅兰芳的像”，这个“像”并不是局限于孤立的扮相，而是广义地包括梅兰芳的全面艺术，从梅兰芳的唱、念、做、打、舞、表、造型、打扮等各方面的形式，而组成整体的

梅葆玖早期剧照《天女散花》

美。有一位使我非常钦佩的剧作家谈起梅兰芳说："梅兰芳的造像，所以能达到这样的境界，主要是他造像之始，不只立像，还要立意；不只塑形，还要塑神；既立客观之像，又立主观之意。"

梅先生说："《天女散花》表演的是仙女，脸上就不能动得太多，其实学我父亲最难的不是'唱'，也不是'做'，而是'脸'，是表情。摸不着。"

我想这就是所谓的"从意象而造像，从妙用而妙有"的梅派艺术真谛吧！

在梅先生演艺术生涯中，到梅兰芳 1961 年 8 月 8 日逝世前这几年中传统老戏的分量是最重的。

梅派的《玉堂春》，在梅兰芳整个一生，没有《起解》《会审》连着演的，是分着演的。而且也没有头一天《起解》，第二天《会审》，宁可《起解》前面加一出《思凡》，不能让观众耳朵疲劳。《起解》是梅氏父子在这几年中（1951 年到 1957 年）同时都演的唯一一出戏。梅兰芳去世后，梅先生就没有单唱一出《起解》了，要唱就《起解》《会审》一起演了，可能是剧场方面认为，市场要求起变化了，顾不上观众的耳朵了。

梅氏父子在那几年《起解》都演，重要因素之一是当年萧长华先生虽已 70 多岁了，但是还在梅剧团。萧长华，大家尊称他萧和老，是京剧界的“教父”，1922 年梅兰芳成立个人的承华社剧团（即后来的梅兰芳剧团），萧长华就是基本成员了，没有离开过。

萧长华 1910 年前已经是富连成（当年喜连成）的教师了，他是梅剧团众人的长辈，尊称他萧和老，或萧老。

梅兰芳说：“1908 年左右，搭喜连成班，借台演出。回忆当日的情景，萧老每天和学生们一起上馆子，全神贯注在学生们扮戏、出台、卸装上。遇到分包或晚上的堂会，他也是等着散了戏和学生们一齐走，学生在台上有差错或不到的地方，他一定认真地指点他们。萧老没有搭班，全部时间都是教戏。当时我虽然不是喜连成的学生，但是演戏的时候，萧老也一视同仁地照应我。当时给我的印象，只觉得他一天到晚没有闲着的时候，没有看见过他大喜欲狂，也没有见到他盛怒凌人，只是小心翼翼，正襟危坐。但也很有风趣，偶尔也说些有关梨园掌故的笑话。他记忆力特别的强，对前辈精湛的表演，他能绘声绘色地学给大家听。”

我和梅先生说：“听你父亲的介绍，萧老真是一位活生生的大戏班里德高望重的典范，太让人尊敬了。”

梅先生说：“萧老虽然是梅剧团的基本成员，《别姬》《醉酒》《凤还巢》《抗金兵》《生死恨》都有他的戏。1952 年青岛演出以后，到北京和外省市，都是他提出要和我演《女起解》，我想都不敢想，那年萧老 75 岁，我才 18 岁，完全是因为他和梅家几代的交情，抬举我，让我不知如何感谢。”

我说：“当时，也没有什么包装、宣传，更没有什么炒作。这样的人文题材，就是现代语‘传、帮、带’。‘传、帮、带’听起来是一个任务，其实那是一种感情，是自觉的。”

梅先生说：“我们家有什么大事，要拍电影了，或者我父亲收学生了，萧老是一定要请的，父亲说八十出头了，用车去接一下，可他偏偏要步行，其实他家离我家并不远。当时他担任中国戏曲学校副校

父亲与萧长华合作《女起解》广告

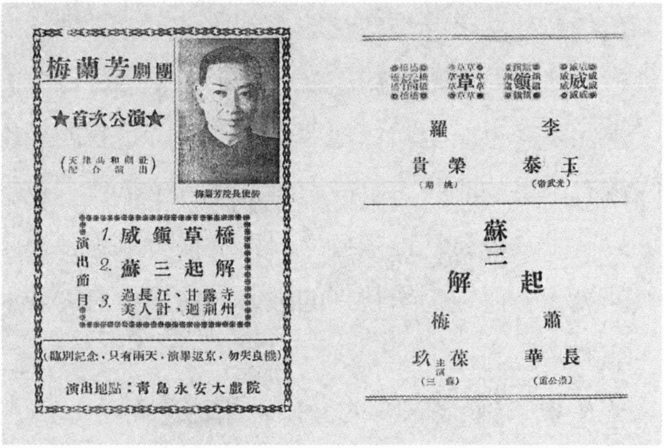

梅葆玖与萧长华合作《女起解》戏单

长，照样每天步行上班，而且给低年级的小学生亲自上课，这是大家都知道的。

“还有两件事，也值得一说。萧老可以说，文戏里的丑角，他无所不能，方中丑和婆子戏是他最拿手的。现在留下来的电影《群英会》里的蒋干，我们都可以看到他的功夫。再有留下来他和我父亲《审头刺汤》唱片中的汤勤，也是无人可比。类似蒋干、汤勤这类知识分子角色，有旧文人的酸气，但又不能火，如果演得好，是颇有诗情画意的。我父亲说他年轻时，喜欢早早到后台，因为他的戏前面是凤二爷（王凤卿）的老生戏，再前面是尚和玉的武生戏，这两出戏的时间足够他扮戏用的了，所以在扮前，萧老的戏和朱桂芳的武旦戏，是最爱看的了。我想萧老的表演风格和梅派风格的形成，一定有它内在的关系。

“我父亲许多接济困难同行的钱，给梨园公会的钱，一般都是通过萧老转去的，他为人特别正派，帮助人又特别热情。我们在武汉演《金山寺 · 断桥》，是我父亲的白蛇，我的青蛇，杨盛春的伽蓝，开打场面十分火暴，台下掌声雷动。我们《金山寺》下来，听说当地一位武行演员台上受了伤，大口吐血。姚叔叔（玉芙）说，这位同行是旧病复发，医院来了医生打了止血针和强心针了，现在还没有脱离危险。演完戏，我们卸了装，我随父亲走进后台底层一大间，里边靠墙放了一张长桌，是预备大家公共化装用的，这位武打同行，朝天躺在桌上，身体瘦削，脸色发白，旁边围着很多同行，我父亲走到跟前和他说：‘你只管安心养病，有什么困难，我们大家帮你解决。’他睁开眼睛转过来，冲着我们看了一眼，微微点头，说不出话来。过了两天，这位武行同行，因为内伤过重，药石无灵，去世了，留下的妻儿老小，无以为生。后台有人发起捐款，大家纷纷送份子，不计多寡，量力而行。我们去送了奠仪，家属到后台领款道谢。家属领款出去时，萧老默默跟在后面，抽冷子瞧着旁边没人，把一卷钱塞在她手里，轻轻对她说：‘这是我一点小意思，您留着花，不要对别人讲起。’后来这位家属不肯埋没萧老的美德，把这件事告诉了别人，后台黑板报把萧老表扬出来了。

“还有一件事，我也在场，讲讲有好处。那是 1949 年冬天，12 月份梅剧团在上海中国大戏院唱了一个多月。12 月 6 日打炮我父亲和萧老的《女起解》，第二天《春秋配》，第三天《贩马记》。这一期我陪父亲唱了八次《游园惊梦》，演出结束已经是 1950 年 1 月上旬，最后三天是《洛神》《霸王别姬》和《凤还巢》，演出是很圆满的，可是剧场方面，由于战争动乱、物价飞涨，解放前夕蒋经国来上海‘打老虎’搞不定，结果剧场营业亏损太深，本息滚欠，数月来也愈滚愈大。梅剧团演出的利润，弥补不了他们巨额的积欠，没有力量履行‘四管’（管吃、管住、管接、管送）的合同。父亲演出后，人也脱力了，闹着严重的肠胃病，躺在家里。那天萧老来思南路，看望我父亲，同时很郑重地和我父亲说：‘我有一件事要讲，希望你听我的话，戏是唱完了，北京来的团员归心似箭，一个个赶着要回家过年。馆子方面已经没有力量送大家回去了，这本来不用你管的，我主张你拿出钱来，送他们回去。你祖父当年管四喜班的时代，照顾同行的许多事，至今大家谈起来，还是人人敬仰他，都说你们梅家的人厚道。’我父亲听完就说：‘谢谢你提醒，我一定照你的意思办，马上送他们回去。’我父亲说：‘这种时候，只有老辈们肯出来说话。要不然，我躺在床上，是不会知道的。’”

我听了后，引起了对前辈们的无比敬重。梅先生看我神色凝重，又讲了一件事。我赶紧记下来。梅先生说：“这些事可能知道的人都不多了，平时萧老在台上的道行是没有说的了。我们父子的《金山寺·断桥》里他仅仅扮一个小和尚，许仙欲想逃出去，撞见小和尚，萧老会突然用南昆里的苏白‘啊是望望我个个小和尚’，每演至止，一定得到观众掌声回报，甚至有苏州戏迷专门赶来听萧老的苏白的。萧老在戏曲教育事业的成就和表演艺术的成就人人皆知，但一般观众对他的道德品质的高尚，是不大了解的。徽班进京后，三庆班、四喜班、春台班几十年的拼搏，都有自己的义地。到了民国，这些义地渐渐埋葬得没有空隙了，有些贫苦的老演员死后没有葬身之地，这在梨园行是大事。萧老好几次组织在经济上有力量的演员出钱买地。萧老自己不但也出一份财力，还要加上自己的人力，以前下层的演员死了没人管的，所以萧老在梨园行威望极高。”

以前大的戏班规矩很严。1922 年梅剧团的前身承华社刚成立时，社里丑行有五位：李敬山、郭春山、慈瑞全、曹二庚、罗文奎，各有专长。按当年的习惯，每一个行当都分工很细，李敬山过世后，萧老就一直替代李敬山，一待就是三四十年，梅兰芳对这位京剧界的“教父”十分尊敬，梨园界的典故，碰到的难题，一定是请教萧长华老前辈。人民政府在政治上也给予他崇高的荣誉，被选为第二届全国人大代表。当年全国人大代表没有今天那么多，当然人口也没有现在多。

萧老虽没有念过什么书，但是他对梅兰芳表演艺术体系的理解往往高于旁人，真所谓“活学活用”。《女起解》这出戏，在新中国成立以后立即开展的“戏改”，梅兰芳一开始就对它坚持移步不换形的“改革”，一则因为“苏三离了洪洞县”已经在普通平民百姓中非常流行，几乎成了广告语。只是因为它涉及一些妓院生活而不演了，实在是可惜了。二则，改起来比较方便，以前传统的极为优美的唱腔完全可以保留，这可是辛亥革命后梅雨田对青衣唱腔改革的重大成果，而且是经受了半个世纪的历史考验。梅派的《女起解》影响了四大流派的《女起解》，甚至出现了荀派（慧生）、徐派（碧云）的全本《玉堂春》，演到了八本。它是传统戏发展的一个典范。三则，梅先生是以此和《会审》开蒙的，王幼卿老师教得非常瓷实，多次上海的义演，已经得到社会的承认，这对梅先生十几岁的人来说，着实不简单。

改《女起解》这出戏，梅兰芳第一个找的就是萧老，萧老扮演的崇公道是完全可以往劳动人民的阶级成分上靠的，而且可以用崇公道之口，从侧面揭露社会的黑暗、妓女受欺凌与侮辱、丧失人权以及官场的腐败。当时刚解放，北京八大胡同，上海四马路会乐里等妓院被取缔，社会上是有积极作用的。

故事取材于《警世通言》卷二十四《玉堂春落难逢夫》。剧情是说：名妓苏三与吏部尚书之子王金龙相爱慕，誓偕白首。王金龙床头金尽，被鸨儿逐出。苏三自王金龙去后，矢志不再接客。鸨儿定计将苏三卖给山西富商沈燕林作妾。沈妻皮氏与赵监生私通，毒死沈，反诬告苏三谋害亲夫。县官受贿，将苏三问成死罪。解差崇公道提解苏三自洪洞到太原复审，途中苏三述说自己的不幸遭遇。崇公道深表同情，并认苏三为义女。

《女起解》即叙述苏三被皮氏陷害入狱后押解太原府途中，向解差崇公道述说冤情。

以前有的演员，单按剧本演，崇公道为迎合社会上的低级趣味，尽说些妓院之事，对剧情毫无帮助。经梅兰芳和萧长华共同修改，道古论今，风趣高雅，受到了普遍的欢迎，并立即提携梅先生用新本子初演，梅兰芳对儿子的期望用心良苦啊！

萧老扮崇公道精彩白口，特扎录一段与读者共享：

当苏三唱道："可恨爹娘心太狠，大不该将亲女图财卖与娼门哪。"崇公道接白："哎哟孩子，你说这二句话，我听着，心里头好难过哇！什么爹娘做事心肠狠，不该将你卖入娼门。这话呢，倒是有你这么一说呀。本来么，做父母的，应当教养儿女成人，绝不该卖女儿为娼。话虽如此啊！可别埋怨你父母。但是这个娼妓你不知道从什么时候儿有的，这是我听人说过呀！这是列国齐桓公霸诸侯一匡天下，用管仲为相，他兴这个，设立了三百处乐户；专让你们这些美貌青年的妇女，日施胭脂花粉，接待各国的商贾，得钱钞，满归齐桓公所有。就为他富国，不管妇女们的痛苦。你想，从那时到而今么，这几千年多，也不知伤害了多少良家的妇女啊！你说他们缺德不缺德呀！要恨哪，你就恨他。实在是有失人道哇！这个臭根儿啊，是他留下的，埋怨你父母干什么呀？走吧！"

萧老道古论今，有多好啊！

至今看来，仍有醒世价值的。

苏三唱道："三可恨皮氏狗贱人，施毒计用药面，害死夫君。"

崇公道接白："什么，皮氏不该用药面害死夫君，你也不想想，那个皮氏素常素往，一个人儿过惯了的；你要是得了宠爱，没有她的地位啦，哪有不生歹心的？哪一天弄了一碗毒药面哪，指望是把你毒死啊！没有想到那个倒霉的沈燕林，他替你吃了，这才呜呼哀哉，闯出这么大的事儿来。哎！这倒是个警世文儿啊！我想人生在世，不可任意胡为啊！咳！这个闺房的事情哪，夫妻总要商量好了。如其不然，真有性命之忧哇！这个事儿危险啦，啊！走吧！”

梅先生回忆和萧老一起演《女起解》时说：“我记得1951年初次和萧老同台演《女起解》。在长安大戏院，因为他老是陪我父亲的，他要比我大两辈。父亲让我早一点到后台，给萧老请安，谢谢他的提携。萧老和我说：‘王幼卿的路子和你爸爸的差不多，你就按幼卿的来，我跟着你。’他看看时间还早，还跟我说些典故。‘老四喜班你老祖年代（梅巧玲年代），《女起解》是连着《三堂会审》唱的，苏三在狱中只有四句【原板】。这段反调是王大爷（幼卿）添进去的。唱功多以后，大家就不连着唱了。畹华的《女起解》是你伯祖梅雨田亲授的，你伯祖和当年票界高手孙十爷（春山）研究出来的，腔说会了，第一次上台，还是梅雨田自己操琴，唱词和一般的不同，要唱‘十个可恨’，最后‘九恨十恨’唱散了，‘九也恨来十也恨，洪洞县内无好人’。”

我说：“插一句笑话，‘文化大革命’，打倒当权派，山西省洪洞县当权的全给揪出来，贴出的标语，就是这台戏词‘洪洞县内无好人’。说是‘反四旧’，而造反派用的口号却又是老的戏词，说不清楚。反正谁在洪洞县当差，谁倒霉！现在反腐败，就以事实为根据，不乱来，讲法制了。”

梅先生接着说：“和老前辈同演，就是不一样，除了在台上他兜着你，我唱一个可恨，他以无比精彩的旁白，借古讽今，把我的情绪也一个恨、一个恨地入戏了。我记得萧老还教我高招，他说这也是王长林老前辈和父亲唱《女起解》时的招数。他说，崇公道在狱中给苏三戴枷之前，苏三应该先用手摸一下她的左边的胸前，就是说表示她时刻注意那张状子，与后面念的‘监中有人不服，替我写下申冤大状’，才有了呼应。刚出监狱，崇公道接着念一句‘我要洗洗你’（搜查的意思），还要做出要查苏三的样子。苏三一边退，一边念‘老伯你去投文，我在那厢等你’。崇公道又念‘你真是打官司的老在行’。老词本是这样的，如果没有前面的交代，苏三怕搜的用意何在，台下是不会明白的。所以这个手摸胸口的身段，实在是很重要。我父亲的回忆里也说起过这个身段，他说这个很小的身段，做起来并不容易。做得太隐蔽了，不能引起台下的注意，太明显了，旁边还站着一个解差，又不合理，只能背着摸，等转身看到解差，就该把手放下才好。”

我特别喜欢听梅先生不经意时讲的那些台上的招数，我虽然不是演员，但那是学问，有共性。就好像倪秋萍老师有一段时间常来我家，讲的几乎全是他给梅兰芳吊嗓子时的那些唱法，其中有微妙的变化，在台下听戏是听不清楚的，听录音更有距离了。倪老师本人又懂音乐，和梅先生一个样，会从原理上分析，为什么要如此处理，和有一些老先生说戏很不一样。这应了梅先生平时老说的一句话：“归根结底，还是文化。”

1961 年 8 月 8 日梅兰芳去世，在陈毅主持的追悼会上，84 岁的萧长华，由家属搀扶着，双手搁在灵柩上，喃喃地说：“畹华，你把京剧给带走啦。”老人哲言，全场动容。

2010 年秋，上海戏剧学院戏曲学院成立了谭鑫培艺术研究室和梅兰芳艺术研究室，梅先生特地赶来参加揭牌，和郭宇院长在装修得颇有民国初期历史风貌的研究室中，交流如何继承传统，让谭、梅这两位京剧历史上具有里程碑意义的流派如何在新的时代里进一步继承和发展，我看两位都谈得特别认真。

1912 年，以谭鑫培为会长的正乐音化会为鼓励梨园行子弟能入学读书，组建育化会小学，谭鑫培、田际云、余玉琴发起为此小学募捐义演，谭鑫培、陈德霖大轴《桑园寄子》。是日，陈老夫子因故不能参演，谭鑫培点名正在双庆班搭班，经常和贾洪林等演《桑园寄子》19 岁的梅兰芳取代陈德霖。固然，这是谭鑫培与梅巧玲、梅雨田（谭鑫培的琴师）两代人的交情而提携后生梅兰芳，按旧时梨园行的规矩是有点特殊的，按现代词语名曰：“破格提拔。”梅兰芳的表演并没有辜负谭鑫培的期望，这是一个良好的开端。

直至1917年，谭鑫培绝唱《洪洋洞》含愤而故，五年有余的时光里，多次提携梅兰芳合作演出了《汾河湾》《四郎探母》等剧目，对20岁左右的梅兰芳是一种极为重要的推动力。梅兰芳晚年对和谭鑫培每一次的合作，在台上的心得，都留下极有价值的回忆。

梅绍武先生生前曾和我说过：“在某种意义上说，没有谭鑫培就没有梅兰芳。杨小楼、齐如山对梅兰芳也一样重要，可作用不一样，无法取代。”

2009年1月23日《北京青年报》报道：“97年前，19岁的梅兰芳受65岁的国剧大师谭鑫培的提携，两人在正乙词戏台上一同演出。97年后，梅兰芳之子，75岁的梅葆玖与谭门第七代嫡传后人20岁的谭正岩携手，于修缮一新的正乙词老戏台上再续‘谭梅’之缘。前晚，前门外西河沿的正乙词戏楼上演了一场新春团拜会，……”梅先生和我说：“我今天要和谭正岩一起来一段，当年谭鑫培捧我父亲的《坐宫》，就在正乙词老地方，你一块儿去。”

我平时真是很留神听谭正岩的演出，可以说是大有进步，而且老谭派的原则掌握有度，很不容易，这是他父母、爷爷教得好。听说，他善“街舞”，很时尚，使我们兴趣更大。我记得元寿先生“文革”以前养过一条毛色特别油亮的“小犬”，后来发现这条“小犬”老是喜欢咬人的脚后跟关节处，很另类。有朋友建议请动物专家去鉴定一下，果然，大惊失色。“赶紧送动物园，这是一条纯种的德国狼，不是狼狗，现在咬您脚跟，大了以后就咬您的脖子了。”一段时尚笑话。

现在梅先生的爱犬“COCO”是纯种欧洲贵族，吃的蛋糕必须上海中英合资“红宝石”的，不接受其他品牌。我看“COCO”的尊容比起在上海思南87号，那条能每天早晨准时到梅先生床前，咬住他的被子叫醒他，催他去上学的“Mary”还差一块，步子没有那么优美和有节奏感。

前三个月，玖嫂的妹妹、妹夫从美国回来，梅先生约他们在后海的“梅府家宴”聚聚，同桌还有玖嫂的一位飞行员朋友和他的贤内助，也是梅先生几十年的老朋友了，玖嫂的妹妹和她的先生小孔，其实也六七十的人了，因为年轻时大家称习惯了，现在也就不改了。他们和年轻时一点没有变，北京以前上层社会的特别文静的一对。他们和他们的父母——梅先生的岳父岳母20年前去美国时是从上海走的，在锦江饭店小息几天，我和我内人几乎每天去说说家常。

我约梅先生下午就来“梅府家宴”，可以谈谈《传记》。在按原来梅家客厅的格局设计的房间里，背景音乐是梅兰芳1936年那几张录得他最满意的和谭富英的《四郎探母》还有《游龙戏凤》，谈谈往事，茗茗香片，听梅先生谈谈“谭梅旧事”，我带了MP3。因为有一些他也是听父辈们说的，所以难免要问得详细一点，好在梅府家宴离“梅兰芳纪念馆”才一箭之遥，梅玮在纪念馆工作，要考证点事也方便。

梅先生说：“谭富英要比我大近30岁，他比我父亲小11岁，我父亲40岁时生的我，我正式唱戏时，谭先生和裘盛戎先生有一个私营剧团，大概过二三年后就和马连良剧团和张君秋剧团一起合并到国家公营剧团——北京京剧团。”谭先生工资每月两千元。当年大学毕业，转正后的工资每月58元，北京每月52元，是高很多，但是比起私营剧团时的包银，那还是低很多的。京剧界以前的报酬是很特殊的，老梅剧团的人，哪一位在市区没有一座四合院。几十年老在一起的大约也有20位不到。梅府家宴所在的大翔凤胡同有一个中等的四合院最近卖给了一位欧洲来中国工作的人士，听说是五千万以上。所以跟随梅剧团的老伙计，倒真是给后代留下了一笔不小的财产，这也是历史吧。

我说，我在1953年上海见过谭老板，穿的中山装，很干净，没有穿皮鞋，穿一双圆口千层底布鞋（这种布鞋至少要200元，比皮鞋贵），白色袜子，一望而知，梨园高人。元寿先生是我们同龄人，前几年媒体尊称元寿先生“表演艺术家”，元寿先生公开声明：“我不能算是表演艺术家，如果我是，那我父亲应怎么称呼？”挺认真，挺大气。谭家父子的为人就好像谭派的唱，“酣畅舒展，流利大方，……吐字行腔不事雕琢，不求花哨、用气充实，行腔一气呵成，听来情绪饱满痛快淋漓”。这是一致公认的。

从风格上讲，谭梅的风格较为一致，包括继谭之风的余叔岩，梅余风格也是一致的。我私藏了一个梅先生和言兴朋《坐宫》的家庭录音，徐兰沅弟子陈涵清先生拉的，挺有意思，风格反差就比较大，言程可以走在一起。

1957年，北京市京剧工作者联合会为筹集福利基金在中山音乐堂联合义演。梅兰芳、谭富英、姜妙香联袂演出了梅兰芳多年未动的《御碑亭》，当时有私人拍了35mm胶片的纪录片，无声的。中央人民广播电台录了音，就是现在梅先生、谭元寿先生和叶少兰先生配像的那个录音。从1945年抗战胜利到1947年解放这几年中，梅兰芳和谭富英合作都在义务戏的场合，因为梅剧团营业戏，那几年常用的老生是杨宝森、奚啸伯和后期的王琴生。和谭富英合作营业戏最晚是梅先生出生那年，1943年，武汉那一期，同去的有金少山，演过《四郎探母》《法门寺》《武昭关》《战蒲关》《二进宫》等。留下来最宝贵的资料是梅兰芳和谭富英合作的，1936年胜利公司录制的老唱片《四郎探母》《游龙戏凤》《打渔杀家》，是梅派艺术已经形成风格，最为完美的精品。

梅先生回忆说：“我给谭家配戏，当然首推《打渔杀家》，王幼卿老师年轻时，常和马连良合作这出戏，他教了我后，我父亲又给我好好地抠了几次。我父亲说：‘这出戏旦角原本是配角，应该处处衬托着萧恩，同时自己还要在自己的戏里找“俏头”，否则就容易唱温了，以前好角平时不唱这出戏的，从王大爷（瑶卿）开始重新创造，成今天这个样儿。这出《打渔杀家》是王大爷给唱红的。’

"1952 年春天，父亲给我挑的戏码，在大众剧场（园乐戏院旧址），我双出，前面是谭元寿和我的《打渔杀家》，后面是萧长华老前辈和我的《女起解》。我父亲特意请王瑶卿王大爷来听我的《打渔杀家》。我父亲、我和许先生（姬传）早早到了后台，一会儿元寿先生也来了。我父亲拿着当天的催戏单，写着'谭梅'两个大字，十分感慨地说：'以前戏班里的惯例，当天晚上的戏码，写在一张黄纸上，由管事的在上午派人送到角儿家中，让这位演员可以计算时间，不至于误场。如果是好角，譬如俞菊笙的《长坂坡》，那催戏单上就只写一个大的"俞"字，在"俞"字下面开着许多配角的名姓，我当年陪谭老板（鑫培）唱的时候，催戏单上也只是"谭梅"两个字，想不到三十几年了，又让我看见这两个字了。'"

"谭梅"两个字，是创造京剧百年历史的两个字，"谭梅"是京剧百年之内从成熟走向鼎盛的两个重要的标志性人物。京剧作为一种"戏"，它是有人物的，有表演的，不只是唱几句而已。从谭鑫培开始，使老生行的表演臻于成熟，使京剧成为中国戏剧最具魅力的剧种，从王瑶卿到梅兰芳又极大地拓宽了京剧旦角的表演空间，才使京剧最终成为中国影响最大的剧种，这就是"谭梅"的历史功绩。梅兰芳请王瑶卿一块儿去看谭元寿、梅葆玖的戏，一个是谭鑫培曾孙，一个是梅巧玲曾孙，他们合作的《打渔杀家》又是由谭鑫培、王瑶卿唱红，并教给梅兰芳的。这种历史的延续，艺术的传承，全世界独一无二。我们一定要珍惜。

梅先生回忆说："1950 年时王瑶卿先生很老了，他是中国戏曲学校的校长，我父亲搀着他到我们化装的地方，我和元寿出迎，一起鞠躬，说了一声'爷爷，请指点'。王瑶卿指着我父亲说：'这出戏，是打我们两个人手里，才把萧桂英在台上的地位提高了一步。我始终是陪你老祖谭老板唱，畹华他是当年为了捧余叔岩才唱这出的。'

"1951 年，谭富英先生捧我，在长安大戏院也演过一次《打渔杀家》。幸亏录音还在，以后还可以请正岩他们来配像。我父亲逝世那年，谭富英已经57岁了，他身体很弱，追悼会上，我看他脸色不好。父亲逝世一周年，文化部有一个系列活动，出书，出密纹唱片，我母亲实现了父亲的遗愿，将他生前收藏的文物、古画、自己的行头、戏单、剧本全部捐献给国家，周总理签署发了奖状，母亲了却了一件心事。

“同时，在护国寺人民剧场组织了一次纪念演出，谭富英捧我唱《大登殿》，谭先生身体已非常虚弱，但是他一定要演。事先预备下抢救设备，氧气瓶都放在后台。这样的谭梅情结是永远值得怀念的。

“曲素英扮演的代战公主，这录音有纪念价值，你要藏好了，以后我们自己组织谭家人出场‘音配像’。

“我从第一天到梅剧团工作，和我合作的老生一直是王琴生先生，他是谭门弟子，拜谭小培。94岁高龄，最后没有痛苦无疾而逝，应该说是喜丧。记得那天在八宝山的追悼会上，我和元寿先生相互搀扶走向他的灵柩，没有走到跟前，元寿先生一下子跪在了地上，我怕他跌倒，忙着拉扶着他，跪拜完，他摘掉了眼镜和我说，‘他就像我的父亲，我舍不

《大登殿》剧照

得他’。话音未落，大滴泪水落在地上，不少梨园同行为之动容。梨园情结非一般人能理解。”

王琴生是梅兰芳相对固定的老生合作者，是由徐兰沅介绍的。梅兰芳抗战胜利，刮去胡须，重上红毡。在上海美琪大戏院唱了一期昆曲，效果可以。观众热情非常高，上海江宁路南汇路口，傍晚6点半已经人山人海等退票，颇为壮观。梅兰芳判断应该准备上京剧了，1946年4月他亲自到北京和姨夫徐兰沅商议班底之事，徐兰沅先生慎重推荐了王琴生先生，徐兰沅告诉梅兰芳，“王琴生13岁学戏，先唱铜钟花脸，18岁变声后改学老生，24岁拜谭小培为师，同时向师兄谭富英学戏，其戏路宽广，唱、做、念俱佳”。1946年5月18日梅剧团从上海南京大戏院（现音乐厅）移师上海皇后大戏院（现和平电影院）王琴生接奚啸伯的活儿，首次和梅兰芳合演全本《四郎探母》，正月二十五又和梅兰芳合演《汾河湾》。

梅先生说：“那一段时间，我已经学戏二年多了，父亲要求我每天晚上要去剧场观摩，这也是他自身的经验之谈，要我哪一个行当的戏都要仔细观摩。所以王琴生的戏，我看得很多。”

梅剧团当年的戏码，梅兰芳大轴梅派本戏前面是一出谭派戏，再一出杨派武生戏，一直维持到1956年左右，剧团演出被“晚会”性质所共融，时间缩短了，也没有这种格局了。现在情况又变了，唱一出梅派本戏，两个小时多一点就完了。王琴生和梅兰芳合作的戏有《宝莲灯》《打渔杀家》《御碑亭》《法门寺》《四郎探母》《武家坡》《大登殿》，今天留下做“音配像”的《抗金兵》里的韩世忠是王琴生的。

梅先生回忆：“1951年4月23日，我首次正式参加梅剧团商业演出，就是王琴生陪着我演《武家坡》，那年我17岁，以后有生旦的对儿戏，都是王琴生陪着我演。1956年梅剧团到杭州，当时王琴生已经是江苏省京剧院院长了，还回梅剧团和我演了《坐宫》，那期，我父亲还演了多年不动的全本《宇宙锋》，是王少卿先生最后为我父亲操琴了，二胡还特地从上海请来了以前拉过这出戏的倪秋萍，就是现在做‘音配像’的那个录音。在杭州，我父亲带着我专门拜访了盖叫天先生，盖五爷谈了‘文戏武唱和武戏文唱’十分深刻。”

梅先生和王琴生先生合作的戏现在留下的录音中，他们二位和王泉奎一起演的《大保国·二进宫》是极有价值的，梅先生是王派梅唱，融王梅于一家，王琴生先生是正统谭派，他和谭富英先生留下的与张君秋、裘盛戎先生《保国进宫》的录音，一个份儿。王泉奎是正宗金派（少山）。梅先生也曾和奚啸伯、张哲生（金派）在上海中国大戏院合作过一次《二进宫》。

梅先生弟子中比较出色的张晶，十几年以前被中国戏曲学院人才引进当教师了，进校示范演出有《保国进宫》《起解会审》等重头戏。她问我要师父的资料以及和这出戏“王派梅唱”的十大要素的解读，我说我们共同研究，“你老师的《保国进宫》十分了得，对回归传统、保存精华，意义重大，可以举一反三”。这是梅派传统老戏，是学习的好资料。梅先生和沈维德先生一起去剧场，把几天戏完整地录了下来，老生是杜鹏、花脸孟广禄。

我对梅兰芳的《二进宫》一直特别的好奇，因为它比《教子》更具有传统价值。我为此专门访问过长期在汉口的南铁生老师，他于1934年在汉口和谭富英、金少山演过《二进宫》。遗憾的是以后没有任何关于梅派《二进宫》的资料了，音频资料一点也没留下。

梅先生和王琴生合作的几年中，也有十分搞笑、十分另类的记录，那是1952年在苏州演《四郎探母》，根据“戏改”的要求，这样的戏要演，必须大改，于是乎出现了“出关”时，公主得到国舅的检举，手持水果刀，赶到边关，要抹脖子寻死，并向杨四郎严正申明，必须划清界限，梅先生有一段“我不活啦……”十分搞笑的白口。王琴生和他说：“凑合着演吧，这不开玩笑！”

梅先生说：“在老梅剧团这几年中，1953年到朝鲜战场，慰问志愿军

梅葆玖早期剧照《四郎探母》

的演出，对我一生是很值得纪念的。”

1953 年 8 月下旬，朝鲜战争和谈成功后，文化部组织了一个大型赴朝慰问团，贺龙元帅任总团长，去朝鲜慰问志愿军官兵。由四个剧团组成，北京的梅兰芳剧团、程砚秋剧团、马连良剧团和上海的华东京剧实验剧团。四块头牌齐聚：梅兰芳、马连良、程砚秋、周信芳，9 月中旬到北京集训，10 月初出发。

梅兰芳剧团带了扮哑奴的张蝶芬，和梅先生以及琴师姜凤山、鼓师裴世长，程砚秋先生就带了琴师钟世章，马连良剧团去的有马富禄、罗蕙兰、马盛龙、马崇仁、李慕良、黄元庆等，最多的是上海周院长带了 73 位团员，班底活就以上海为主了。演员队的队长是原夏声戏校的齐英才，老熟人了。原来梅剧团姜六爷（妙香）要去的，因为在 9 月份排戏时老人就感冒了，梅兰芳怕朝鲜天寒地冻，就没有让姜六爷参加，《醉酒》里的高、裴二卿，姜六爷不去，就请齐英才代了，梅兰芳还专门为齐英才说戏，扮高力士的萧长华岁数也要 70 多了，也不能去，就请马富禄代劳了。

梅先生提起往事，很高兴地和我说：“齐英才是夏声的，是老熟人了。我父亲说：‘小齐，你是队长，我们都是你的老兵，你怎么安排都行，听您的。程四爷的《三击掌》中两个丫鬟让葆玖也来一个，他在台上也可以多学一点。平时没有这种机会。’”我说：“您父亲，又出高招了，多好机会啊！”

梅先生说：“罗蕙兰也是我父亲的徒弟，她看我演丫鬟，另一个丫鬟她也要来，那时候她和我都已经站中间唱一出了，可是一点也没有任何不合适，机会太好了。我是深知我父亲同意，这不单是因为我是他儿子，应该表现好一些，这种演出毕竟是政治任务。当时确实是这样想的。从我们家的习惯上来说，这不是最重要的，最重要的是要我在台上好好感受一下程四爷（砚秋）。”

我说：“这事儿已经过去近60年了，我想你父亲一定有深刻用意的，不会那么简单。”

梅先生说：“确实，早几年他曾经和我说起。他说：‘砚秋对旦行各种基本身段的运用，都有严格的选择，他是真的把身段用活了，这在我们四个人中（即四大名旦）是最强的。我们都知道武生中盖五爷（叫天）身材比较矮，所以他在演出中，亮高亮相比较多，一“亮相”，就能使人感觉到他的身材高大，增加了威武之气；而杨小楼先生就不同，他的身材本来就较高大，如果老“亮相”，就更高大了，我们合作的《霸王别姬》中，他几乎没有什么“亮相”，有的也小，大家就感到很舒服。这出《别姬》大家都认为，我们二人合作非常好，就是因为两个人都不过，贴合剧情贴得好。砚秋他能把容易显露他身材缺陷的姿势和动作，能结合自己在身材上的特点来变化运用。这是一种创造，比我们强。’”

梅先生说：“程先生真是不一样，一出场他就把自己身材调整矮了几公分，这一调整要近一小时，那是硬功夫，比卓别林更厉害！程先生的水袖功夫，人人皆知，就不用多说了。这一堂课，得益匪浅，如果不在台上是看不清楚的，体验也完全不一样，很受益。”

关于身段边式，程砚秋先生有很重要的文字留下来，“我们戏曲表现是很讲究美观的，因此每一个动作除去应当符合剧情的需要以外，还必须讲究姿式美观，姿与式是有区别的，姿是姿态，式是样式。比如我们亮住的身段是‘式子’，有式无姿不能美观；只有姿无式，则是华而不实。因此，姿式是不可分割的东西，必须严密地配合起来才能好看”。

还有更高的：“不论是五法也好，四功也好，主要是为表演服务的。戏曲表演讲究身段（动作）如何的‘顺便人看着合适’。这和写草书‘一笔虎’字一样，不管一笔绕多少圈，总要使人看出线条，有层次，有起有落，有先有后，有的地方虽然墨断了，然而神不断。戏曲表演的每一个身段，如一招手、一举足，一个回身，有虚则有实，有宾则有主，欲进先退，欲收先纵，这和太极拳的式子应当是同一规律的，这样做才能达到动作的夸张效果，也能使观众对我们表现的每一个身段的一招一式看得一目了然。”这是梅先生和我讲他在程四爷边上扮丫鬟的感受，特意让我学习的资料，我和梅先生说：“你还是挺用功的。更重要的要让你那些学生多知道一点。”

在朝鲜慰问团，大部分时间也有屋住，但是也有集体睡帐篷，席地和衣而卧。梅兰芳、马连良、程砚秋、周信芳住一屋，梅兰芳对另外三位的称呼也挺有意思，周信芳虽然也是“喜连成”同科搭班的少年伙伴，但周一直在南方，客气地尊称“周先生”。周信芳称梅兰芳也是“梅先生”。称马连良是“温如”，这是马连良先生的字，很熟的自己人，葆玥姐的干爹。马先生在“文革”时期去世以后，马太太长期住在西旧帘子胡同梅家陪伴香妈。可能由于年龄关系，马先生称梅兰芳不像李三爷、吴二爷那样称呼“畹华”，而是称“梅大爷”。戏班里都是这样称呼梅兰芳的，家里人也一样称“大爷”。对程砚秋，梅兰芳私下称“老四”，官称“程四爷”，程砚秋是梅兰芳早年收的徒弟，程砚秋拜师那年梅兰芳才 26 岁，程砚秋 16 岁。

梅先生说：“程砚秋那么大的艺术家，学问又那么好，我一直以师长而尊。”

梅兰芳在《追忆砚秋同志的艺术生活》中说：“砚秋为人，一向正直、刚强、不怕困难、疾恶如仇。……他对于音韵、唱腔、身段、表情都下了功夫来琢磨，创造出独特风格，成为京剧青衣主要流派之一。”

梅兰芳说："我们两个人在艺术进修的程序和师承方面是差不多的，像陈德霖、王瑶卿、乔蕙兰……几位老先生都是我们学习的对象。由于我们本身条件不同，所以根据各自的特点向前发展、而收到了异曲同工、殊途同归的效果。"

1958 年 3 月 13 日，梅剧团正在安徽演出，惊闻程砚秋在京逝世，梅兰芳把自己关在房间里没出来，大痛无言。

梅先生在朝鲜战场慰问演出的另一出很有意思的戏是陪马连良先生唱《三娘教子》。

马连良先生诞辰 110 周年，北京有盛大的纪念演出。就在演出后一天，有一位票界的朋友打电话告诉我，有记者采访梅先生，并以第一人称给梅先生写了一篇《从心所欲不逾矩》的纪马文章，其中有一段说"我感到荣幸的是我跟马先生也有一次同台演出的机会：那是 1953 年，我随中央慰问团来到了抗美援朝的前线，我父亲与马先生合演《三娘教子》，由我扮演薛倚哥……"我看了这一片文字，呆了。他可能是想当然，听梅先生说和马先生合作《三娘教子》，那一定是梅兰芳和马连良的《三娘教子》，梅先生来个小倚哥，不用说对梅马的艺术经历的了解，只要想一想，一米七几的大男人，扮一个小倚哥，台上怪不怪，也不会有这样的服装，真不应该这样写。害得那些专门研究梅兰芳的人作为重大发现，纷纷给我打电话了，真要命！

梅先生听我说了后，就讲了一句："见怪不怪了。"

梅派的《三娘教子》历史上合作过的老生有王凤卿、马连良和奚啸伯。1938 年 4 月 1 日，梅兰芳最后一次演是在上海天蟾舞台，老生是奚啸伯。这出戏是传统戏，老"三鼎甲"汪（桂芬）派看家戏，谭派不唱《教子》。凤二爷（王凤卿）是汪派嫡传，和梅兰芳最后一次合作是 1936 年 9 月 25 日在北京第一舞台；和马连良最后一次合作是 1934 年 10 月 9 日，在上海荣记大舞台，前面是金少山的《锁五龙》。全部《三娘教子》是梅兰芳在 1929 年将原有传统老戏参照梆子戏的本子，进行整理，增益首尾，前增“薛广离家”、“谎传噩耗”、“惊痛祭灵”的情节；后补“双官诰”的结尾，构成一出故事完整的大戏。老的《三娘教子》，以唱功取胜，故对新增部分也求唱功之精。“祭灵”唱段，借鉴老生戏《连营寨 · 哭灵》的板式，首创青衣的【反西皮二六】唱腔，凄婉动人；“双官诰”一段，设计了高腔起唱的【南梆子】，快慰欢畅，淋漓尽致地表现了王春娥一悲、一喜的心境。两段新腔新曲脍炙人口。胜利公司有唱片流传。

梅先生说：“提到马先生，我要多说几句。那几年，马剧团唱《教子》，用的是罗蕙兰，她也是我父亲的学生，孟广亨教的，我那时演出经验薄弱，没有机会和马剧团一起演出的，马先生看见我去了，是他提出来的，他知道我这出《教子》是王幼卿老师亲授，地道王派梅唱，王幼卿 20 年前就是傍马连良的，《教子》是常演的。

“朝鲜战场的戏台是临时搭在广场上的，一大块幕布把前后台分开，沿着山坡，志愿军战士席地而坐、层层叠叠有一万余人。也没有什么后台，就在台边上，大风呼呼地吹，把化妆台上胭脂盒都吹在地上了。马先生还是和往常一样，早早就来，还问我有什么不合适的。到了台上，我有一种感觉，他在时刻地关注着我，始终是在带着我演出。不时地告诉我‘往前面站一些’‘往左边一些’‘不要着急，慢点儿’。这种关照，对于一个青年演员增长舞台经验是很有用的。虽然我们是在战地的舞台上，但是他那全神贯注的表演能带我很快入戏。

“梅门弟子中多少师哥和师姐都不同程度，前前后后得到过马连良先生的提携和关照，从早期的魏莲芳、中期的张君秋、李玉茹到后期的罗蕙兰、李毓芳、梁小鸾，更不说最早年的王幼卿、朱琴心、黄桂秋了。

“1958 年，我父亲和马先生再次约定合演《汾河湾》和《宝莲灯》。为此马先生特意派人到我家借用我父亲在《宝莲灯》中穿的蓝色女帔，到剧装厂照样定做了一件颜色和团花完全一样的男帔。他来

1955年初回泰州故乡与父母一起祭祖

到我们在护国寺的家中，与我父亲一起在院子里排练。我们看到这老二位的排练非常有意思，他们对戏早已烂熟了，所以他们只是把各自新的体会和新的处理跟对方交代一下。有的时候一方比画一下，另一方就心领神会了，与其说是排练，不如说是艺术的切磋，观众都知道这两出戏的对白很多、很碎，不知道对方的盖口，台上特别容易出岔子。我想，他们不借这次排练对对台词，台上'撞车'怎么办？然而，在演出《汾河湾》的'闹窑'时，他们或打、或闹、或怒、或悲或嬉笑、或嗔怪，真像一对久别的夫妻，把观众也感染得入了戏，台上台下的气氛一样热烈。我才发现他们已经不是在背台词，而是根据剧中的规定情景，在尽力表现他们久别重逢后的喜悦心情。这时，他们的表演达到了极其自然、极其真实、极其自由、极其默契的境界。所以使我们这些本行的演员都忘记了他们是在演戏，都被他们即兴式的表演感染了。显然他们不用背那些死台词、死盖口、死身段，只要明白所要表现的意境就可以了，也许这就是孔夫子所说的'从心所欲

1955年初梅葆玖回泰州故乡代表父亲致辞

不逾矩’吧。当然，没有长期的舞台实践，没有对剧本的深刻理解，能够表演得如此深邃、如此自如也是不可能的。”

这番话，在拍摄《汾河湾》“音配像”时，梅先生和我说起过，很精彩、很真实、几乎没有一点文过饰非。我当时问梅先生：“你父亲那些要你配像的戏，哪一出最难，哪一出最方便？”梅先生说：“最难是《汾河湾》，因排演我都在边上，太活了，我没有这个本事，太难了。学津也一样，他很认真，我们能过得去，就不错了。”

梅先生回忆说：“‘文革’中，我和马先生都关在一个‘牛棚’里，当时我行动上比马先生自由，就经常出去给他偷偷买一些烟卷、红糖和其他吃的东西。经过一段时间，红卫兵允许他星期日回家了，可是当他看到自己好端端的家变成了‘西城区红卫兵纠察队’，郁闷和恐吓夺走了他的生命。”

我看梅先生很难过。

马连良先生是提倡特征美的，白口、身段很有特点、很美，它和梅派的范本美，同样给人以美的享受，共存无妨。

《穆桂英挂帅》里，梅兰芳在世时，梅先生也就演杨文广，梅葆玥演杨金花。这出戏，是梅兰芳为新中国成立十周年大庆而创作演出的，其他书里都有详细的记载，这里不重复。

梅先生是从立题开始，几次修改都身历其境，那时梅兰芳岁数大了，台词会记不住，所以排戏时要戴眼镜，拿本子了。梅先生每次排戏都跟进，中国京剧院出动李少春、袁世海、李和曾、李金鸿、杨秋玲、夏永泉一起参加此剧时，梅先生也一次不落地跟进。

梅兰芳逝世后，梅先生演得最多的就是《穆桂英挂帅》了，但也就两年左右而已。1964 年现代戏会演就来了，梅先生彻底下岗了。

第六章　一代完人　与天长逝

1961 年 8 月 8 日凌晨 5 时，梅兰芳在北京阜外医院病逝。

梅先生回忆说：“父亲是死于心脏衰竭，发现得晚了。他平时演出太多了，还不时去上课，还有学生来请教，很劳累，老喊胃痛。我们知识不足，也以为是胃病，其实是心脏出了问题。

“7 月 30 日他说肠部疼痛，我们没有他心脏不好的准备，送他至阜外医院，院方当即抢救会诊，有该院心脏内科主任黄宛教授，协和医院内科主任张孝骞、副主任方圻，北京医院内科主任陶恒华专家一起。一检查，四根大血管堵塞了三根。周总理知道了，嘱咐主诊大夫说无论如何一定要把梅兰芳同志的病给治好。那时医疗手段不像现在那么先进，父亲进去住了八天，抢救无效逝世了。我们弟兄和葆玥姐，陪妈妈一直陪护着。我想如果早一点发现，父亲是可以多活一些时候的。

“8 月 4 日上午 9 时，周总理赶来了，他和我父亲说：‘我在北戴河开会，听说你得了心脏疾病，住院治疗，特地赶来看你。’我父亲说：‘这大热天，惊动您，我心里很不安。’接着，总理就坐在病床边，给我父亲切脉，并说：‘我懂一点中医，你的脉象弱了一点，要好好静养，好在你会绘画，出院后，可以消遣。’我父亲说：‘这次新疆有一条铁路落成，约我去参加庆祝开车典礼，火车票都买好了，可是走不成了，真是遗憾。’总理说：‘等你病好了，愿意到哪里就到哪里，国内国外都可以去。’总理站起来，按着我父亲的身子，亲切地说：‘心脏病，就要躺在床上静养，不要起来。’随后总理对医生们说：‘你们平时就关注我们中央领导的健康，像梅院长的病，应该早就发现。这次住院抢救，希望能转危为安，你们要用心护理。’总理临走时又对我父亲说：‘我明天回北戴河，下次回来再来看你。’”

梅兰芳逝世当天，陈毅副总理赶到阜外医院，慰问家属，陈毅慨叹道：“梅先生真是一代完人。”1985年梅兰芳纪念馆成立，当天上午，习仲勋同志代表中央致辞时，又重复了这句话：“梅兰芳是我们国家的一代完人”。

悼文说：“他的美育活动超越了空间、超越了时间，将永远感染着中国人民和中国人民的世世代代……你虽然长远地休息了，但你的活动是永远不会休息的。”今天，重读这话，感触仍然特别深刻。

梅先生说：“1961年8月10日，有两千余人参加了隆重的追悼会，我和我夫人林丽源，四哥四嫂，五哥五嫂的孩子们，身着重孝参加了追悼会，还有中央领导同志和许多外国使节和友人。追悼会由陈毅同志主持。

“8月21日香港各界人士，我们家的老朋友，梅派爱好者举行了悼念大会，大公报的费彝民（费穆的弟弟）、吴楚帆、夏梦都参加了，同时上海兰心大戏院也举行了各界人士的追悼会，我们都去了，杨畹农老师还致了词，并发表了纪念梅兰芳的文章。”

8月29日梅兰芳下葬于他自己生前买下的墓地——北京西山碧云寺万花山。早一年，梅兰芳就带着夫人福芝芳去看墓地，到了万花山（万花两字又和梅兰芳的字，畹华的谐音）梅兰芳和他夫人说：“以后我们就葬在这里罢。”夫人福芝芳，我们都称她“香妈”，这个称呼听说是三哥（葆琪）先叫出来的。因为那时东城无量大人胡同梅家常有国外友人来访，梅夫人当然常用些香水，故而葆琪打小叫母亲为“香妈妈”，以后四哥、五哥也就跟着叫“香妈妈”，而简称“香妈”了。到了上海，几乎梅门弟子中常来往的像言慧珠，如今尚在台湾的顾正秋等也都称呼“香妈”了。香妈对梅兰芳说：“你不会葬在这儿，你得去八宝山革命公墓。”梅兰芳说：“我去了，你怎么办？我不去。”香妈听了哭了。

梅先生说：“父亲去世后，留下来大量价值不菲的收藏和名画，他的藏品中很多是无价之宝。母亲很聪明，把这些全部奉献给国家了。这些东西留给子女，时间长了难免失散，不如给国家，还能永久地保存起来。若是给了子女，是不得了的财富，但难保他们不会成‘画贩子’，今天这人找，就东卖一幅，明天那人找，又西卖一幅，然后换‘宝马’、换别墅，又有什么意思呢？所以我们弟兄几个都理解妈妈的决定，没有争议。除了父亲戏曲方面的一些东西，有一顶父亲在美国得到的博士帽留给了我，那是我永久的纪念，但是终有一天，我也会交给国家。”

梅先生笑笑说：“绝不能让人说梅葆玖把他爸爸的帽子给卖了。”

我听了这笑话，似乎意识到父子之间某种“基因”在起作用。下面这张照片上，我们看见面容清秀的青年梅先生，安静地立于他名声浩荡的父亲的身后，身体微微前倾。除此之外，没法更多地捕捉到这对父子之间情感上的细节，那黑白的画面，静穆而有意地拒绝向后人传递出更多的信念，那是一个内敛节制的时代。一个是温敦含笑的父亲，一个是彬彬有礼的儿子，他们之间究竟有怎样的父子情谊？存留下来的历史影像，只能向我们点到为止，然而，不得不感谢人类所仅有的最神秘的信念载体，“基因”。

青年时期的梅兰芳在国内获得成功的同时，也开始了他的国际之旅。从 1919 年到 1935 年，他两赴日本，一赴美国，一赴苏联进行演出并到欧洲各国考察，他是把中国戏曲真正带到国外的第一人，也是那时唯一的人。他在日、美、苏三国的演出，都获得了空前成功。

在美国，中国驻美公使为他举办盛大的招待会，美国政府要员与华盛顿各界名流悉数前往。范朋克、玛丽·璧克馥夫妇，请他到自己家中住，卓别林与他畅谈艺术心得。南加州大学和波莫纳学院分别授予他文学博士学位。在苏联，为他的演出，特设由著名大导演、大戏剧家组成的“欢迎梅兰芳委员会”。通过演出，中国京剧表现手法的独特性，得到了高度评价与确认。梅兰芳这个名字，也就成了一种戏剧理念与模式的代名词。在民间，那一时期在街上凡是碰到漂亮的中国女人，总有苏联人喊：“梅兰芳！”至于文化相近的日本则更干脆，他们希望梅兰芳一直留在日本演戏，不要回中国了。

1948年4月9日于上海天蟾舞台与父亲合影

自鸦片战争起，中国积弱百年，史上朝野政治风云人物与所谓文化名流们，到这些所谓列强之国，有几个人能得到如此官方礼遇与民间热情？而在中国被视为“下贱”之属的“戏子”却得到了。

梅先生说：“1956年，我随父亲又去日本演出，父亲已过花甲，日本观众为了表达对艺术家的高度尊重，女性观众们在剧场中间休息的短暂间歇，纷纷重新补一次妆，再回到座位继续观看。”

在国内“大跃进”时代，他演出于骄阳似火的钢铁工地，露野搭台，一出唱做繁重的《贵妃醉酒》下来，连站在台上扮宫女的演员都挺不住了，而六十有五的他，却从容卸下沉重行头向这些年轻人道辛苦谢意。

再高的尊崇也泰然受之，再艰苦的境况也从容相对，此才真所谓荣辱不惊之境地！

我记得在拍电影《梅兰芳》前期，我在摄制组跟班，住在北影后门的红楼招待所，梅先生有时会来看我。有一次也是平常的谈话，他问我：“对我们家，你印象比较深的是什么？”我说：“其实你们家的平时生活和当年住在法租界人家的生活没有什么两样，当时没有空调的，你父亲也不用电扇，坐在阳台藤椅上摇蒲扇，我很清楚记得，他穿了一件普通的和尚领的汗衫，上面还破了一些洞。沈小梅（梅门弟子，和我同年）还站到你父亲身边，用手指去挖这些破洞玩，很有意思。你父亲也是，都旧成这样了，也不换一件。”梅先生说：“这种内衣，旧穿了才舒服。”停了一下，梅先生又似自言自语地说：“他也是小时候太苦的缘故。”我一怔，我们都不出声了。

梅兰芳喜欢吃西瓜，吃完红瓤之后，拿了勺子继续挖白瓤，最后还要捧起薄如蝉翼的西瓜皮，对着天空照，看能不能透过光。旁人不理解，他说：“你不知道，对我们来说，最有用的就是这层白瓤，清火润嗓。”这些事很有意思，后来梅派唱得好的票友，全都刮西瓜。就好像如今梅门第三代，尤其是学梅的青年爱好者之中都学梅先生大啃苹果，如同一辙。这和晚清时期，那些喜欢谭鑫培的王爷、名票，都会在生活中学谭而自我陶醉，是一样的。

梅先生说：“现在我年近80岁了，父亲过去已经50多年了，在我脑子中出现最多的，还是《穆桂英挂帅》中我和葆玥扮杨文广和杨金花，我父亲扮穆桂英。那场戏，我们想去长安看看，听点消息，恳

梅葆玖与夫人林丽源合影

求母亲同意。穆桂英念‘儿啊……’就和父亲平时在生活中一样，仅仅是父亲成了母亲。这形象，可以说留下了不可磨灭的印象，他去世后，我大概有一年左右没有演戏。母亲是旗人，是很守旧的。”

梅兰芳去世后，梅夫人福芝芳因住在护国寺触景生情就搬到西旧帘子胡同。梅家除了梅先生住在东城岳父家中，都搬到西旧帘子胡同了。

梅先生说：“我和我夫人林丽源是1959年相识，1960年结婚。她喜欢看戏，经常来看我的戏，她是天津师范大学毕业，学地质的，玩石头。后在北京图书馆工作。现在，我到外地时间长一点的演出，她都会陪着我去，一两天的，她就留在家里。”

梅先生的岳父林其煌先生是前丹麦宝隆洋行的负责人，岳母张老夫人是我国晚清改革开放派的领头人士——湖广总督张之洞的长房长孙女。林先生当年以燕京学子的身份去张家小姐家补习功课而产生爱情的，很有点五四精神。梅夫人林丽源自幼随父出入高层交际场合，讲一口流利的英语和法语，在较土的北京，那样的较少。梅剧团出国演出，团员要外出购物，都希望梅夫人帮忙沟通。梅夫人还价的能

梅葆玖与夫人林丽源合影

力，让外国店员都感到吃惊，林老先生和夫人20世纪“文革”之后侨居美国，在上海上的飞机，约我全家去他们下榻的锦江饭店叙谈进餐，2014年梅夫人的妹妹、妹夫回国探亲，我们在“梅府家宴”叙旧，非常和谐。

2014年在泰州，参加梅兰芳120周年诞辰纪念演出时，为写这传记，抽空交谈，我要核实一点梅先生在生活中的细节。谈完，梅夫人和我说：“你是林、梅两家都熟的人，真是世交了。”我说：“更要实话实说，给后人带来一点回忆和真实的历史。”

梅先生从结婚到今天，整整52年了。几十年前国家分配给他的三居室，是他放电器、音响的仓库，没住过一天。西旧帘子胡同拆迁了，大概因为是梅兰芳的房业，可能会有人来参观访问，政府特批在和平门新壁街僻静处盖了一个梅宅，也是四合院，东屋归梅葆琛后代，南屋归梅葆玥后代，西屋归梅绍武后代，北屋是梅葆玖，装修好了，父母留下的明代家具翻了新，都是范梅强操办的。尤其是地下室层高六米，可以排戏，是一个很规范的录音棚，那是梅先生所爱。这二处他都没有去住，他说：“已经不在乎那种排场了，”他已经习惯这五十几年的小屋生活的一切了，就好像有的久住巴黎老区的老人，哪怕房屋已经破旧，可是他们是不愿搬到巴黎新区去的。当然法国政府对老区也保护得很好。我每次打西头进干面胡同，走过那六星级宾馆才会感到又回到北京了，又到了走了几十年的小洋楼了，在北京住四合院和小洋楼，生活习惯是完全不同的。我不敢相信像玖嫂那样的人，在以前这特殊的年代，自己动手一周拖两次地板。这地板可是木制的，宽度在20厘米以上，因为年代很久了，木材都有点变形了，用水将地拖干净，可不是一般的体力活。何况还有十几只猫和两条狗肆意横行。一直到最近玖嫂还念念不忘这拖地板的活，和我说："如果没有我一直在拖，会有今天那么好的地板吗？"这种生活理念和她自己梳妆台上那些一流名牌系列的香水真是极大的反差，这才叫"下得了厅堂，进得了厨房"。这次我去又有新发现，太特别了，去地下室木制楼梯的木制扶手，年代实在太久，没法更新，要将整个楼梯完全拆掉，改成混凝土的，而她突发异见，买来了壁纸，将这木制的栏杆扶手全部包扎起来，因为壁纸是有图案的，我是从来就没有想到这一招。她结婚以后，不管哪一年代，梅先生的换洗内衣和衬衫，都必定由她亲手洗得干干净净折叠得方方整整。当年十一外婆（张之洞的第十一儿媳妇）和我说："就凭这一点，梅葆玖也是够福气了。"在上海，这可以说是大户人家女儿的基本功，现在的所谓"富二代"已完全不懂了。在欧洲那些正统的家庭，仍旧保持这样的习惯，这活不是佣人干的。在美国没有，它历史太浅薄了。

1962年8月9日，农历壬寅年七月初十，文化部在护国寺街的人民剧场举办梅兰芳逝世一周年纪念演出，北京几乎所有的大角都参加了，其中第四场大轴，多病的谭富英先生陪梅先生唱了《大登殿》，谭先生已体弱多病，执意一定要和梅先生合作唱一出，谭梅两家的交情深厚啊！ 8月25日文化部举办了梅门弟子和梅兰芳生前老伙伴的座谈会。会议期间，文化部的领导对梅先生说，希望能扛起大旗，继承和发展梅派艺术。

梅先生受到极大的鼓舞。梅先生说："到 1964 年 6 月份，轰动一时的'京剧现代戏观摩演出大会'的来临，大概是一年零十个月的时间，我平均一年要演 200 场以上的大戏，节假日常常日夜两场，最过瘾是春节时期，有时候一天要三场，跟玩儿似的，装也不卸了，一点也没有负担，所以这一逼就逼出来了。"

这阶段梅先生演出了《穆桂英挂帅》《凤还巢》《西施》《洛神》《廉锦枫》《霸王别姬》都是全本的，父亲在时没有演过的，还有父亲在时就演的全本的《生死恨》、全本《天女散花》，全本《大保国·二进宫》《起解·会审》《龙凤呈祥》以及和葆玥姐一起演的对儿戏《红鬃烈马》《四郎探母》《二堂舍子》《汾河湾》《御碑亭》《牧羊山》《芦花河》等，劳动强度，难以想象。

梅先生说："压力大啊，上面都指望我能继承，我自己只能咬咬牙，还得排新戏，像《倩女离魂》(沈小梅的本子)、《三女抢板》，那时中国京剧院三团李慧芳、李宗义、叶盛章又进入梅剧团，还有李玉芙等从学校毕业也分配到了梅剧团，梅剧团已经国营了，刘景义是党代表。领导对我很好，我也没有那么多事，一出一出地唱吧。

"人就像机器一样转动，一下子老戏不能唱了，当年的口号是'做革命人，演革命戏，把京剧革命进行到底。'其实我们当演员的很简单，唱就唱吧，革命戏也唱，我和君秋师兄 AB 制，排了《年年有余》现代戏。关肃霜师姐的《黛诺》'山风吹来一阵阵'，我感到好听，也学了，还出场表演呢。回来想起，我们演员大都很有意思，甚至令人向往，不太懂政治，也没有有权势的人捧，君秋师兄的'阿庆嫂'演得顶好。"

这局面不到两年，"文化大革命"登场了。

梅先生说：《穆桂英挂帅》是从那个时候起，一直到现在，我不断演出的剧目，到了晚年，全本戏演不动了，应观众的要求演一折，甚至在晚会上演一个片段，我还是很有瘾的。”

《穆桂英挂帅》的故事说：宋王宠幸奸臣，佘太君辞朝归隐。后西夏造反。太君忧国，命金花、文广进京打探。适宋王校场选将，文广刀劈王伦，夺帅印而回。其母穆桂英对朝政早已寒心，然在太君和众人的敦促下，报国之心油然而生，终于挂帅出征。

本剧是梅兰芳为庆祝新中国成立十周年而排演的，剧中梅兰芳以精湛的表演艺术塑造了穆桂英晚年的英雄形象，在歌颂佘太君爱国主义精神的同时，也显示了他自己常驻的艺术青春。

梅先生说：“《穆桂英挂帅》的演出班子有两套，一套是梅剧团的老人，加上我和葆玥分扮杨文广和杨金花。对外演出，包括在天津中国大戏院连演十场的商业演出，都是梅剧团的老人。因为这出戏，代表了梅兰芳晚年的心情，他坚持用自己的老伙伴。梅兰芳有中国京剧院院长的行政职务，所以另一套人马就是集中了中国京剧院的好角一起合作，包括李少春、袁世海、李和曾、李金泉、杨秋玲、夏永泉，留下来‘音配像’的就是这个本子”。梅先生说：“好在我自己留下了一套梅剧团老人的录音，其实也是挺好的，这些老人跟着我父亲几十年。”今日他入党了，又跟着老人出征，有多好啊，应该是盛举啊！

“我父亲在动员大会上有个发言‘要根据京剧的特点和风格来加以变动和修改，绝不能不经过自己的融化而生搬硬套地模仿，我要尝试用京剧的程式和表演手法来表现穆桂英这一段动人的故事。我虽然演了几十年的穆桂英，但这是30年来第一次准备排演的新剧目，我已经六十开外，要演好中年穆桂英的英姿，肯定要遇到不少困难，但是我有信心移植成功，虚心向豫剧学习’。”

《穆桂英挂帅》是梅剧团首次设有导演的创新剧目，他在中国京剧院工作，借过来的，大名郑亦秋，当年曾相识，是一位非常谦虚的好好先生，懂京剧、懂演员、懂程式。他迎合着程式，迎合着演员，甚至迎合着演员的性格，来推进剧情，使戏一天天地丰满起来，是真本事。

郑导在当年曾说："就那'捧印'这场戏来说，是重要场子，确实不好演，要挖得深，摆得准，才会有戏。"梅兰芳同志正是从这方面进行创造的。

梅先生已不止一次地在电视里，在"戏曲人生"中，在讲堂上讲学，既传授，又表演，又讲课，很受同学们的欢迎，这是传播梅派的一种新形式。梅兰芳生前对这出戏的讲学仅是在中央人民广播电台，现在很少播放了。

《捧印》那场的上场，四句【慢板】，没有特别的唱腔，四平八稳，平稳之中显功力，我看梅兰芳大师的《挂帅》计有四次，没有一次在唱【慢板】时有叫好，这很特别。像《西施》《抗金兵》也是上场唱【西皮慢板】，一般会有两次叫好，就《挂帅》没有，大家都是静静地感受着梅兰芳先生的唱，更生怕叫好"惊吵"他——这位德高望重的人民艺术家的表演，这是看梅兰芳晚年演出的另一种享受。1962 年至 1964 年梅先生的《挂帅》演了将有 30 次左右，【慢板】第三句每次演出都有爆炸性的叫好声，也很享受。甚至第二句的上半句都会有掌声。父子二人同一出戏，同一个出场，在不同年代，不同年龄层次的观众，剧场的气氛不同，而演员的表演一样精彩，这对于研究梅兰芳体系确实是一个题目，它反映了京剧表现形式中比较深刻的一种现象。

这四句【慢板】唱的是穆桂英自从金花、文广离家后，她担心他俩受奸臣的欺凌，又恐文广自幼娇生惯养，年幼性躁，会闯祸滋事，希望他们早些回来。

文广、金花急上唱，"汴京夺来招讨印"，"回家催母早发兵"。

穆桂英淡淡地说："儿啊，回来了。"她见姐弟二人高高兴兴地进门，焦虑的心情才平复下来，这双小儿女把汴京探听的消息向母亲叙述，边疆确实有动乱，宋王校场选将，姐弟二人叙述了校场大显身手时，穆桂英特欣慰地道出："哦，真不愧我杨门之后。""杨门之后"非常沉稳有力，“杨”字就上挑了，身段缓缓一动，表明了曾是一员猛将母亲的特有心态。不料文广说出“将他劈死了”，刀劈王伦，夺得帅印，并转述朝廷意旨，“命她挂帅出征”。穆桂英闻听又惊又怒，恨文广少不更事，恼宋王冷待杨家，一旦边疆有乱，又复命她挂帅领兵，隐忍多年的愤懑涌上心头。

梅先生说：“父亲经常对我说，演戏要讲究层次，层次分明。《宇宙锋》《醉酒》层次特别清楚，每一层次有一层次的感情的表述，不能无序，《捧印》这场有四个层次，每一层次感情不一样。【慢板】是第一层次，是‘挂念’，盼望儿女回来；刚说到要绑子上殿了那是‘愤慨’；下面的【二六】对佘太君诉说心情是‘怨诉’；最后层次是‘奋发’，要接印挂帅了。

“说到第二层次表达‘愤慨’时，表情、语气、手势、身段的适用一定要特别微细，一丝不苟。从喜到怒到怨到恨，要非常到位，观众才会跟着你走，因为我们表演是讲究‘不外露’，讲究‘不燥’就需要不断的练，千万不要认为，明白了就行，毛病往往出在小聪明。”

我插嘴说：“老梅团那些爷说你小聪明是这意思吧，在哈尔滨那场《别姬》你父亲红眼病，上不了啦，你‘钻锅’三天就上了，观众和你父亲都认可了。”

梅先生笑了，他说：“三天不错，可他们不知道，在思南路学《别姬》时，30天的积累都不止啊。真苦、真累，绝不是三天就可以出来那么轻松。”

我说：“是啊，要那几位看惯你父亲，在台上和他演了几十年的爷们，让他们说你好，根本就不可能。我太知道他们了，戏班里的习惯，你真的好了，满堂彩了，最多就是‘还行’二字。否则也是二字‘是么’？”

我放了一个录音，是1962年，中央人民广播电台录的梅先生唱的《捧印》，【二六】“非是我，见帅印……”特别扎实，穆桂英愤怒

76岁演《穆桂英挂帅》

之际，绑了文广要他还帅印，佘太君匆促地带着金花赶来劝阻，并叫她挂帅领兵去镇平边乱。附着老祖母才把积愤倾诉出来，这段【二六】，梅先生唱得感情醇厚，非常动人。尤其在“凯歌还，人受恩宠，我添新坟”，背对佘太君，用袖遮脸，无限伤感，又怕老人家想起八个儿郎的心事，感情非常复杂。我们甚至讨论到“寒心”的“寒”字到底用4· 643，还是4· 3音乐性更强？植入更深的问题，梅先生非常投入，我心想：“到底不一样，聊天都那么认真。”

【二六】唱到最后，“誓不为宋天子领兵上阵”，转【摇板】“今日里挂帅出征叫他另选能人”。双手抛袖，背向观众，满腹牢骚，尽在不言之中。宋王朝刻薄寡恩，她不愿意再为宋王朝出力卖命了。“……还是四奏朝廷，另选旁人为是”。

“退敌不求加恩宠，但愿百姓得安宁”，其实，佘太君的想法，穆桂英何尝不知呢？她就不甘心宋朝的寡恩薄泽，仍有余愤。佘太君唱出了“年未半百怎言老？老身我九旬已过志不减青春……为什么三番二次不出征？罢罢罢，你不挂帅我挂帅——”佘太君为国为民的热忱，使穆桂英感动至极，“老太君一片忠诚感人心”。

梅先生说：“这一句话很关键，是这段戏的转折点，‘忠诚’二字配合身段，唱的有分量一点，画龙点睛。”

穆桂英决定挂帅出征，佘太君兴奋地说：“这才是我杨家的好媳妇，……”颤巍巍高兴，紧走几步，频频含笑回头。

梅先生说：“这地方很重要，她目送佘太君下场后，双手微弹水袖，面上顿时光彩焕发，表现出这位女元帅不甘蛰伏，重执兵符的内心喜悦。演员对人物性格定位要准确，她不是一般的女将。”

唱到“一家人闻边报雄心振奋，穆桂英为报国再度出征”这二句时，要求凛然屹立，纹丝不动，外弛内张，静中有动。让观众感觉到人物心弦的颤动，等唱到“二十年抛甲胄未临战阵”后，挥动水袖，转身从台右内方，走到台左的前方。两手翻袖，左右挥动，表现驰骋疆场的动作，两手在脸上一晃，感到自己已今非昔比，青春已过，有点力不从心了。再静一下，从台左起，捧着水袖，坚定地走向台右，表示年事虽高，英武尚在，决心出战。继之左右一望，想到旧日部将俱已凋零，有些感慨。悠然间，觉得自己冲锋陷阵有足够的信心，于是一抖水袖，上肢微微震动一下，接着精神抖擞地唱“难道说我无有为国为民一片忠心”，干脆利落，言调高亢清越，吐字有力。

在“……未临战阵”以后，台上气氛突变，随着锣鼓音响的提高，把人引入一种“铁骑突出刀枪鸣”的意境里面，观众都感到风云变色，山雨欲来风满楼。穆桂英虽仍是青衣打扮，梳着大头，穿着蓝帔，但形象上已经变成一位“姽婳将军”！眉头由敛而锋，面容由愤作喜，麾舞水袖，比画出刀枪式子，一来一往，掠影翩翩，就好像在旌旗丛中驰骋大漠。唱腔的韵味也变了，一段流水“猛听得，金鼓响，画角声震，……”有如珠走玉盘，却是每个字都像剑锋般锐利。

这一段的表演是穆桂英性格发展的焦点。在急剧的锣鼓声中，把人物疾风暴雨般的内心活动表演出来，使观众看得出穆桂英挺身而出的思想斗争过程，事件的过程中也随之更加详尽、周密和清楚了，全剧的情绪也会显得分外饱满，让观众感受到穆桂英英姿勃勃，不减当年，情不自禁地为她即将跃马横戈杀敌而受到感染和鼓舞。

梅先生讲："要重点说一说'一个人演满台'这块'戏魂'的价值。佘太君下台，台上就穆桂英一个人，大概演到这场完，有将近十几分钟。"我插话："你在纪念徽班进京200年的那天演出，有谭元寿、马长礼、景荣庆、王树芳、董圆圆、牛晖，一人演满台，用了13分5秒，你父亲新中国成立十周年大庆演出中，有李少春、李和曾、袁世海、李金泉、杨秋玲、夏永泉那次用了12分30秒。相差30秒左右。"

梅先生说："从父亲去世，到现代戏会演这段时间里，我确实常演《挂帅》，尤其演到'捧印'，【九锤半】演人物和念父情结交织在一起了，也不会'断戏'，越演越投入，下来后，久久不能平静，甚至夜宵都不想吃。"

我看得出来，他虽然在讲50年前的事，但心里很不平静，眼睛放电了，我都感受到了那种享受。

在【九锤半】的锣鼓里所表演那一段哑剧，是梅先生艺术的巅峰了。穆桂英唱完"二十年抛甲胄未临战阵"一句话以后，忽然改变了青衣的原有表演，大幅度挥动水袖，迈开青衣不允许的罕见的跨大台步，从上场门斜着冲到下场门台口，做出执戈杀敌的姿势。一个停顿以后，用双手做出揽镜自照的姿态，配合面部复杂的表情，仿佛使人感到须发渐白，髀肉复生。一个转身，又从下场门斜冲到上场门台口，左右各指一下，使人深感他缺乏臂助，独木难支；……在心有顾虑、左右为难之际，"哎"了一声，唱出"难道说我无有为国为民一片忠心！"音调高亢清越，非常有力。接着反背两手面向内，做了个短暂的停顿，三通鼓，号角齐鸣声中，背部出戏，微微抬头，稳稳地往内走了几步，跟着两手水袖齐向右翻，蓦然转身，两眼透出光芒，俨然又是当年青春英姿。

梅先生说："一定要把握'动中有静'的诀窍，手、眼、身、法、步要'活'，造型讲究，婀娜刚健，内心外形浑然一体。演员的高度技巧，对人物的理解和'铁骑突出刀枪鸣'的意境完全融合在一起了。于是，全剧的情绪也就显得分外饱满。观众因这位'青衣'动作的'放开'感到她英姿勃勃，不减当年，情不自禁为她即将跃马横戈杀敌而受到感染和鼓舞。

唱完【快板】，"番王小丑何足论，我一剑能当百万兵"，毫不迟疑地双手捧印，自豪地唱到"我不挂帅谁挂帅！我不领兵谁领兵！叫侍儿快与我把戎装端正"。走到台右，转身一手托印，一手抚摸。唱到"抱帅印到校场"结尾"指挥三军"走个圆场，往右转身，右手托印齐眉，左手一绕水袖，在台左前角一个亮相。令人感到这是智勇兼备，指挥若定的元帅风度。临下场，印交左手，甩起右手水袖，面部凛严，稳重地走入台内。

梅先生说："这一人在台上，12 分钟也好，13 分钟也好，必须是勤学苦练的结果，不能有半点虚假勉强。手里拿的那个黄布包的印，已非身外之物，都已血肉相连了，拿印之手就有戏了。台上就你一个人，所有的表演技巧，包括声、色、形、神、唱、念、动作，能使观众觉得气氛充满整个舞台，虽然仅仅一个人，也就像在台上涌现了千军万马，满台绝不显得是空着哪个角落，相反，每个角落都在演员的表演气氛笼罩下。这是说着容易，做起来难。"

50 年前，那位很才华的导演曾说过："假如梅兰芳是一只凤，他就像给空台上布满了彩云；假如说梅兰芳是一条龙，他就像给空台上激满了海水。"说得多好！实际上台上还是空的，连一桌二椅都没有，凭的是演员那飒飒泱泱的演技，不但是充满了台，而且还使满台欲动。

梅先生说："父亲生平最后一次演这出戏，就是牵了我和葆玥一双儿女，在北京中关村中国科学院的小礼堂，那是 1961 年 5 月 31 日为中国科学家们演出。"

科学家们对演《穆桂英挂帅》的梅兰芳说："有你在台上演出，使那个小小的礼堂成为了无限大的宇宙"。

梅先生说："那天梅剧团在中关村礼堂演完，我们回到护国寺，我父亲没有像往常一样独坐片刻，而一直在和我妈妈说话，后来又一个人走进书房，用毛笔在写，他在写他的感受。这在以前的商业演出中没有过。科学家们说：'你为什么肯到那么小的礼堂去演出，而演得那样，投入了全部的生命，这本身不就是很好的教材吗？''你虽然只替我们专程演出了一次，但那是永远的一次。''是的，你真正地鼓舞了我们，鼓舞了大家，大家的掌声不是把中关村的小礼堂都要震破了吗？不，那是震不破的，那是一个无限大的宇宙！'到 8 月 8 日他就过去了，才两个多月。"

田汉先生有诗云：

娥眉垂老请长缨，鼓角声中捧印行。
岂止桂英肝胆烈，安危处处有先生。

行内提到梅派的《挂帅》，讲得最好的是筱翠花筱老板了。他说："这一出戏很难演的，要有扮相、有嗓子、有基本功夫，还要有元帅的气度，起先要含蓄，之后要放开，而且还不能离开青衣的范围，要演得既稳重又大气，才合乎中年穆桂英的身份。梅先生的艺术已到了炉火纯青的地步，60 多岁的人了，还是嗓子是嗓子，扮相是扮相，腰腿灵活，身上、脸上，一招一式，坦坦然然，水袖清清楚楚，跑起圆场来，脚底下轻、稳、快，叫人看了舒服松心，确实是难能可贵。"

《穆桂英挂帅》是一出集梅派大成的戏，有着在此以前梅派所未曾有过的强大张力和爆发力，是梅兰芳对自己一生艺术实践的总结与升华。梅派艺术由单纯走向华彩，最终达铅华洗尽、收放自如之境。

京剧以擅长表演历史题材著称，例如"三国"戏，以伍子胥为中心的《鼎盛春秋》，穆桂英的戏应归属于《杨家将》的范畴。

梅派艺术喜剧比较少，有一些以三小（小生、小旦、小丑）应工的玩笑戏如《一匹布》《荷珠配》是喜剧的色彩。梅派戏中《凤还巢》是一出非常仅有的闺门旦应工的轻喜剧。梅兰芳在世时，《凤还巢》每到一地都特别受宠。没有让梅先生演过，这也是父亲对他成长道路上的一种保护，梅兰芳逝世一年后，梅先生就把这出早就学会的戏拿了出来，而且经常演，不断演。75 岁以后还要和弟子李胜素、胡文阁搞拼盘（合起来演，梅先生仅演其中一折）。

《梅兰芳文集》中曾提到，梅兰芳说："那是我赴美演出前排的一个戏。1928 年春，旧历二月承华社首演于中和园，那时的角色搭配是姜二爷（妙香）的穆居易，凤二爷（凤卿）的程浦，李七先生（寿山）的刘鲁七，萧老（长华）的朱千岁，慈先生（瑞泉）的丑小姐，尚老将（和玉）的洪功，侯先生（喜瑞）的周公公。有开打场面是为尚老将而设，场子相当火暴。以后尚老将离开承华社，这个角色由李八爷（春林）接力，就减少开打。新中国成立以后，根本取消了武打场子。戏总是越唱越短，最后就定型了。"

我第一次看梅兰芳的《凤还巢》记得是 1950 年春节前，在上海中国大戏院，那天"湖社"票房有活动，戏院离"湖社"仅一箭之遥，晚上看戏方便。我由我母亲下午带着在"湖社"玩。我母亲是湖州人，我外祖父傅稚云是"湖社"票房的支持者之一。我母亲说"倪先生来了①"，后来看见王幼卿先生也来了，我母亲说："今天晚上梅葆玖一定有戏，王三先生②还提着胡琴哪。"

梅先生说："打小'湖社'是我演出实习的主要场地，三日二头（上海话）地唱，学了戏，不唱就记不住。我的开蒙老师王幼卿给我操

① 倪秋萍先生教过我母亲梅派戏。

② 王幼卿在思南路梅家的称呼是"三片儿"，王少卿先生是"二片儿"。

琴，倪秋萍的二胡，顾永湘的月琴，1951 年正式参加梅剧团的演出后，父亲请王少卿、倪秋萍为我操琴，到 1952 年底倪秋萍因夫人身体有病要照顾，不能常常离开上海去外地演出，我父亲就安排他参加了华东实验京剧团，二胡就由当年已经在梅剧团干活的姜凤山老师接活，1956 年 10 月中旬，梅剧团到杭州演出，我父亲想演一次多年来未动的全本《宇宙锋》，又把倪秋萍从上海请到杭州，为我父亲伴奏。”

我说：“当年，你母亲在上海带了十几位亲朋好友一起到杭州玩，你还和王琴生先生在杭州人民大会堂唱过《四郎探母》《玉堂春》，是当年我们这一辈梅迷的一席美谈。”那一次全本《宇宙锋》的录音，就是当今出版的“音配像”《宇宙锋》的录音，这可是孤本了。前政协主席李瑞环功德无量，如果他不做“音配像”这件事，可能真的全流失了，就是想要在今天开始做，都不可能了。

梅先生笑谈套用“文革”时期四个字，“触及灵魂”，京剧“音配

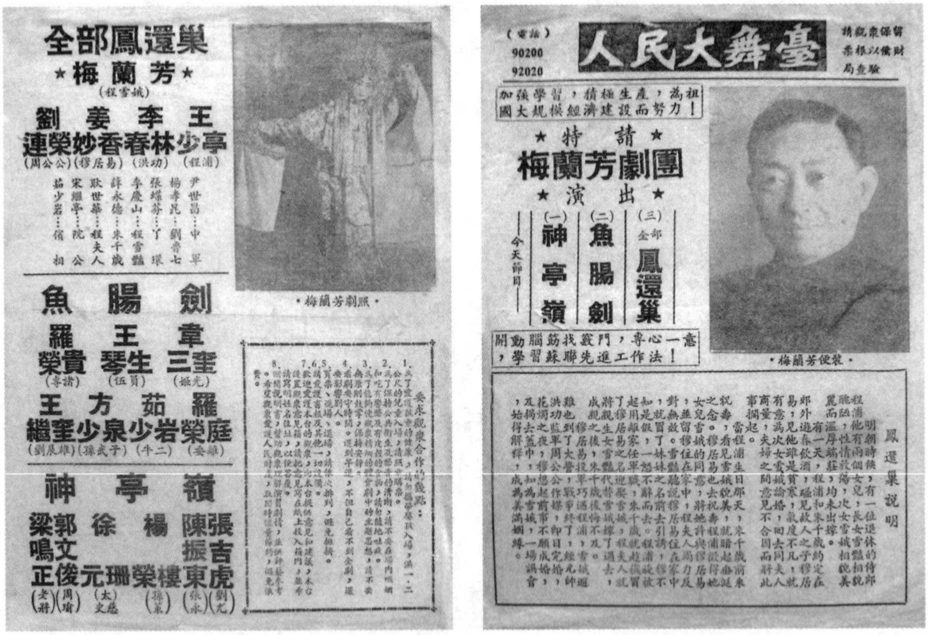

1952年，梅兰芳《凤还巢》戏单

像”对我们来说真是“触及灵魂”啊，我父亲的《宇宙锋》《凤还巢》等好几出戏都是我配的像。

为了京剧艺术的抢救、传留和振兴，“音配像”由李瑞环同志创意和指导，从1985年起，经研究、试录，历时21年，30多个单位，三万余人参与其中，共录制了京剧355部，光盘总计582张，时间总长度达500多小时。大部分是20世纪40年代末至60年代前期，京剧舞台上的艺术珍品，有的还追溯到20世纪初，涉及京剧各个行当、各个流派，基本囊括了近代京剧黄金时代大部分名家的代表作，全国政协和各地政协京剧界的委员都积极参与了这次功德无量的文化工程。

梅先生接着说：“‘音配像’我父亲《凤还巢》的录音，用的是在青岛演出的录音，伴奏就是王少卿和姜凤山的了，王少卿1956年杭州那一期是他40年来帮我父亲最后的一次，1957年7月初王少卿先生就过世了，我父亲写了一篇《悼念王少卿》的长文，以后就是姜凤山和虞化龙先生为我父亲伴奏，直到父亲1961年逝世。他们帮我父亲最有影响的代表作是《穆桂英挂帅》。以后姜、虞二位又陪伴我一起走过了将近

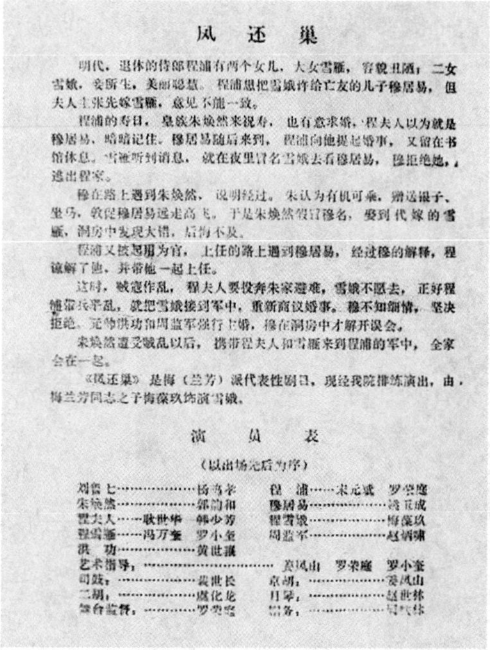

凤还巢

明代，退休的侍郎程浦有两个女儿，大女雪雁，容貌丑陋；二女雪娥，妾所生，美丽聪慧。程浦想把雪娥许给亡友的儿子穆居易，但夫人主张先嫁雪雁，意见不能一致。

程浦的寿日，皇族朱焕然来祝寿，也有意求婚，程夫人以为就是穆居易，暗暗记住。穆居易随后来到，程浦向他提起婚事，又留在书馆休息。雪雁听到消息，就在夜里冒名雪娥去看穆居易，穆拒绝她，逃出程家。

穆在路上遇到朱焕然，说明经过。朱认为有机可乘，赠送银子、坐马，教促穆居易远走高飞。于是朱焕然假冒穆名，娶到代嫁的雪雁，洞房中发现大错，后悔不及。

程浦又被起用为官，上任的路上遇到穆居易，经过穆的解释，程谅解了他，并带他一起上任。

这时，贼寇作乱，程夫人要投奔朱家避难，雪娥不愿去，正好程浦带兵平乱，就把雪娥接到军中，重新商议婚事。穆不知细情，坚决拒绝。元帅洪功和周监军强行主婚，穆在洞房中才解开误会。

朱焕然遭受贼乱以后，携带程夫人和雪雁来到程浦的军中，全家会在一起。

《凤还巢》是梅（兰芳）派代表性剧目，现经我院排练演出，由梅兰芳同志之子梅葆玖饰演雪娥。

演 员 表

（以出场先后为序）

刘德七……[illegible]	程 浦……宋元斌 罗荣贵
朱焕然……[illegible]	穆居易……[illegible]
程夫人……耿世华 韩少芳	程雪娥……梅葆玖
程雪雁……冯万奎 罗小宝	周监军……赵炳啸
洪 功……黄世骧	

艺术指导：……姜凤山 罗荣贵 罗小宝

司鼓：……裴世长	京胡：……姜凤山
二胡：……虞化龙	月琴：……赵世林
舞台监督：……[illegible]	[illegible]：……[illegible]

与中国京剧院合作的《凤还巢》戏单

《西施》剧照

40年，真是不堪回首。幸亏姜老师的外孙舒健，天资聪颖，打小跟着姥爷，耳濡目染，继承了前辈的事业，接了班，为我和我的弟子胡文阁等操琴，使梅派胡琴香烟不断。”

我接着回忆：“那天您父亲的《凤还巢》合作者是姜妙香、刘连荣和萧长华，前面是奚啸伯的《上天台》、杨盛春的《战滁州》。”我们从“湖社”走到中国大戏院，开场的中国大戏院班底的《武昭关》已经演过了。

梅先生说：“那年我刚16岁，‘湖社’唱完《三娘教子》赶到中国大戏院，我父亲的《凤还巢》还没上，安安静静地看了一整出，看戏对我的学习太重要了。”

我说：“您的《凤还巢》‘文革’前我没有看过，您父亲过世后，您到上海来演出1962年11月2日和赵荣琛一起在中国大戏院那一期，也没演过这出戏。影响最深刻，特别精彩的是1983年12月24日，在上海人民大舞台，上海剧协梅派艺术培训班汇报总结。您示范演出的那一晚上，由上海人民广播电台杨爱珍录了音，至今我仍珍藏，做成了数码文件，可以反复地听。您的弟子有时候上我家来，最高兴的事，就是一起欣赏您那些外面听不到的巅峰时期的录音。《凤还巢》中的‘三看’，录音中仅有一段白口，可是连续三次满堂好，真过瘾。”

梅先生笑了：“父亲的‘三看’印象太深了，父亲过世后，张蝶芬跟我详细说了一下，很严谨，对我帮助很大。”

我说：“您父亲唱了几十年的《凤还巢》，张蝶芬演了几十年的丫鬟，那丫鬟是念韵白的，是大丫鬟，大师从不换丫鬟，到了‘文革’那年，张蝶芬死也要死在您家中，听说他在西旧帘子胡同，您家门口中风倒下的。真是缘哪！”

关于《凤还巢》在《舞台生活四十年》一、二、三集中都没有记载。“文革”过后，许姬传写了一些回忆，这些回忆，因年代久远，尚要反复推敲。

《凤还巢》是齐先生（如山）1927年按清宫藏本《循环序》所编。1915年开始，齐如山给梅兰芳编新戏，从《牢狱鸳鸯》《上元夫人》《嫦娥奔月》《黛玉葬花》《俊袭人》《春灯谜》，都是偏重歌舞的新戏。我们很冷静地梳理一下，发现除了《天女散花》《霸王别姬》《太真外传》其中一部分的歌舞内容，今天从折子戏中还能看见，其他全部流失了。唯一全本流传下来的也就《凤还巢》这一出了，以及其他人士如李释戡等人编的《西施》《洛神》等新戏和《宇宙锋》《三娘教子》《春秋配》等传统戏都保留了下来，这是一个较深刻的问题，有关京剧存亡的大问题。我们可以通过《凤还巢》的分析，举一反三。

1983年时演《凤还巢》

京剧以擅长表演历史题材著称：如“三国戏”、“水浒戏”、《鼎盛春秋》，其中悲剧较多，喜剧较少，有一些讽刺、滑稽以三小（小生、小旦、小丑）应工的玩笑戏，而闺门旦应工的喜剧不多。梅兰芳的《凤还巢》以喜剧形式出现，数十年来一向为观众喜闻乐见，津津乐道。剧情写明朝兵部侍郎程浦，长女雪雁性憨貌丑，次女雪娥为侧室所生聪明秀丽。一日，程浦与朱千岁郊游，遇故友之子穆居易，欲将雪娥嫁之，嘱其寿诞之期前来会晤。是日当面议婚并将其留住书房。适程奉旨平乱，命夫人为雪娥择吉完婚，夫人趁机以雪雁代嫁。谁知穆因雪雁貌奇丑且来夜奔，愤然离去。途遇朱千岁，朱知其情即冒名迎娶，婚后各自悔恨不已。后穆平乱有功，程浦央元帅及监军为媒在营完婚，穆坚拒之，至花烛之夜方知非前在书房所见之女，经多方赔罪，误会姑且平息。

剧中程雪娥，以闺门旦应工，身上应该比青衣略为放松一些。当今唱红的梅门第三代代表人物，国家京剧院李胜素身上的松弛，颇为典型。梅先生扮演的程雪娥，既保持了旧社会里大家闺秀的典型，又突出了她敢与恶势力斗争的机智性格。所谓“三看”，是说程雪娥奉父命在屏风后偷觑前来贺寿的穆居易时的表演。能否恰到好处，是很考验演员的功力的，几乎成了梅派演员表演能力的试金石。我每次看梅先生的《凤还巢》演到“三看”，必报满堂。

梅先生为了写这本传记，特意把“三看”走了一遍，并说：“身段、部位、眼神都要到位，要琢磨程雪娥的心理，这是她的终身大事，必须在‘看’的时候层次分明，每一句念白都出于肺腑。”梅先生口内念着锣鼓经，在我家书房做了三次偷觑的身段表情。梅先生说：“程雪娥出场念对：堂前遵父命，屏后看才郎。她是奉命而来，很坦然，小锣上，脚步要从容。但她从未做过这种事，所以念白时，带点腼腆害羞的神气。情景已经规定，心中要有一座虚构的屏风，她站在屏风后面。”

第一看，头一次“偷觑”的眼神是虚的，看的时候把眼皮微微的一挑，要表现出眼前一亮的神态，接着念：“看这位公子神清骨俊、气概非凡。”头一眼就留下了好印象。第二看，就仔细认真地看了，“偷觑”的眼神实了，看清楚后自己很满意，笑着说：“哎呀呀，爹爹的眼力果然不差。”第三看，怕被人看见，欲前又止，不好意思地说：“哎呀，不要在此停留，倘被大娘、姐姐看见，说我轻薄，我且回房去吧。”转回，一边走、一边想，还是想再看一眼，紧走几步，急剧地一瞥：“哎呀呀，好一个美貌的书生。”含羞的眼神，以袖掩唇的微笑，迅速转身，碎步进场。“偷觑”时的身段，梅兰芳先生用的是“抖袖”、“扯线穗子”。

我说：“言慧珠在戏校上课时，示范过‘反抖袖’也很好看。君秋先生在上海演过两次，他的‘三看’就用‘线穗子’比较简单。”梅先生说：“都可以，都是梅派，不必规定得太死。重要的是以闺门旦的身份来刻画程雪娥在这个时候的心理状态，构成一种喜剧的元素。如果为了取悦台下的观众，演得过于放纵，即是花旦的演法，用在这，就不足为训了。”

梅兰芳曾说过，闺门旦为主的喜剧创作，构出了这场戏的喜剧要素，何等精辟。这是对传统最好、最活的继承和发展，对传统最虔诚的敬畏。这几年来，一直在讨论京剧改革的问题，其实只要有一个公论的京剧的标准特征，京剧改革的问题就没有必要去争论了，只要按京剧的标准来衡量一下，符合标准就是京剧，不符合标准不能称京剧，赶紧另找一个名词，只要不太过于浪费纳税人的钱财。

22年前，台湾魏海敏拜师不久，和梅先生一起在天津演出完毕，第二天要回北京。梅先生和我说：“今天晚上就不见客，也不接受采访和照相了，海敏不常回大陆，今天抽个空说点儿。”我说：“没有准备空旷的教室什么的？”梅先生说：“不用，晚了也没有什么人，就在四楼楼梯间的休息厅，够大的了。”我又通知了当时还在天津的张晶带上录像机。“文革”以后我看他多次给学生上课，从来不讲什么条件的，地方也很随便，也没那么讲究，可是教起来一招一式，非常讲究，非常严格，这方面，特别像梅兰芳。杜近芳曾和我说起梅兰芳说戏的情景，排《穆桂英挂帅》时，她是B角，师父跟她说戏，把他老人家忙的，他倒劝她歇息，师父把棉背心解开，不断在胸前扇着，他说，出汗了。我可以想象，因为梅先生也一样，那种认真而随意的劲儿，犹如一人，难能可贵。

那天梅先生给海敏说了《宇宙锋》的“修本”后，稍休息会儿，又走了《凤还巢》中的“三看”和“三报”。

“三看”前面已经写了，以前的小带子，还没有时间刻录成数码盘，但还是很清楚。

梅先生说：“‘三看’的【慢板】以后，不能懈气。《凤还巢》对我们当年来说是‘歇功戏’，它主要场子之间可以歇会，不像《起解·会审》和《大保国·二进宫》接着来的。”

“三看”虽然是一高潮，但其他场子也很重要，要在忽悲忽喜，复杂而多变的环境中，使感情衔接，步步深入，才能把戏演好。

“送姐姐上轿那一场，虽然戏不多，但是那段【南梆子】后面的‘哭头’也要认真对待，要表达她的内心痛苦，又不能过于露骨，这在以前封建社会里是无法抗拒的。大娘（老旦）下场时念：老爷啊老爷，女儿之事，看是由你还是由我，哈哈！可称了我的心愿了。她这段白口，不作为‘背躬’，是有意让雪娥听见的，以泄她的私愤，下面程雪娥的一段独白，要用低沉的情绪来念：‘……爹爹不在家中，无人替我做主，思想起来，唉，好不烦闷人也。’接着唱【南梆子】诉说抑郁苦闷。

“这四句【南梆子】是我父亲和徐兰沅、王少卿二位反复推敲而成的，符合当时程雪娥的心情。

“很值得说明的是第四句最后‘如意郎君’的‘郎’字。曾有一位具有硕士学历的梅门第三代，问我‘郎’字是否梅大师唱倒了，我很吃惊，梅先生的弟子里，这样大胆而提出质疑的实在是不多，大部分按行规，师父怎么来，咱也怎么来，不用怀疑。何况又是师爷爷传下来的，没有人怀疑过。我说你的意思‘郎’字是应该唱成 $2\ {}^{3}2 \mid \underline{3\ {}^{5}3}\ 5 \mid$（郎 君）而不应该唱成 $\underline{4\cdot\ \underline{6}}\ \underline{4\ 3} \mid \underline{3\ {}^{5}3}\ 5 \mid$（郎 君）字倒了。我说：我年轻时，同样有一个性质的问题，如《刺汤》【二黄慢板】中‘鼓咚咚’的‘咚’字，《御碑亭》的‘娇’字，我问过李三爷（释戡），李三爷说，是倒了。可观众从来没有听错过，就好像在《玉堂春》里‘来在都察院’中的‘来’字，从没有人听错过，相反还认为好听。当然也有把字唱倒了，不觉得好听。那是真的要改正的，梅大爷也承认的。好比《战蒲关》中‘军与民’中的‘民’字就属于倒了又不好听的，老四（程砚秋）就是不管别扭，字正为上，言菊朋也是一样。15 岁的我，如获珍宝。30 年前，在写《梅兰芳唱腔集》又发现过几处，但都是好听的。看来，字腔兼顾，而不作机械的对号，正是梅派唱腔的一大优点。但是我很欣赏这位敢于提问的小弟子，能动脑子。如今在青年演员和青年教师中，太需要这种有钻研精神的了。”

梅先生继续说：“‘三报’和‘三看’一样是《凤还巢》的亮点。”他调整了一下，清一清嗓子，连念带比画，“……那日朱千岁前来拜寿，也曾见过一次，那相貌长得十分丑陋，与我姐姐么，真可以称得上一对女貌男才，有那边冒名前来迎娶，就有这边顶替前去出嫁，怎么这样的凑巧哇！大娘啊、大娘，如今是枉用心机的了”。

这段独白要念出身份，她早先是“国防部长”的女儿，她要吐出她心中的不平之气。这里的面部表情和手势都要紧密配合，与老旦下场时念“老爷啊、老爷，女儿之事，看是由你，还是由我，哈哈！可称了我的心愿了”。成为鲜明的对比，要念得痛快。

我也即兴提了一个问题向梅先生请教：“我们前辈的梅派爱好者，我母亲等，曾和我说，20 世纪 30 年代初，看您父亲的《凤还巢》，大家会不约而同地等着看您父亲在‘三报’中的惊人之举，程雪娥在‘二报’后有一段独白‘那日朱千岁前来拜寿，也曾见过一次，那相

《凤还巢》剧照，吴迎摄于1988年

貌长得十分丑陋，与我姐姐么，真可以称得上一对女貌男才，有那边冒名前来迎娶，就有这边顶替前去出嫁，怎么这样的凑巧哇！……’在这喜剧重叙高峰时，梅兰芳做了一个小身段：小小的击掌后，迅速地斜着，害羞低头，在低头的过程中，由于内心的喜悦，激动得头上的翡翠头面发出沙沙的颤抖之声，配合梅兰芳脸部害羞之美，带动了台下的观众惊叹的叫好声。甚至有的观众激动得大呼，今天我开眼了！这是否是您父亲在运用气功？是怎么发功的？”梅先生又说了一句“那应该是他年轻的时候”。在我看梅兰芳的《凤还巢》时，这个过程就一点点声音了，但还是有彩声，就好像 1983 年梅先生的表演一样。

梅先生说：“到了第三报，听到穆郎不辞而别，又由欢喜转为忧虑，但与前面悲观绝望的情绪不同，唱了【散板】就进去了，《凤还巢》中，丫鬟‘三报’是梅派表演的精品，听李三爷说，这是经过多次修改才定稿的。”新中国成立后梅兰芳还改过两次，面部表情和手势必须连贯，才能博得观众的好评。

梅兰芳先生曾郑重地说：“闺门旦为主的喜剧创作是如何琢磨出来的？这首先要弄清楚喜剧与闹剧的区别，‘三看’偷觑是一场构成喜剧的要素，因为它刻画了程雪娥的内心世界，符合历史背景而引起观众的共鸣，喜剧与闹剧的区别就在这里。”

梅先生的《凤还巢》1983年在香港演出，引起了轰动，可以说“继承父亲不走样”，这话是对梅先生《凤还巢》的评估，没有过分。当年许伯伯（姬传）写了一首小诗“艺王登遐二十年，声清雏凤着鞭先，遥看香岛红毡上，再转春莺世泽延”。

《凤还巢》对京剧爱好者来说最喜闻乐见的还是他的“唱”，从1929年大中华公司录制的【慢板】“日前听了严亲命”，1929年高亭公司录制的【原板】【流水】，到1931年新乐风公司录制的和姜六爷的对口，真是深入人心。几乎所有的梅派票友全都会，这也是《凤还巢》能流传至今的重要原因，京剧是靠爱好者广泛传播而生存下来的。

梅兰芳说：“闷帘【导板】日前领了严亲命，为下面的【慢板】铺好了道路，初稿有八句。我觉得程雪娥这个角色不适合多唱【慢板】，就删掉了两句，这段唱腔是我和徐大爷（兰沅）、王大爷（少卿）反复推敲，在演出中又不断修改而定型的。”

【慢板】第一句“命奴家在帘内偷觑郎君”的，“命”字一出口，就有一个梅派特有的处理，结合表情而来。两个长腔，华丽而跌宕，表达程雪娥亲眼看到如意郎君的欣喜，行腔还得和“三看”的感情衔接起来，才能造成舞台的和谐气氛，达到梅派艺术综合与平衡的原则。这一点，非常重要，不能过分地要，单纯追求剧场效果。我在《梅兰芳唱腔集》中这段【慢板】气口处理是经过再三考证，综合梅氏父子的唱法而标出的。梅兰芳说：“偷觑郎君的腔是我和徐、王二位修改了五次才定稿的，这个腔的妙处是充分显示了封建社会里程雪娥在开明父亲的默许下，让她亲自择婿的特殊措施和特殊感情。”

第三句“神清骨俊”是程雪娥对穆居易的感觉和评价，“清贫”行腔中正好使用高强位置，要唱得简洁明快，在第三句中，程雪娥感叹穆居易的身世，“清贫”和第二句的“骨俊”形成对照。当前有不少学梅派的演员中由于一个关键的小节失去控制，而显得拖泥带水。

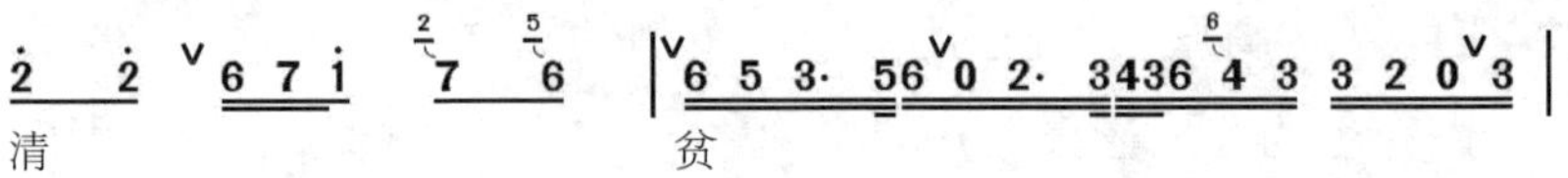

“贫”的第三小节音符中唱成平的 4 6 4 3 使整个腔的节奏起到了变化，失去了原有的韵味。梅派在这方面是非常讲究的，梅先生的这段演唱，特显功力。

“三报”以后【原板】转【流水】，“本应当随母亲……”高亭公司的这张唱片，发行量较大，几乎人人都会唱，成了梅派的招牌，梅先生说：“这是程雪娥对愚弄她的大娘的正面冲突和反抗，唱得干脆利落，斩钉截铁，气氛唱出来，观众自然也有反映。”

梅兰芳在世时，《凤还巢》是梅剧团到一个码头必演的，梅先生边看边学，非常明白了。梅先生演出的各种版本，自己录了好几种，但是因为梅兰芳对梅先生安排演出的原则，梅先生一次也没演过，梅兰芳先生过世一年以后，梅先生才拿起来，和《挂帅》一样，成为梅先生常演剧目。

《凤还巢》之所以成为梅派艺术的代表作，它折射出京剧生存的一种真理。编剧者把戏编得很实在，没有花里花哨的情节，也没有花枝招展的装扮，字上相当浅显、直白，平铺直叙。稍有变化也是淡淡的。这样一种人、一件事，都是在老百姓的生活中看得见、摸得着，可能还是亲历所见。听听唱词几乎似同白话于街巷里弄间。“母亲不可心太偏，女儿言来听根源……人生不知顾脸面，活在世上就也枉然。”

一种简单的美，与梅派表演风格何其统一，涉及的都是家事，在台上的人几乎都管国家大事，把家事一放大就是国家大事，有人方有家，有家方有国。家事比国事重要。《凤还巢》会一代一代地传下去。

“演员的表演，演唱也要了解这些戏的民间力量。”梅先生说，“生存在百姓中的东西也许是世俗的、粗陋的，但是它是清纯的、实在的，也许这才是真正的艺术。”

第七章　浴火重生　梅开二度

对“文化大革命”的结论在《关于建国以来党的若干历史问题的决议》中，已经说得非常清楚、非常客观，不需再叙。据前些日子发表的《一九六三年至一九七六年中国文联见闻录》第五章记载：“一九六四年初，在华东话剧会演开幕式的主席台上，竟然不给德高望重且有相当职级的中国戏剧家协会主席田汉一个座位，而让他坐到观众席中的边座上。田汉素为戏剧界所熟悉景仰，这样的待遇是从来没有过的，这是在大庭广众之下，对田汉的公开羞辱。……田汉被劝到苏州暂避，满腔郁愤无以排解，在苏州游司徒庙，观古柏，写下了寄寓心志的无题诗：‘裂断腰身剩薄皮，新枝依旧翠云垂。司徒庙里精忠柏，暴雨飙风总不移。’”

当年这些事我们普通老百姓是不知道的，也感觉不出来的。我记得我曾经在 1962 年 8 月 9 日给梅先生的一封信中，曾写道：“……看见《人民日报》上登载的田汉文章中写道，‘……兰芳同志的艺术风格平易大方，好比一条康庄大道，人人好走，但是要从平易中显出精微，从布帛菽粟中创造美的世界，都不是轻而易举的事’。怪不得此公写的《白蛇传》有如此功力。”田汉先生是中国戏曲学校的校长，新中国成立十周年时，梅兰芳满腔热情创排《穆桂英挂帅》，田汉先生和夫人安娥还特意帮梅兰芳修改唱词而夜不成寐。“非是我”这段著名的【二六】，就是田汉安娥二老修改定稿的。我还保存了一封当年他给梅兰芳有关这段【二六】唱词修改的信件，确是有学问的人。纪念梅兰芳诞辰110周年座谈会上，我曾发言，引田汉先生名言说，“外国的农民，知道的中国人，就两个：一个是孔夫子，一个是梅兰芳。一些外国的戏剧家又把梅兰芳当成戏剧界的孔夫子”。有娱乐记者问我：“吴老师，你这话我们可从来没听说过，是你们梅派的死硬分子加上去的吧！”我当场就和他说：“请看1961年8月9日《人民日报》，是田汉说的，一字不差。我没有资格说那样的话，可是一字不差！”其实作为中国戏剧家协会主席的田汉，前面还有一段话：“兰芳同志30年代以来几次出国，到日本、到美国、到苏联，替中国民族戏剧扩大了影响，宣传了戏剧艺术的中国学派，他实际是中国戏剧学派的代表人。”但是田汉从没有说过“世界三大戏剧表演体系”这样定义性的说法，这是谁加上去的我不知晓，这句话甚至出现在戏剧学校的教科书里。这件事我告诉了梅先生，他只是笑了笑，没有回答。

1963年到1964年，“上演戏曲剧目还是坚持周总理提出的整理改编优秀传统戏，创作新编历史剧和表现新生活的现代戏三者并举的方针”。梅先生还是赶得上时代潮流的，排演了《倩女幽魂》《三女抢板》等新编的历史剧，甚至准备上演，和君秋先生A、B制，与马先生（连良）合作的现代戏《年年有余》但排完后没有上演。君秋先生还二度演了《芦荡火种》中的阿庆嫂，并有录音留存，曾记得1964年我们对关肃霜的《黛诺》“山风吹来一阵阵……”和“我从小无爹无娘无人问……”十分喜爱。我也曾在杨畹农老师家中吊给杨老师听，操琴的是杨老师的儿子，如今还往来的杨开基，当年我们的观点，只要好听就唱，梅先生私下在南京成竟志先生家中，和王琴生一起吊过《沙家浜》，至今梅先生还记得“样板戏”。不管它把一出戏命

《梅韵》首演，梅葆玖与梅派弟子李胜素、魏海敏、董圆圆、张晶合影

名为“样板”是何等与艺术规律相背，全世界没有这样的命名，但它的唱腔还是很好听，能接受的，没有特别地排斥。我甚至连《红色娘子军》全出都能唱下来，自得其乐。

到了1964年6、7月份，京剧历史上发生一次重大事件，那就是轰动一时的“京剧现代戏观摩演出大会”，从这次演出大会以后，京剧传统戏很少再演出，大部分名艺术家被迫离开舞台，直到“文化大革命”传统京剧被彻底赶下舞台。

梅先生说：“‘文革’以前两年之中，《年年有余》也排了，没有演也无所谓，在家歇着。马先生、裘先生、赵燕侠他们的《杜鹃山》卖座很好，一票难求，我也常去看看，关心一下他的音响。我有兴趣，也专门下去研究一些特殊效果，很自在。那年马连良先生53岁，裘盛戎先生45岁，我才30岁。马连良是葆玥的干爹，也是我父亲多年的伙伴了。他在戏里扮演的一个小角色，才一出场，观众大叫碰头好。裘盛戎先生的那段《大火熊熊照亮天》太红了。”那时节，他们的红，反而帮了他们的倒忙。有人不让他们红，唱戏的不懂，上面提出的口号“做革命人，演革命戏，把京剧革命进行到底”是什么意思，左右为难了。梅先生倒是还好，因为从来就没有想过要做一个官，或者去巴结一下什么的，没有戏好唱，就歇着。梅先生心中倒真的并没有把“现代戏”和“传统戏”对立起来，不然他也不会唱唱《黛诺》什么的。

1966 年 5 月 16 日，“文化大革命”上演了，马路上出现了“破四旧”，到干面胡同梅先生岳父家来抄家的，也不知来自何方，肯定不是北京京剧院的小将，因为那些小将来了，不管三七二十一，大喊“打倒梅葆玖”，他们知道梅葆玖是住在这儿。就在大门边放一把椅子，摆开阵势，梅先生的妻弟，那时才二十几岁，怕梅先生受罪，冒充梅葆玖，出了险招，口中念念有词：“我梅葆玖接受革命小将的批判，坚决支持‘文化大革命’，向革命小将敬礼！向革命小将学习！”红卫兵小将根本不认识梅葆玖，见此人恭敬有礼，即大喊“革命不是请客吃饭，……”梅先生的妻弟居然也能一套一套，出口成章。于是革命口号一浪高过一浪，红卫兵小将们似乎也有点累了，下面还得赶场子，就早早收兵，继续下一场去了。梅先生岳父家里的保姆刘嫂是劳动妇女，和东家关系相处甚好，跟自己人一样。看了梅先生躲在地下室的处境，也搞不清楚这社会是怎么了，同情而流下泪了，说了朴素的公平话：“梅舅从不去招谁惹谁，这是哪跟哪啊？”

护国寺梅宅，红卫兵小将就不单是叫叫而已，干脆就搬进去住了，梅兰芳逝世后，梅夫人香妈因住在护国寺触景生情就搬到西旧帘子胡同。“文革”风暴席卷北京城，梅家除了梅先生住在岳父家中，四哥、五哥、七姐也都搬到西旧帘子胡同，许先生在护国寺家中留守，倒是亲自经历了一些事，触目惊心。后来在他的回忆录，可以写的也都写了。梅宅大门口贴满批判梅兰芳的大字报，红卫兵小将出版了《批梅专刊》，“梅兰芳以江浙财阀起家”成了章回小说。我至今还保留了一份颠倒黑白的“批梅”小报和漫话，成了历史“文物”。府右街立起“批梅”的大标语牌，王府井墙上贴了漫画《百丑图》，图中一穿中山装，貌似刘少奇者，手拽杨贵妃扮相者之袖，创意特别幼稚。老北京戏迷看了也不敢笑，笑不如哭也!

红卫兵小将到梅家“破四旧”，够狠心了。看见书架一尊石膏像，就砸在地上，光脑袋上砸出了一个大窟窿。孰知这石膏像是列宁的塑像，是1935年梅剧团访苏演出时，梅兰芳亲自到高尔基街买来的，在苏联演毕，与余上沅教授同游欧洲，取道香港回国时，当时在海关还引起麻烦，经梅兰芳说明“留作纪念”，才得放行。梅兰芳多年来一直放在书房。想不到被“文化大革命”中的红卫兵小将把列宁的脑袋给砸了下来，身首异处。这件事因怕出麻烦，恐误把守宅的许姬传先生打成“现行反革命”，而一直不敢提起，到1979年许伯伯到上海来我家吃饭，才和我说起此险情。“是我赶紧把石膏像收拾起来，拿胶布粘上，马少波同志看见了说：‘你怎么把这尊像捡回来？如被人看见，那可是欺师灭祖的大罪名。趁早送回乱物堆中才保险。’红卫兵小将连列宁都不认得，又如何闹革命呢？”

“文革”后期，侯宝林先生常来梅家，陪香妈说说话，听侯先生说起这类事那真是喜中见悲。侯先生还挺有雅兴地和梅先生录了一段《坐宫》，如今可称绝品了。以前就知道侯先生学麒老特别像，殊不知谭派也那么棒，真是艺术家。

“文革”开始，我们最担心的是梅先生自己保存的那些极宝贵的资料会怎么样？这一大批自制的唱片，和放这些唱片的Souno Scriber刻录机，必遭殃无疑。倒是梅先生特别的冷静，把大部分资料打好包，放在一只箱子里，上交了。因为这是明显的“四旧”，而且是自己制造的四旧，比买来的要严重，可以弄顶“小帽子”戴戴。“文革”后期“批林批孔”，梅先生在舞美队搞音响。有一天，一位郭姓的驻京剧院的军代表找梅先生说：“你那只箱子放在我们这儿好几年了，我看也没有什么问题，尽是些唱片，应该是有用的资料，你拿回去吧！”梅先生说：“到底是好人多。”普通老百姓，不管是做工的，务农的，还是从军的，对祖国的传统艺术，对梅兰芳还是知道一点的。无论国内、国外一个样。

改革开放以后，尤其是最近十几年，梅先生接受记者采访无数次，有时他还会和我说：“一块儿去，也可以代我说点他们有兴趣的事儿。”我录了几段，原原本本，记录如下，放给大家听一听。

《贩马记》剧照（摄于1984）

记　者：新中国成立后，您成了团里的主力，1957年那场声势浩大的“反右”有没有波及您父亲和您的家人朋友？（注：这位记者岁数太轻，解放后，梅先生还在读书，也没有成为主力。）

梅先生：之前搞“大鸣大放”，我父亲都没有介入，他是京剧院院长，致力于艺术演出，培养学生，很少发表什么文章。因为他觉得搞艺术的人，首先应该把本职工作做好。有同行发表文章，我父亲也会去劝他说，这个还要考虑考虑，要从整个艺术发展的角度看，不要太轻率。我父亲一心想把艺术做好，把团队带好，除此之外很少过问外面的事。我呢，当时也在剧团里，很少到社会上去。大哥刚刚大学毕业，是搞工程的。二哥是搞文学的，在北京图书馆管理外国图书。“反右”虽然牵涉到方方面面，但我毕竟才二十出头，与社会接触不多，所以没有受到很大冲击。

记　者：50 年代末 60 年代初，天灾人祸之下，您的生活苦不苦？有没有影响到正常演出？

梅先生：当然苦。当时要靠发下来的肉票、黄豆票和油票什么的来维持生活。不过，对我们这种主演算是很优待的了。而且因为父亲还在世，经济上比较宽裕，家里要是肉少一点，他就带我们一起下馆子去吃肉，补充营养。但是三年“自然灾害”期间，我们一直待在北京，没有再出去演出。生活那么艰难，观众也没有心思看戏了。

记　者：听说您和您的夫人就是在这个时候结婚的？

梅先生：对。我们是在 1959 年相识，1960 年结婚。她喜欢看戏，经常来看我的戏。现在，遇到时间长一点的演出，她都会陪着我去，一两天的，她就留在家里。

“文革”时，什么也没有想，只要他们别找我麻烦就行了。家里也没有什么事，总理把我们家保护起来了，父亲的东西，1961 年都已送给国家了，留下少量东西都搁到文化部去了，以防抄家的时候被破坏。批斗主要是在剧团里，被剃“阴阳头”的都是马连良那些著名的老艺术家。我在年纪、资历上属于“第三梯队”，最多也就是站着陪斗。父亲已经过世了，他们也批斗不着，不过要是他还在，恐怕也躲不过。

记　者：听说您特别喜欢玩车？

梅先生：我开开玩儿。我是 20 世纪 80 年代初考的车本子，考的是大卡车本子，练车是在大兴郊区，当年最高兴的事是帮农民大爷去运大白菜。天很热，就光着膀子练车。一天一位老太太看见了，老人家牙也没了，站在车窗边笑着跟我说：“那不是梅葆玖吗？昨儿晚上还看见你在电视里演穆桂英呢，今儿怎么就光着膀子开车了？”我回答：“啊，昨儿是小媳妇，今儿是大老爷们了。”

记　者：“两代艺术家都是梅家人，生活在两个年代，你父亲就没有这样的福气。和老百姓近距离地说话。”

以上的谈话没有任何修改，可以看出梅先生是一个什么样的人，这种性格也可以说是父母给的，梅家两代人，都非常实在，都很会节制，生活里跟台上都很节制。

我认识一位南方的古琴家，大名王生香，是金陵富户。当年曾慷慨资助过梅剧团，20年后王生香沦为清苦老菜农，念旧的梅兰芳挥笔并赠送一笔现金，不明说送钱，婉转说是送些点心尝尝。梅兰芳说：“朋友穷了，挑明了给钱，他是不好意思收下的。要给穷朋友照顾面子。”梅兰芳的节制里蕴藏有厚道美德。

这种节制能力，有时候在梅先生身上的存在，也是很惊人的。“文革”后期，梅先生在团里管音响，普受好评。因为他特别仔细，他会根据每一位演员，中间的或边上的，一视同仁，都会一位一位地按他当天的嗓子情况，分别调整他们的扩音设备到最佳匹配状态，一般的没有那么仔细，也没有那么耐心，所以受到一致的好评是在理的。有一次，梅先生被团里派到上海采购音响设备，住在沈维德先生家里，大概有二十几只低箱子，我们和沈维德先生等一起送上火车，用了一辆人力老虎推车，大家都很卖力，因为玖哥能被领导信任，派到上海来买设备。在那个年代是无上荣耀，大家跟着送他，好像也有点自豪。那些日子在上海，我们天天见面，没有谈到“戏”，不知为什么，很郁闷，大家都不想提到“戏”这个字。他回北京的火车是慢车，票是硬座，要坐34个小时。硬座一座规定坐三人，可是坐了四个人。梅先生穿了军大衣，戴了一副眼镜，挤在人堆里。我久久看着他，还是那么安静，就好像以前在人民大舞台上场门“候场”，我说不出话来，想起了梅兰芳。没有说再见，悄悄地下了车。

谈到“文革”，不管我们私下谈话，还是对外公开谈话，梅先生有一个观点是一直不变的。他说：“干校这几年，把我的身体锻炼好了。这是真心话，从插秧到收割，种庄稼的全过程，各道工序全都干了，插秧时‘马王’钻到小腿里吃我的血，我也很自然地上来用力拍上部，把‘马王’给拍出来，这在以前是不可想象的。累了在田埂上躺一会儿，看看那蔚蓝色的天空，这种味道，以前从来没有过。我好在也没有做过对不起人家的事，心里没有什么恐慌的，至于资产阶级生活，我周围的人也都差不多。所以说在干校那几年，可是难得的人生经历，军事化的编制和干活。如果在国外，专门花钱去找一个那样的学校，或者说一个什么团体，是不可能找到的，这样的广告也不会有。我还真的不想怪谁，怎么会让我有这样特别的经历。这几年的农村劳动收获，还真的比我父亲梅兰芳强。”

我说：“那几年你每个月可以回来几天，换换季节衣服，还有拿几棵大白菜回来。这个家庭，玖嫂、林伯伯（岳父）、林伯母（岳母）他们一家人对你的关爱，那种中国传统家庭的力量，给予的支持是很不容易的。那年玖嫂还跟我们说，‘你们谁有布票富余，支援一点给葆玖，他常要爬电线杆子，装喇叭什么的，衣服很伤的’。林伯伯离开我们去美国时，是在上海走的，他和我们夫妻说，‘你那位好朋友（指梅先生）和我们相处了几十年，可从来彼此没有红过一次脸’，真是很不容易。”

“文革”初期梅先生和赵荣琛先生的待遇仅仅是“只许认真改造学习，不许乱说乱动”。其实那个年代，这是属于“基本功”，谁都不能“乱说乱动”。吉祥戏院开大会，他们是没有资格参加的，这对干兄弟（赵也是“老干爹”许伯明的干儿子）只能在门外看自行车。听说梅葆玖可以把自行车排列得很整齐。后来赵荣琛“升级”了，被打成“特务反革命”关起来了，与张君秋又成了难兄难弟。香妈在唐山地震时，来上海避难闲谈时告诉我，“有一天，君秋先生被打得不行了，夜深人静，想睡都没有铺盖。赵荣琛先生本来睡在做盔头车间的木案子上，有一铺一盖的。二人只能用台上的哑语做手势交谈。张先生用手一支头，表示想睡觉，又双手一摊，表示没铺没盖的夜里太冷，指指赵荣琛的铺盖，不好意思说，意为能否分给我一点遮寒。赵荣琛表示懂了，抽出一条毛毯给张。张把全身包紧，倒在水泥地上将就了一夜，准备接受明天的再折磨。那时张君秋的工作是给锅炉房运煤。那天香妈知道徒弟君秋先生受苦、可怜，委梅先生买了一块酱牛肉给送去（君秋先生胃口一直很好，不受地理条件的限制），可是梅先生不能和君秋先生说话。梅是“不能乱说乱动”的档次，张是“管制劳动”，不是一个级别，说一句话是有危险的。梅先生把牛肉夹在自行车后架上，再把自行车搁在锅炉房的煤堆面上，梅先生远远地望着，君秋先生推着车子送煤过来了，梅先生遥控指示自行车上的牛肉。君秋先生心领神会，神不知鬼不觉地取走了自行车上的牛肉，去藏好了。过了相当长时间梅先生才敢去拿自行车。君秋先生“解放”得早，上面有识之士，让他解放出来搞唱腔。他还和梅先生说“这牛肉的味道好极了”。

1962年11月20日，梅、程联合演出，在上海中国大戏院与干爹许伯明、干哥赵荣琛合影

梅先生跟我说“这位师兄吃福真好”。马连良先生那时岁数大了，要近六十了，也常用“潜伏”的手法，请梅先生去买点烟，搞点红糖什么的，梅先生也总能出色完成任务。

“文革”以后，在台湾的白崇禧的儿子白先勇写过一篇有名的小说《最后的贵族》，朋友送给了梅先生，梅先生又转送给我，和我说：“书中写的也全是教会学校出来的人。”其实，我们今天谈的“贵族”早已不是权贵与身份的特征，更不是所谓的“官二代”、“富二代”，那是对一种岁月和那个岁月的气质的无限追缅。

梅先生若有所思地说：“‘文革’结束了，没有特别的两样，以后不知会怎么着。让人刻骨铭心的一次演出，是‘文革’后，恢复传统戏的第一次演出，1961 年父亲去世后，我挑起梅剧团，一年要唱 200 场以上的大戏，1964 年六七月份以后其实已经不大唱了。1966 年‘文革’来了，彻底不能唱了。1978 年说是要恢复传统戏，整整 15 年。我父亲抗战蓄须明志前后八年，我可是要两个八年，而且是 30 岁到 45 岁，唱旦角的最好的年龄啊！我妈和周扬同志说：‘就别唱了吧，不是闹着玩的。’几位当年文化工作的领导都出来说话，劝我不必顾虑。我听了也有道理，管他呢，唱就唱吧。安排我和李万春演出《霸王别姬》，大轴；赵荣琛的《荒山泪》，压轴；倒第三是孙毓敏的《红娘》；尚派李翔的《出塞》。那天我妈也去了，她还像我爸在时一样，到各流派扮戏的地方去道辛苦。她也是演员出身，少女时代红过，对化装室有念情。我父亲不在了，那天我在扮戏，还是郭岐山师傅，就是现在梅剧团管衣箱的郭春慧的父亲，真有一种前程若梦的感觉。李万春先生见了我母亲很客气地说：‘梅大奶奶捧我了。’我妈说：‘万春，60 年过去了还是那样的老话，今天是您捧葆玖了。’说话味道，仿佛时光倒流六十年。”

改革开放的浪潮，从深圳带到上海、北京，至于全国。梅先生和我说得最多的话是“把失去的 15 年给找回来”。我说：“行吗？”他

“文革”后首次演出，与李万春演《霸王别姬》

说：“幸亏小时候父亲给我打的幼功，要感谢老父亲、王幼卿老师、陶玉芝老师、朱传茗老师、朱琴心老师，没有他们，这15年歇下来，真是完了。”直到1981年梅先生给我听他最近吊的全本《太真外传》和《三娘教子》，使我无比兴奋，成了。还得感谢姜凤山和虞化龙二位老师，天天吊。为此，梅先生送了一辆轻便摩托给姜老师，他要从东城赶到西城。这几年，梅先生最大的变化是交通工具，打倒“四人帮”时踩一辆永久B型、凤凰18型已经算时髦的了。不到一年，就让我在上海买了一辆意大利大型的轻便摩托，旧的，1300元，是我家楼下邻居让出来的。沈维德验的车，折腾老半天才到北京。没多久，就开上日本的丰田。20世纪90年代初，上海大众面世了，又换了桑塔纳，17万元。大众公司免了梅先生外汇额度，钱不打折，算是给面子了。左批右批，也是我陪的梅先生去办的，最后交钱那天，17万现金全装在一个蛇皮袋里，我们两人在大众公司食堂吃饭，临走竟把放在桌下的蛇皮袋忘拿，一场虚惊。到21世纪初，又换成了最适宜老年人使用，防碰撞性能最好的瑞典产的沃尔沃了，可称“与时俱进”，但住房条件一直没有改善过，大大落后于形势。梅先生和我说“习惯了，不挪了”。玖嫂说“老了，不买房了，买房不如租房”，观念独特。

20世纪80年代初，梅先生带剧团去香港、台湾的演出，起到了很好的模范作用，都是国内首批的，戏码也是整出整出的演。1982年到香港打炮的《玉堂春》盛况空前。

从1984年10月27日到31日，举办的梅兰芳诞辰90周年纪念演出开始，“纪梅”演出，逢五小搞，逢十大搞，最显赫的当然是100周年，国家领导人都出马了。我亲自参加做点小事的，演出质量比较高的是95周年和1987年4月11日到20日，天津梅派艺术展览演出。地点在天津中国大戏院，我们筹备工作室在附近的交通旅社，因要排戏，住了近一个月，对面就是1951年梅先生刚加入梅剧团不久排《金山寺·断桥》的地方（劝业场）。梅先生说：“环境没什么变化，这些年天津变化不大。”可是天津看老戏的人多，观众情绪高涨，全国第一。

1994年，梅先生以极大的热情恢复了梅兰芳京剧团，又开始到全国各地巡演，每一二年都有出国演出的任务，从戏码上看，整出整出的演，越来越少了。在各种会演中，几位演员同演一出戏的现象已不足为奇，京剧市场每年都在走下坡路。每一年春节，中央电视台的春节晚会，春节戏曲晚会和文化部春节电视晚会成了演出的大事。

21世纪初，梅先生的《大唐贵妃》重拳出击。

这20多年来，梅先生在国内外得过多次的奖励、奖牌、奖状。

我认为最值得一记的有2006年3月10日由美国加利福利亚州州长施瓦辛格亲自签名颁发美国政府大奖（文化类的奖在加州颁发，故由加州州长签发）这是代表美国政府对梅先生的肯定。

另一个奖也很特别，是由北京市东城区“好邻居”评选表彰活动时，东城区政府负责人介绍，梅先生被评为东城区第二届“好邻居标兵”，这也是政府行为。

干面胡同的安女士说，她的胳膊摔伤了，邻居梅先生会来探望。平时无论是过大节还是小节，梅先生总会叫人给她送点礼物。梅先生一有演出，总会叫人给她送票来。老太太激动地说：“一句话，梅先生就是把好事都做绝了。”邻居们说，唐山大地震时，他跟许多老邻居一起住过地震棚。晚上正在说笑呢，地又动了，大家一起往外跑，算是共患难的。“我就愿意住在这胡同，怎么说也不搬了。”梅先生说。大家见面都是笑脸相迎，生活在这样的环境中就是高兴。

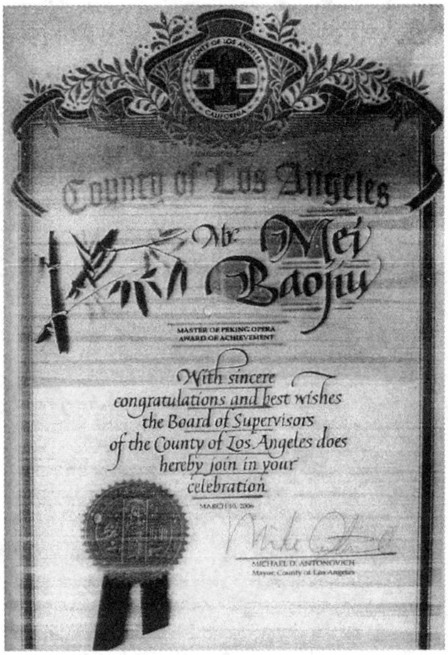

梅葆玖获美国政府大奖

这 20 年来，梅先生说“京剧音配像工程”也是很值得一记的。功在当代，惠及子孙。

梅先生说：“今年 4 月 20 日，我带领我的学生参加完了瑞环同志召集的‘争取音配像工程最后胜利’的座谈会后，瑞环同志还和我每一位学生都单独照了相。计划 342 部传统京剧的音配像已经完成了 312 部。这么大的一个工程，对我们京剧界来说，首先是一个时代的强音。我真为她们碰上了这前所未有的好时代而无比喜悦。

“有朋友认为京剧‘音配像’不能称是一个完整的艺术品，我的看法，不能就事论事，不能消极，老一辈艺术家没有留个形象是遗憾，能有部分声音留下来已是庆幸。我们应该用庆幸来弥补遗憾。中央直接关心把濒临失传的优秀剧目抢救、保留下来，避免一些京剧精品沦为绝唱，造成无法弥补的损失，这是实事求是的态度。我父亲生前完整的录音仅有16出戏。他去世已有43年了，说是要找一个具有梅兰芳同等水准的演员，现在没有，今后也很难说，这是事实。而且找一个完全一样的人不科学，克隆技术在京剧表演这种悟性很高的艺术领域里，能否成立，能否有条件实践，就不完全是一个技术问题，我看恐怕也是天方夜谭。所以实事求是地说，用'音配像'的手段尽可能好地忠于原著，是能够起到传承作用的，是为后人留下了一笔宝贵的财富，我是拥护的，也是认真的。梅派的第三代弟子知道要为我父亲配《醉酒》《抗金兵》《西施》都是十分认真。我们为胜素排《贵妃醉酒》，她接到为梅爷配《醉酒》的任务后，已经苦心准备相当长的一段时间了，负责监督的是马老师和迟老师。老吴也从上海赶来，他从另一个角度，用逻辑思维的方法，向胜素讲解，当年我父亲表演的内涵。整整一天，大家都十分认真，胜素的表演也有点意思了。排完以后，中央台接着探访，可以说方方面面都很投入。

"我感到最遗憾的事，一是我父亲晚年演了几十次的《穆桂英挂帅》，当年没有制成舞台纪录片；二是六部梅派代表作有了电影，但毕竟是电影，正如父亲说'电影和京剧压根儿是两码事'。

"我知道就盖叫天在上海拍了一部舞台纪录电影，真实的，这都是过去的往事了，今天'音配像'完全用舞台剧形式的录像，也是弥补过去的不足。

"好事会延伸，今年我们成功地在上海演出了《大唐贵妃》，这是殿堂型的大型京剧的版本。上海市委领导提出八个字'旧中见新，新中有根'，我们的'音配像'就是专门谈'根'的。同时，上海东方电视台推出了《绝版赏析》的栏目，把杨小楼大师和我父亲的全本《霸王别姬》老唱片经过精心的技术处理，起用了杨派、梅派颇有心得的青年演员，精心指导，不厌其烦。又请了对杨、梅派有研究的专家在电视上讲座，收到了很好的效果。上海的朋友说如果没有党中央亲力亲为领导‘音配像’工作，我们今天恐怕想都不敢想。

“所以我说‘音配像’工程无论是对拯救剧目还是培养接班人，确实是一种功在当代，惠及子孙的大事。”

20 多年来，比较深刻体现梅先生对京剧发展思想的，是对《太真外传》的移步不换形。

1994 年梅先生在北京京剧院改编复排了梅兰芳历史名剧《太真外传》，2003 年梅先生在上海，由国际艺术中心牵头以 1994 年《太真外传》为基础改编创排了现代交响京剧《大唐贵妃》；2013 年在北京中国戏曲学院改编创作了以 20 世纪 20 年代梅兰芳艺术创作高峰时期编创的传统代表剧目《太真外传》为依据，运用多媒体手段，通过动漫技术与舞台呈现相结合的形式，具有京剧革命意味的新作《长恨歌》，即《梅兰霓裳》。

前后刚好 20 年，三次大动作，以《太真外传》为核心，不断革新，几乎成了这二三十年来梅派艺术改革创新的一个缩影，我陪梅先生参与了这实足 20 多年改革的全过程，经验和教训都有，没有白做。

梅先生在《梅兰霓裳》演出结束当天，获得专家和戏迷的一致认同、叫好。说了“八十学吹打，古而有之”，意味深长。

我撰写《〈梅兰霓裳〉和而不同》的小文，自感颇有心得，后来纳入了文集。

1994 年 10 月 17 日北京保利大剧院，梅先生率台湾弟子魏海敏为纪念梅兰芳诞辰 100 周年，演出了新版本《太真外传》。在梅兰芳连演四个晚上的连台本戏《太真外传》和言慧珠分两个晚上的上下本《太真外传》的基础上，压缩到一个晚上，三小时一刻演完全本《太真外传》。由《穆桂英挂帅》的编剧之一袁静宜女士改编。袁老师下了功夫了。

至今，《梨花颂》的流传，已成为事实。它将成为梅葆玖时代的梅派演唱的一个标志，代代相传。

2011 年 6 月 26 日，中国戏曲学院的科研项目《太真外传》正式由梅先生确定，并书写剧名《梅兰霓裳》，案头工作准备一年左右后，周龙教授召开了第一次工作会议。会上，梅先生呈上了授权书。还是父亲留下来的习惯，有重要的信札一定是用繁体字，端端正正地书写，盖上大印：

> 本人同意担任京剧动漫舞台剧《太真外传》艺术总指导，授权中国戏曲学院在研究与创作过程中使用梅兰芳本人及本人课堂教学和舞台实践等相关资料。本人认可京剧动漫剧《太真外传》舞台底本，为京剧梅派《太真外传》的课堂教学版本，版权归中国戏曲学院所有。
>
> 本人授权中国梅兰芳文化艺术研究会副会长吴迎先生担任京剧动漫舞台剧《太真外传》策划，中国戏曲学院教授周龙先生担任《太真外传》策划并全面负责该剧艺术创作。

梅先生在会上意味深长地说：“尽管我们这个戏，构思、舞美、服装、配乐、舞蹈都非常好，但是最终还是要落实到演员的声腔上，唱戏一定是要以唱为主，《太真外传》唱腔很多，高亭公司、百代公司都录有我父亲的唱片，基本上都录下来了，还是有根可寻的。”

梅先生这些年来看到的所谓“大制作”越来越多，花纳税人的钱也越来越多，大多是为了评奖，演一两次就束之高阁了，他对新的东西，越来越小心谨慎了，嘴里不断地说，“传统、传统、传统”。

梅先生说：“这个戏的剧情，背景大家都知道，今天把它丰富了、更美了，虽然一打开是一个很现代的大幕，但是观众还能听出原始的味道，不会让他们因为是新编的历史剧，感到有生疏的距离感，最后使得这个戏就可听、可看、可欣赏。”若要成功就不能脱离梅派的魂，这一点要牢牢地把握住。

梅先生继续说："有时候别人问我这一段能不能改别的，我说别改，要改的话就不是《太真外传》了，就是新编历史剧了。

"我想，通过这个项目，把这个戏老本子整理出来再加工，做一个学院派，可以在电视上、剧场上，随时可以出现这么一个戏。就是要演大部头，也可以在国家大剧院，主要是要大家可以经常看到。通过这次再创作精加工之后，味道更浓了，那些老戏迷会经常看的，因为里面涵盖的全是精华。我也希望学院能够把它作为一个教育版本，作为梅派名剧的一个典范来学来演。咱们可以确定一个在全国演的戏本。

"1927年，我父亲演《太真外传》时，就已经很重视'景'的运用，那时候已经有了云台、转台了。'梦游月宫'那场扮成嫦娥，最后两个人坐到平台的座位上。一关灯，再一开灯，整个衣裳变了，又变成宫装了，观众都愣了，怎么变呢？我父亲说，那个变了以后衣服就不能动了，所有的衣服都是带按钮的。盖上，你只能亮一个相，可从观众来看，你的服装由那套整个变成这套了，感觉很新鲜。那个年代就想到服装的变化，这都已经用上了。后来，我就反思，二三十年代我父亲就有这种想法，而且他已经用了一个托轮，已经用了电动的。当然那都是比较简单的。说明100年前已经用了现代化这种手段了，也是有一个转台，一边唱一边起舞，杨贵妃跟着台一块儿转。现在我们需要在保留原始东西的同时，把高科技的现代化合理地用到最大化，再加上好的梅派演员，那么我想这个戏肯定能定位。如果排好了会比《大唐贵妃》上演的机会更多。"

我坐在梅先生的左边，我边上是张晶。当梅先生提到《大唐贵妃》的时候，我看他的脸很严肃，我很少看到梅先生那么严肃的。是的，《大唐贵妃》关心境啊！从2003年上海国际艺术节开幕献典，连演六天到北京保利剧院连演四天，正值"非典"高峰，观众都戴着口罩（也可称世界观剧史上一奇观）。以后要再演难了，动静太大了，

梅葆玖在《大唐贵妃》新闻发布会上

布景就要用八个集装箱，包括伴唱的、伴舞的、交响乐的、加起来200多号人，开销实在太大了。到2007年把这个戏落实到了上海戏剧学院、戏曲学院后，集中管理了，中西乐队、伴唱伴舞由学院及舞蹈学院解决。但是宏伟的实录真是不胜负担，从戏曲学院参加了山东济南的中国京剧节后已经五六年没有演了，能真正留下的就只有《梨花颂》了。

《大唐贵妃》花的心血实在是太多了，留下的遗憾也太重了。梅先生的严肃，我心里十分清楚。再演这出戏，一定是要降低成本，一定是要具有操作性的。

梅先生继续说："这次还是以《太真外传》为基础的，通过学院编排，应该说是规范的，甚至将来可以做成经典，而且将会成为最具有影响的。尤其是咱们学院的同学、研究生可以学，老师也可以再提高，把《太真外传》传下去。等我们都不在了以后，底下的学生只能听听片段，现在的片段有人唱，可是全剧没人唱。咱们最终的目的，还是希望梅派能够传下去，这是我的想法。我父亲唱了一辈子戏，不管别人怎么夸奖，他都是很谦虚的。他怎么排的，他跟谁学的，后来他又怎么改的，他的《舞台生活四十年》都是这么说的。他说自己一辈子都是小学生。前几天

上海歌剧院排演《梨花颂》

我看了迈克尔·杰克逊的介绍，他爸爸说迈克尔·杰克逊多年没上台。有一次签了连演50场的合同，他说一定要拿出感觉来。表演都是高强度的动作，在家吃药练肌肉，最后承受不了，心脏病犯了。这强调作为一个演员的态度，对自我的要求非常重要，要么我就别上台，上台就得对。”

梅先生最后说：“一些具体的唱腔，或者一些舞台上的，咱们可以一块儿共同商量怎么做。好在我父亲的这些资料纪念馆都有，从服装到相片、唱片、录音都可以遵循。当然，我知道的那些，我演过的，我可以主动提供。如果我不太详细，再请老先生查资料，把这个戏的脉络，从源头上怎么传下来的，捋清楚，让人家听起来还是《太真外传》的原汁原味，但是是用现代化的手段托了一把。这个非常重要。”

周龙教授在这个立项会上表示：“中国戏曲学院既然叫戏曲学院，

就是以戏曲为本质，无论怎么派生都是在戏曲里面求经典。梅老师强调的内容，有非常典型的意义，我们要把他真正本质的东西建构好。在有丰富的戏曲、京剧、梅派艺术的根基上，利用现代技术。核心和本质不能脱离，这也是能永久传承的一个重要因素。要不然，则喧宾夺主，丢掉了最宝贵的精髓。不能只追求场面，要有实际的内涵积淀。”

梅先生对我说：“他说得很对，难得的理解。”我和梅先生说，“长靠武生，宗杨派”。梅先生说：“有这样的想法，不妨把杨、梅的《别姬》重新拿出来，旧中见新，新中有根。”

会上，梅先生又谈了很多革新的想法，这是他对这个题目谈得最多的一次。梅先生说：“《太真外传》当时的剧本，所配搭的演员都是一流的。我父亲留下的剧照、唱片、剧本也比较全，我们用多媒体教学的各种方式，还是第一次尝试，这个手段还是很新的。在日本，我看过板东玉三郎演杨贵妃马嵬坡的最后那一场，当时已是20世纪八九十年代了，已经有高清晰的电视技术了。但是他穿的服装的花色，舞台的表演步伐等，还是传统的。新手段能够更细致地表现传统的一些好的、非常细腻的东西，从这方面来说是好的，但是也不要做的离奇古怪，让人难以接受。最难的就是在传统的基础上，利用多媒体的技术，不但要保留原有的经典，还要利用多媒体高清晰手段的多变，通过演员对人物的演绎，能够让人更理解梅派艺术，更让人接受，这个本身是个好事。戏的旋律是很美，配戏前可以丰满一点，但是唱腔不能变，如果一变就很难找到它原来创意的灵感了。这次创作中，动画创作就体现了多媒体手段的作用，更好地传达了艺术的语言。咱们这个戏不是为了商业上的利益，我们都明白这个制高点的意念，是为了传承。

“现在我也经常看外国的古典音乐、古典芭蕾舞、古典歌剧。只要是正统，一点都没有变，旋律、乐队、服装都是原来的，但是舞台条件更好了，灯光更好了，宏观性的感觉更全面了。这就是利用现代手段的新成果，跟我们搞多媒体的宗旨是一样的。它的唱腔男高、女高、大乐队的指挥，都是按原来的谱子，人家也没有变。不像流行的东西，可以来回改动、随便炒作，这不是我们追求的东西。我们现在多媒体手段运用，不单单是梅派艺术，搞各流派艺术都可以。把它的精髓抓住，让学生们从不知道到知道，由知道到认识，由认识到喜欢，由喜欢到自己去学，这是一个很好的教材。现在多媒体手段太多了，不单单是我们在课堂上这些技术，多媒体在手机里也可以看，电视里也能看，甚至你在开车时也能看，随时随地都可以接受这些东西，学院做的这个是很有代表性的。至于唱腔、音乐、化装、配戏，只要我们尊重传统的东西，保留原汁原味。当然从服装来说，在传统的基础上弄得更漂亮一点更好。让大家看到京剧多媒体舞台剧梅兰芳的《太真外传》能够获得大家的青睐。以后就可以采用这种形式，制作更多的京剧精品，包括梅派的其他戏，还有其他流派的艺术，都可以利用多媒体手段，使大家接触到

《汾河湾》剧照，梅葆玖饰柳迎春，张学津饰薛仁贵

京剧，这对我们弘扬和传承民族文化有很大好处。

“我父亲那个年代，技术受到很大的限制，毕竟不像现在的技术。但是不会因为现代的科学手段的限制把艺术的东西给削减。我对这个提议很有信心，我们在京剧真正的轨道上把梅兰芳艺术的真、善、美做出来，从教学角度把它做出来，这是个好题材，可以传承下去。

“其实，我父亲非常喜欢革新，他有一张相片是拉小提琴的，还有一张是弹钢琴的，在那个年代他已经有了这个想法了。那个年代跟现在不一样，不具备多媒体技术，但是他的创作会留有空间，比如他的唱腔没改出来，已经给配戏留下很多的空间了，再做配戏也好、和声也好，都非常舒服。梅派艺术非常宽容、舒缓，而且在乐队方面有个很宽容的空间，现在我们再加上配戏、加上和声，再加上各声部不同录音角度的配合，当然更完美了，但是旋律一点也没变。那个时候我父亲已经有了革新的想法，但是没有这些手段。咱们现在有那么多的技术手段，梅兰芳电影改成动漫以后，现在小孩都爱看。画的也美，也好看，又有剧情，又有故事，这就说明现在手段一样可以把现在的年轻人吸引到京剧中来，所以我也是很有信心的，希望旗开得胜、马到成功。

“开政协会的时候，很多老政协委员说，原来都是看全本的大戏，现在都改成拼盘了，这里一段，那里一段。我们说能不能改成大戏，能够在一个晚上领略到整个戏的风采。晚会可以拼盘但是专业演出不要拼盘，这说明观众还是懂戏的，要是不懂戏不会提出这样的意见。有时候就是等着看大段的表演，但是这场没有，观众就会感到白来了。说明观众有这个要求，所以我们现在培养演员都要把全本的戏学了，不管怎么演，但是不能没有这个基础。咱们学院要学梅派艺术，就要规规矩矩、经经典典地学了，当你具备这个实力，就不怕人家点了。张晶那时候演的全本也很好，观众也非常喜欢。

“总而言之，现在有一批观众希望能够再看到原著经典。《太真外传》也是，《太真外传》原来两天演完，后来我们改成一天，但是也有一些损失，有一些好的唱段就不可能纳入了，就得有所取舍。但是学的时候都要把这些经典唱段学了，将来怎么用我们都有，这就比较主动了。而且有的老观众提出这个唱段，因为我唱的时候也有跟我父亲那个唱腔有所修改，有人就说你唱得不对，你父亲唱的时候是那么唱的，你怎么不那么唱。这就说明大流派的戏，都有这个问题，所以要恢复的话，这些老剧本、老资料都有，让老师们再抓紧恢复。恢复之后再演，这就是一个大本戏了，这样观众看着也过瘾，也形成梅派艺术全方位的表演。但是《太真外传》也存在赶场的问题，我父亲100周年的时候我演《太真外传》也是赶不过来，最好还是两个人唱。现在社会上有这个呼声，尤其是台湾的一些观众到咱们这来看戏，他们也觉得是晚会，看起来好像丰富，可是不过瘾。咱们学院可以带头把这个戏规范起来，至少要学会。要是去国外演出就不行了，人家就认一个人，就像歌剧，从头到尾都是一个人唱。我们现在也要想办法培养文武全才。那时候我父亲成名也很不容易，文、武、昆曲都得来。我们学院看到有潜力的学生，一定要严格地要求。作为京剧演员，那个时候你要吃饭就得练。我们要发现好苗子，然后要下工夫让她成才，这是很重要的，京剧主要看演员，像很多戏大家都知道剧情，但是某一位唱观众就买票，另一位唱观众就不买票，所以京剧是角儿的艺术。”

梅先生侃侃而谈，这20年来，京剧舞台上重大的问题都提出来了，这个问题大家都知道，就是有人说，当前专业演出（主要是商业演出）和晚会表演分不太清楚，这是一种社会现象，甚至把娱乐演出也作为专业演出来评价，言过其实，这对发展京剧是不合适的。

会开完以后，接着几天梅先生自己开车，带着张晶，直接面对学生深入教学。这情景30年前在上海剧协举办梅兰芳艺术培训班时也出现过。当时是16位学员，为期三个月，现今是八位，有本科青衣

梅剧团重组纪念演出《贵妃醉酒》

组的同学，也有在读研究生。

很值得一记的是，梅先生意味深长地和我说："同学们从中专上来到大学要近十年了，唱还行，念白听起来根基不深，这对整出戏的艺术品位会有影响的。白口'飘'的现象，甚至'一顺边'都会有。"我说："我是死心眼，不到位，只能是重新描红，举一反三，她们不像你，当年一段白口，60遍，反复练，功到自然成。"

梅先生很认真地又和我说："到上海，我们静下来。我先自己温习一下，把现在改的本子熟练一下，我从头到底，一句不漏，一字不差地念一遍。"到上海后，我准备好了录音笔、MP3，我们准备花一天时间把念白全部记录下来。不料，梅先生拿出自己备好的录音机，他说这比较可靠，而且要用这种磁带，是专业的。他根据剧情发展，一字一字、一句一句地念，我在旁边搭搭架子，高质量地完成了全部念白，我去专业单位转成MP3，做成光盘，交给张晶，往下传。

梅先生认真起来，真不是说说而已。文戏，这样一字不差地传，我是第一次见识。

《梅兰霓裳》有梅玮的加入，特别令人欣慰。梅玮是梅氏家族唯一继承祖业的，专业京剧研究人员，为人十分低调，除了京剧本行研究外，喜爱现代音乐，打得一手好爵士鼓。梅玮知道怎么用高科技来完善京剧的虚拟、写意手段。

梅玮说：“这是一种当前都属于很先进的一种方式，把传统京剧继承下来，用这种动画方式还原了一些老先生原来演出的表情、唱腔、身段，这可能是以后的一个新的趋势，同时这也是一块敲门砖，甚至是一个标杆。这个如果做好了，的确是个标杆。传统与现代技术的相融，可能需要一段时间去磨合、去了解，我们现代做的这种不失传统的方式又有现代的因素，对于年轻人来说更容易接受。这实际上对于京剧是一种很好的继承。对于现代年轻人来说，吸引他们去听是一种发展，是一种继承。很多人一直觉得京剧是一种老旧的艺术，是脱离现代的艺术。其实它并不老旧，也就只有两百多年的历史。很多人没有进过剧场，我们现在用现代高科技的手段进行包装，对他们也有很大的吸引力。有的单位做传统戏，只是用视频，以记录的方式去保护非物质文化遗产。但是站在艺术的角度上，除了记录以后，还要继承沿革、发展、创新。所以我们这个戏做出来，会达到一个新的阶段、一个更高的层次。我个人很期待，到时候一定要看，因为我没有见过祖爷爷梅兰芳，通过这个戏可以看到。关于服装的问题，梅兰芳纪念馆存有大量的梅兰芳的资料，照片，需要的话可以找我。”

正如梅玮所说：“传统与现代技术相融，可能需要一段时间去磨合，去了解。”几次演出和实践，无论是在国家大剧院还是梅兰芳故乡泰州的人民剧场，我们所体现的多媒体技术的三个方面，真正成功的仅仅是3D动画场景方面，环绕声也能说得过去。至于对梅兰芳本人在舞台上和日常形象的运用捕捉，远远没有达到想要达到的目的，可能是硬件、软件都难以企及。梅兰芳不是卓别林，他日常肢体语言没有那么丰富，而且那个年代的人文意识和现代人是很不一样的，可能真是要下大功夫，理解“捕捉”的真切含义。3D 动画场景方面的实践，使我们从《大唐贵妃》中解放出来，现代化的舞台技术为京剧提供了新的创作和发展空间，通过全新的创作思维观念，实现文化与科技、传统与现代、古典与时尚的融合，以此来丰富传统舞台的表演形式。提升京剧这一传统艺术的现代审美价值。

以“太真沐浴”这场为例，就把观念完全带进去了。3D 动画把华清池设计在一个高台上，台下众宫女夹道欢迎。镜头从地面越到池水前，后面是山泉、云雾的环境。在舞台上，舞台实景将华清池延伸出来，配合干冰等舞台手段，营造水雾朦胧的舞台三维虚拟景观。华清池潺潺的水声，氤氲的感觉。加上音响效果、环境立体方位感的声音，让人包裹在声音里面，还能听到从这个方向传来的鸟鸣，从那个方向传来的水声，高度地融合在一起了。

如果说“华清池”体现了精致，“长生殿”则是宏伟到了极致。3D 把“长生殿”融合“含元殿”“宣政殿”的建筑特征，突出了建筑壮观宏伟的气势。天色渐明，镜头从长生殿前升起，鸟瞰整个华清宫。镜头越过长生殿，来到骊山宫前，宫殿门打开，进入骊山宫，金碧辉煌的景象，舞台实景将宫殿中的龙柱、平台、宫灯延伸出来，是三维虚拟景象与舞台实景的有机融合，使舞台空间得以扩展。

梅先生看到这些高科技手段，非常兴奋地和我说：“《大唐贵妃》到现在已经有十年了，还是这个故事。十年以前，如果有现在这种技术，郭小男他们也会拿来干的。今非昔比，我还能赶上这个时代。”这次最不容易的是，真正做到了“移步而不换形”了。我们的“形”是我们的原则，不能变的，也就是“写意传神”的原则，再移步也是不能变的。

我说：“当前所谓的‘大场面、大制作’往往是太过写实而被人诟病。反而使京剧的虚拟表演显得虚假，违背了‘写意传神’的京剧美学原则，改变了京剧的‘形’，也就违背了你父亲生前的愿望了。”

梅先生说：“看得出周龙他们是动了不少脑筋，一定是不断地改，不断‘移步’的，舞台布景也不是绝对地不用，有时用，有时不用，用的实景都比较简单，点到为止。妙是妙在舞台上的三维虚拟景观和舞台布景结合起来，连在一起，有里有外、有虚有实、天衣无缝。营造出浑然一体的舞台三维虚拟景观。”

梅兰芳在 1958 年的一篇文章中说过：“戏不要怕改，一改再改，甚至有个别的地方改掉了，觉得不合适，再改回来，也是可以的。主要是应该多听取别人的意见，通过舞台上的实践，不断地研究，边演边改。”

梅先生说：“老父亲的话很受用。我同意把《梅兰霓裳》的改革发展思想，写入我的传记，这 20 年之中，我们也做了点事，国家给的工资，也应该做点事。我们要在这三四个月的时间，把这种革新发展的思想，好好地梳理一番，明年政协大会，写一个好的提案 ，大家一起来努力。”

《洛神》剧照（摄于1985年）

梅兰芳剧团恢复上海纪念演出合影留念

梅葆玖与爱猫

梅葆玖与日本歌舞伎艺术家板东玉三郎同演《杨贵妃》

梅葆玖与七姐葆玥合影

梅葆玖与七姐葆玥演《大登殿》

第八章　弟子四十　薪火相传

梅兰芳先生生平共收弟子111名，其中女弟子73名，最早五位大弟子是姚玉芙、程砚秋、李斐淑、徐碧云和魏莲芳，最早女弟子是新艳秋、章遏云。最晚的弟子男的是毕谷云，女的是胡之凤。梅先生最早收弟子在1991年，是台湾的魏海敏和龙乃馨。最近收的弟子是才17岁的上海戏校的优秀学生炼雯晴，到2013年为止共收40位弟子，唯一男弟子为胡文阁。

梅先生最早正式上课传艺是30年前了。

1983年10月5日至12月25日，上海剧协举办了为期三个月的梅派艺术训练班，学员共16位，分别是以华东各省京剧团主要演员为主，年龄从19岁到32岁，集体住宿，教室和生活都在今上海时装公司的顶层，每天上课九小时，秩序井然。

主教教师除了梅葆玖外，还有梅派弟子魏莲芳、童芷苓、王熙春、任颖华、顾景梅、舒昌玉、沈小梅、杨维君以及许美玲，还有专门指导练唱的卢文勤和我。卢老师和我指定为班主任，学员学了四出整戏，《生死恨》《霸王别姬》《穆桂英挂帅》和《凤还巢》，16名学员四人一组上课、排练。老师和学员意气风发，经过十年浩劫后，十一

传艺

届三中全会的召开，思南路 87 号的梅门弟子还能聚在一起，每一位都有故事，真是感到特别的不容易。梅先生起到了很好的带头作用，不计较微薄的报酬，坦言尽义务也是应该的。剧协领导去老教师家中拜访一下，上课时用车接送一下，别的真是什么也没有。现在多年过去了，好像不敢相信，不单是我们，其他影视、话剧各界传艺上课，也是如此。

“梅训班”的学员都是各地戏校毕业的，都经历过专业的系统学习，她们对梅先生的评价是：“梅老师是真教了。”四人一组，一拨一拨地来。上海的深秋初冬，已相当寒冷，梅先生往往是满头大汗。任姐姐（颖华）是梅兰芳和香妈所疼爱的弟子，她当年是锦江饭店的艺术顾问。为了照顾玖弟，请我陪梅先生去附近国际饭店吃饭，一次每人三元七角，三菜一汤，有炒虾仁，从时装公司到国际饭店徒步而行。当年媒体不像以后那样流行，路上认识的人也不多，没有像现在那样要求合影留念的。过永安公司门口，梅先生打趣地回忆：“三四岁时，香妈领我出来到永安公司，我看见微型小摩托玩具车，一定要买，那时家境不好，香妈不给买，我就坐在这门口的地上要赖，不走了。就是这个门和当年的没有变过。”梅先生念旧。

在训练刚结束时，梅先生向卢老师和我提出每一位学员要考试，每人演四个片段：《生死恨》的“夜诉”,《挂帅》的“捧印”,《别姬》的“剑舞”和《凤还巢》的“三看”。要公演，由我组织在上海和外地，愿意自费参加考核的梅门弟子，梅家老朋友，以及上海几百名梅派票友，让他们来指教，行不行。我当年订下黄浦区工人文化宫的大剧场，每天演，当年算梅派盛会，我当年也真有这个勇气来策划和实施，没有亏本，还略有盈余上交。每天我都组织人录像（当时没有VHS，是一种大的）送给学员的单位保存，我们要有一个交代。这钱由剧协出，我们没有那么多钱，当时一盘带子要100多元，梅先生那年也没有录像机，那时录影机体积很大，扛在肩上的。30年以前学员的所有资料，上海剧协还保存着。最近梅先生提出这十几个带子要保存好，做成DVD送纪念馆保存。梅先生做事程序清楚，很规范，这和青少年时期教会学校的教育有关。几天的考核公演，大家都说“很实在，教得好，学得也好”。

经协议，1984年元旦，由上海人民广播电台在大众剧场，由梅葆玖、童芷苓和上海京剧院李炳淑、夏慧华、吴江燕一起参加，举办了梅派艺术元旦戏曲广播演唱会，市委领导还来和大家合影留念。“梅训班”要结束了，由于经费实在没有来源，当年还没有“赞助”那么一说，我真着急了。16位同学要给他们买回家的车钱的却没有，要分手了，按梅派老规矩，总得表示一下，梅夫人组织了一次她们去西郊、龙柏旅游，梅夫人掏钱，我在家里请同学们吃了一次西餐，略表心意。

即日梅先生、任姐姐、卢老师和我正式商量，怎么办？梅先生看我不说话，有心事。和我说了一句，至今印象特别深刻：“你别那样儿，我就是钱。明天你去芷苓姐家中合算一下，请上海京剧院、上海戏校都出动，唱几天戏，出票推动你自己要上心。”我说：“你们家的高招又来了，老爷子显灵。”但这一招，靠演出去集资，在抗日战争时期再困难，即使卖卖当当也不使。第二天，齐英才院长，也是冲着1947年梅家帮助夏声戏校的老交情，上海京剧院将剧场、剧务、排戏、配戏、舞美全都定下来，梅家好多事都是因果报应，好有好报。第三天，在北京的老伙伴，琴师姜凤山、虞化龙、鼓师裴世长，服装郭师傅全都来了，报上没有登广告，我估计红灯（客满灯）会天天亮，广告就不登，省钱了，再说要票的太多才麻烦。1984年1月7日到11日五天票全满了，1月7日大轴梅先生《贵妃醉酒》，16位学员扮16位宫女，阵势摆开，几乎是1951年在中国大戏院捐献飞机大炮义演的拷贝，那天梅兰芳的16位宫女是言慧珠、童芷苓、李玉茹……那阵势！梅先生《醉酒》16位学员宫女也一样，满台辉煌，十分喜悦，芷苓姐照顾玖弟让贤和葆玥姐压轴《坐宫》；第二天1月8日大轴，童芷苓《宇宙锋》（带金殿），压轴梅先生的《凤还巢》；1月9日大轴梅先生、李长春全部《霸王别姬》，压轴梅葆玥、夏慧华的《武家坡》，童姐姐休息一天，夏慧华是言慧珠的徒弟，卢老师的女儿，要给去世的言姐姐留点面子，无可非议；1月10日大轴童芷苓《坐楼杀惜》，压轴梅先生《生死恨》；1月11日大轴梅先生《穆桂英挂帅》，压轴童芷苓《拾玉镯》。票卖疯了，不亚于1962年11月2日起的那一期梅先生和赵荣琛先生在上海中国大戏院梅程联合演出的盛况，20年以后又在上海我家，要票的电话打爆了，连梅家的管家的亲戚都找上我了。梅府家宴的创始人王寿山师傅的票是梅先生特地关照的，奶妈的票也是，从小管吃的，关系不一般。那十天左右时间，真是又累又高兴，前辈姚叔叔（玉芙）、李八爷（春林）、许伯伯（姬传）都在北京。梅兰芳的年代，没有我们的事，如今“蜀中无大将，廖化当光锋”了，梅先生脾气和他爸一样，即使做得不完善，他也不怪人家的，对我来说什么叫“张罗演出”这一套，可真明白了，这种管理是书上没有的。

梅先生和我说：“其他我不管，1943年千龄会后人，票子你搞定，

京剧进中小学，亲自上阵

那可是经过这惊心动魄的十年‘文革’后的第一次啊！他们和父亲都不是普通关系。”1943年抗日战争时期，梅兰芳蓄须明志，甲午同庚千龄会同人是指1943年20位属马的50岁的好友刚好一千岁生日，美曰千龄会。而且这20位抗日志士、前辈，有吴湖帆、汪亚尘、范烟桥、张君谋、蔡声白、陈少荪、秦清曾、孙伯绳、陆兆麟、席鸣九、张旭人、徐光济、李祖夔、杨清馨、陆铭盛、郑午昌、章君畴、汪虒长、周信芳和梅兰芳。这些高人的后代不时有来往，互通信息，例如美专校长汪亚尘先生的儿子汪佩虎。佩虎和他姐姐从20世纪50年代到“文革”都遭遇过很不公正的遭遇，他母亲是无锡荣家的，是荣毅仁先生的堂姐，子女不幸，老母牵肠。“文革”之后，佩虎母亲100岁，不计子女家庭不幸遭遇的委屈，毅然加入中国共产党而成一段佳话。《解放日报》整版介绍，事迹十分感人，可说是上海百年社会变迁的一个侧面、一个缩影。荣老太太轻描淡写地指着窗前一张八仙桌说：“那些年（抗日时代）梅兰芳每天下午从思南路走过来，转个弯就到了，就坐在这张八仙桌前面和我家老先生汪亚尘看画。有时候汪亚尘出去没回来，他也一个人坐着，非常沉稳。他们是哥儿俩，记者问她为什么入党，她风趣地说：‘梅兰芳入党了，我也要入党。’讲得真好，是真话，意思都在里面。”

四天演出结束了，人民大舞台门口“客满”红灯特别的亮，我和吕经理说，灯不用关了，让它亮四天，电费我们来，图个吉利。学员顺利地回去了。事隔30年，那16位当中很多退休了，还在干这行的一半也没有了。他们是：

江苏省京剧院的陈旭慧，南京市京剧院团章嘉禾，南通市京剧团的卫红玉，江西省景德镇京剧团周莉莉，安徽省滁州地区京剧团的郭玲玲，安徽省蚌埠市京剧团的陈铁妮，江西省铜陵市京剧团的王新莲，安徽省京剧团的田然、万慧明，云南省京剧一团的王玲，武汉市京剧团的李秀英，广州市京剧团的王悦，山东省青岛市京剧团的张瑛，威海市京剧团的张传秀，江西省萍乡市京剧团的朱艳玲，江西省市上饶京剧团的刘小玲。

这些年来，坚守在京剧岗位的已经所剩无几了，有的已经退休，有的所在京剧团也没有了。她们之中有三位后来正式拜师梅先生，小的进了中国戏曲学院进修，有的学员见面还是很亲热，一看名片，好像是电视台副台长什么的，也不知讲什么合适。

这30年变化挺大的，写这传记时，和梅先生回忆起来，恍如隔世，但这是真的。虽然谈不上历史，也可见梅家两代人的落差有多大，我手里拿着1983年7月12日上海剧协发的“梅训班”入学通知书，取两条共赏：

第二条，学费每月50元，三月共150元，须在开学前汇给我会。

账号，上海人行静安区办 0789507 上海文联

第三条，学员报到时要带膳费（自定）及练功时水袖衣服一件，宝剑一副，腰巾一条及布鞋和彩鞋一双。

在梅兰芳纪念馆查到的研究文献中说，在我国历史上共产生过 394 个戏曲品种，“文化大革命”以前有 360 个剧种活跃在各地民族戏剧舞台上，上演的剧目有上万种，京剧就有剧目五千多种，秦腔有三千多种，专业演出团体有二千多个。20 世纪末 21 世纪初，随着生产方式和生活方式的变化以及外来文化艺术的冲击，中国戏曲赖以生存的社会条件发生了深刻变化，戏曲统领城乡舞台的局面一去不复返，我国的剧种在 2004 年减少到 270 种，当前，国务院公布两批国家非物质文化遗产名录中，保护的剧种有 210 种。

非物质文化遗产不像物质文化遗产那样有形可依、有据可查，它是鲜活的、流动的，不是僵死的、凝固的。它的存在像浮云一般，飘忽不定。这种性质，决定了它的传承和延续。戏曲这种民族艺术往往因传承人的逝世而消亡。所谓：“人在艺在，人亡艺亡。”在梅兰芳的遗体告别的仪式上，萧长华颤颤抖抖地扶着梅兰芳的灵柩说：“畹华，你把京剧给带走啦！”全场为之动容，包括陈毅元帅在内。谁会知道，几年后的“文化大革命”让他也倒了大霉了。

京剧界被确认的传承人名单中，梅先生被排在首位。人才的缺失，是制约戏曲继承和发展的重要原因。

梅先生开始收徒传艺是 1991 年，大陆京剧团体首次去台湾演出的过程中，梅派艺术引起了极大轰动。当时在台湾最有代表性的魏海敏说：“我从十二三岁开始唱戏，一直唱到二十一二岁还是懵懵懂懂的，不知什么叫唱得好。直到 1982 年在香港看到了梅葆玖先生的表演，惊为天人。我们的概念里京剧是很严肃的东西，一板一眼的，必须要很谨慎地表演它。从来没想过他可以这样生活，这样自然。”魏

1991年，梅葆玖与弟子魏海敏在拜师典礼上

海敏从此茅塞顿开，重新审视和钻研自己的京剧表演艺术，并为此收集了大量资料。1986 年，她加入了当代传奇剧场，在国际上引起了轰动。1991 年业已成名的魏海敏仍虚心地师从梅先生，成为梅先生第一位弟子，1994 年师徒两人联手合演新改编的《太真外传》得到了国内和海外的一致好评，风格也逐渐成熟。1992 年荣获亚洲杰出艺人奖。魏海敏于 1996 年荣获“梅花奖”和世界十大杰出青年奖，并出版了她的专著《水袖和胭脂》。

几乎同时，梅先生又收了一位台湾的京剧研究人士龙乃馨，龙的父母为大学教授，1987 年以全艺术学院第一名成绩毕业于台湾中国文化大学戏剧系中国戏剧表演专业，获选该校最高荣誉“华岗青年”。又赴美国夏威夷州立大学戏剧研究所肄业。1991 年起任教于台湾国立师范大学国语教学中心，教授外籍学生华语，并自建网站，利用多媒体技术教授文化课程“京剧入门”，现为中国戏曲学院 MFA 班的英语老师。

和龙乃馨几乎同龄人的梅派传人中，李胜素、董圆圆和张晶是颇有代表性的，她们和魏海敏一起成为了梅先生的四大弟子。20多年来，李胜素成为全国公认的梅派第三代代表人物，好角儿，她以无与伦比的长久不衰的票房价值成为一个时代的艺术家，打动了舞台下无数观众。好戏之所以成为好戏，很大程度，是由于好角儿的演绎。好角儿让好戏熠熠生辉，好戏激发出好角儿身体与心灵的潜力。李胜素懂得用"心"演戏，擅长表现个性色彩，十分尊重梅派表演艺术"中正平和"与"和而不同"的精髓。对师父和梅兰芳大师十分敬畏，让梅先生青睐有加的却是在1988年5月13日，上海首届海内外梅兰芳艺术大会演中，她表演的《盗仙草》，是武戏。梅先生看出来她的潜质和天分。后来在梅先生言传身教中，《宇宙锋》《生死恨》是手把手、一遍一遍地教，渐渐掌握了梅派内在的神韵和内涵，她现在已是全国政协委员，每年和师父一起参加会议，共商国是。

梅葆玖与李胜素师徒在政协会上共议国是

董圆圆是国内拜得最早的一位高足，比李胜素早几个月。拜师前已是六位"中国京剧之星"之一。1985年中国戏曲学院入学考试，专业全国第一名。董圆圆是一位特别认真的演员，一招一式特别到位，现在也在国家京剧院挑大梁。2013 年也当选为全国政协委员，弟子中之佼佼者也！

张晶也是 1995 年拜师的，她跟梅老师时间最长，没有拜以前已经跟着老师五六年之久，因为她学得比较扎实，十几年前就被中国戏曲学院人才引进了，现在是梅派教育的中坚骨干，科研成果有《浅析梅派艺术的革新思想》《从台前到幕后》《梅兰芳先生的“霸王别姬”》《浅谈京剧舞台上的萧太后》《梅兰芳先生的三出“红楼戏”》，最近在教授《梅兰霓裳》中，起到了重要的作用。

男旦的存在除了它的历史原因外，更具有它的科学性。唯一的男旦弟子胡文阁在国内外广受欢迎。虽然和老一辈的男旦艺术家不能相比，但每次演出完，不管是在剧场演整出戏或者是电视台组织在电视节目里演一些片段，受欢迎的掌声，给予他一些欣慰，已经不容易了。胡文阁是 2001 年 11 月拜师的，整整 12 年了，能演的已经有 18 出戏了，几出大戏已经能一人到底了，今天的历史条件下已属不易。

梅家从梅巧玲、梅竹芬、梅兰芳到梅葆玖四代男旦，对这艺术的感情是不用多说的。梅先生思维清楚，意识很现代，梅先生说：“观众看的是你的表演，不是性别。只要演得好，不管你是男是女，演得不好，无论是男是女都得退票。其实，这不是男女性别问题，是演员水平问题。”

我说我也是打小学戏，母亲喜欢，我也就喜欢了。我的想法很简单，“青衣花旦是京剧艺术一个行当，本来指的是女性。舞台上出现的性别只能是生和旦之分，所以演旦的不以生活中的性别来规定，只能在舞台上表现的是女性的角色。这只能让演员和观众自己选择，不能特别提倡，也不必人为去抵制”。

我是在思南路 87 号见到的梅兰芳，给我深刻的印象是一位智慧的老者，首先是智慧。我们家平时接触的全是教授和科学家，或者

梅葆玖和唯一男弟子胡文阁合演《凤还巢》

是画家、中医等。梅兰芳跟他们相比没有什么两样，仅仅是清秀一点而已。我没有看见过梅兰芳穿大褂、马甲中式服装，一直是西服笔挺，也没有刻意的讲究，要出门了，还向年轻的梅先生借领带。“葆玖去给我选一条领带”，梅先生拿来了，他看都不看就给结上了，“挺好”！这种随意和那些做学问的没有什么区别。

有人说“男人声音的宽和厚，绝对不是女人能比得了的”，也不完全是那样。梅、程、尚、荀和君秋先生，各具特色。梅先生那音色确实是宽亮响堂绝非女人可比，但事实上女人好的也很多。如关肃霜，不能一概而论，关键看是否合适。国外也是一样，意大利传统中有男人唱女声的，这种好听不是电视里所能表现出来的，但为数不多。

形象方面，中国戏曲是抽象、写意的艺术，抓的是神态，而不是实际的形体。

天生的性别和本人的天赋（包括嗓音、形象等等）之间的关系是“必要条件”而不是“充分条件”，对学自然科学的人来说这是常识。

例如男旦唱假声或者是易声，行不行，是靠科学的选材而不是人的主观喜恶，不必扯上“社会学”的问题。大部分男性的假声是不如女性真声更动听的，但是有个别男性的假声，甚至真声比之女性不差是绝对存在的。而具备这样的条件如果做了男旦，逻辑上讲就叫“合适”。可是这概率是很低的。所以只能是“能者就上，不能就下”。现在北京京剧院把胡文阁定位为“首席男旦”，不是不可以接受，给文阁也带来了压力，就看发展下去究竟如何了。

梅先生自1991年收入室弟子，至今到2013年底，刚好40位。以拜师先后的次序排列，分别是：1991年台湾国光京剧团的魏海敏，台湾梅兰芳艺术研究家龙乃馨；1995年的国家京剧院的李胜素、董圆圆，中国戏曲学院的张晶，江苏省京剧院的陈旭慧；1996年拜的有北京京剧院的尚伟；1997年拜的有北京京剧院的张馨月；2000年拜的有国家京剧院的邓敏、中国戏曲学院附中的青年教师滕洛莹；2001年拜的有北京京剧院的胡文阁、韩冬柏；2002年拜的有北京戏曲艺术职业学院青年教师姜玲；2004年拜的有江苏省南通市京剧团的韦红玉；2005年拜的有四川省川剧团的刘萍；2006年拜的有日本樱美林大学教授袁英明，北京京剧院的李红艳，山东省青岛市京剧团的张瑛，美国台湾复兴戏曲学院的徐渝兰；2007年拜的有加拿大爱城京剧研究社的严庆萍，北京京剧院的谭娜；2008年拜的有沈阳师范大学艺术学院教师肖迪，北京京剧院姜亦珊，上海京剧团田慧；2009年拜的有山西省京剧院的单娜，天津京剧研究社的陈燕丽；2010年拜的有北京京剧院的郑潇、国家京剧院的贾鹏飞，天津京剧研究会的张红，天津京剧院的曹馨月；2011年拜的有山东省京剧院的杨雪梅，甘肃省京剧院的马少敏，山东京剧院的杨洋，中国戏曲学院青年教师刘维，北京戏曲艺术职业学院的刘亚新；2012年拜的有山东省艺术学院戏曲学校的焦丽君；2013年拜的有云南省京剧院的胡春华，北京科学教育电影制片厂的胡桐，美国京剧票友张曼，上海戏曲学校炼雯晴，共40位。

近几年来，梅先生收的学生以青年演员和青年教师为主，希望他们能接班，传下去。在北京的拜师仪式，或者是外地学生进京拜师的拜师仪式，都是在梅兰芳大剧院的梅兰芳大师塑像前举行。也有不拘形式的，例如上海的田慧，演了全本《大唐贵妃》一人到底，师父看了认可，广大观众和专家见证了实力。谢幕完，徒弟没有卸妆，在台上就给师父跪下了。次日，田慧父母从黑龙江千里迢迢赶来，拜见师父、师娘，办了简单的宴请和必要的礼仪。梅先生和我说："我父亲在时，也有收学生就在后台，鞠躬行礼，不拘形式。主要还是看学生是否真心的要用功，有志气、不图虚名。"我相信这是真话。

郑潇，梨园之后。中国戏曲学院毕业不久，随王志怡老师多年，学习刻苦，表演扎实。进北京京剧院后，还担承一些行政工作，体现了青年一代的自信，演唱颇见功力。梅先生在拜师仪式上深情地说："首先我要对郑潇以前中专时期在山东戏校的开蒙老师和大学时期教过你的所有老师深深鞠躬，致敬！是你们让郑潇有了深厚的艺术根底，所以不要忘了你的恩师。"梅先生还对郑潇说："今天，在我父亲的塑像前，我想对你说，拜师意味着新一轮劳动的开始。你不仅要学习梅派的艺术，还要学习梅兰芳的人品、修养和文化素质。像我父亲那样，不仅演好戏，而且喜欢研究书画，还爱养花。以后我会送你唐诗、宋词、元曲等古典文学的书。希望你能记住梅派的原则'移步不换形'，我们京剧无论怎样的变化和发展，可以吸收中外各门类艺术的精华，但京剧一定姓'京'才行，京剧艺术之魂不能丢！"

刘维，中国戏曲学院表演系硕士研究生毕业后，留在学校梅兰芳艺术研究中心工作。她在拜师典礼上说："要学习和继承梅兰芳那种强烈的时代责任感和永不停步的革新精神，使梅派艺术为现代人们，尤其是现代青年所接受。"

这位徒弟具有时代特征，正如梅先生说："以后收的学生，还真的要考虑文化程度了。大家都在学，用功读书。外语、历史、数理化不过关，考不出，就不能毕业。其实我父亲在我小时候，对我的要求意思是一样的。”

这位梅门第三代弟子，参加了“学京赛”，取得了好成绩，研究生时期入了党，她的拜师感言中说：“我们这一代是处在社会大变革、新旧交替的时代。社会的特殊性，对我们如何面临时代的挑战，意义极为深刻。传统的文化和艺术受到了严重的冲击，像我这样学传统文化、传统艺术的青年备感彷徨。电视里各种各样的流行节目，使我们眼花缭乱。正在此时，前不久中央发表《中共中央关于深化文化体制改革，推动社会文化大发展大繁荣若干重大问题决定》，明确指出推动社会文化大发展大繁荣，进一步兴起社会主义文化建设新高潮，对夺取全面建设小康社会新胜利，开创中国特色社会主义事业新局面，实现中华民族伟大复兴具有深远的意义，党中央的声音代表了民族的意志。电视里的传统文化节目也明显增多，历史开始转折。

“梅兰芳给我们这一代青年京剧人的启示，集中的一点在于梅兰芳之所以在 100 年前那个历史转折点中异军突起，并不单在唱腔、身段、舞蹈等技艺因素上很好的继承，而最重要的、最集中的恰恰在于把传统文化，当时已经衰败了的文化因素重新注入京剧这一形式中。

“梅葆玖老师教导我，讲得最多的是：‘我们的表演要使观众体味到中国文化的气息，要让具有文化根基的观众，觉得我们梅派有深度，甚至深不可测，使观众觉得这个水袖有如“吴带当风”，那一指法好像龙门石刻，不要太在意观众的喝彩，坚定信心，不追求那种廉价的剧场效果。’梅兰芳的魅力在于表演时，让观众随时随地进入文化，等到演出结束，观众慢慢咀嚼其中回味的时候，又会朝着回归文化的路途引进。”

我们曾经在上课之余问这位具有硕士学位的弟子有关梅兰芳“蓄须明志”的事，她认为这非偶发，和梅大师为人处世的儒家思想有着直接的关系。这和梅大师演出《生死恨》的感情的投入是一致的。梅大师为什么能以这种损伤自己身体为代价来实践爱国行动，其崇高的气节和境界，无异于“为国捐躯”。我们如完全从文化视角看这件事，就会发现他这种坚贞不屈的爱国的“生死观”，完全是受到中国传统文化中“舍生取义”理想人格的影响而形成的。她说：“梅大师的‘生死观’和岳飞的‘精忠报国’和文天祥的‘人生自古谁无死，留取丹心照汗青’一样会流芳百世。‘蓄须明志’来自儒家理想人格的积极精神，有着巨大的影响，梅兰芳的精神将激励我们青年演员的一生的追求。”

梅先生看了这段文字后和我说：“我们也不能小看这第三代年轻的后进，有这样的认识基础，如果有好的竞争机制给他们，照样能奋斗出一代名伶。”我听了他的话，感到比较沉重了。

《梅兰霓裳》的排演过程中，梅先生作为这台戏的艺术总监，多次到中国戏曲学院去看看。当他看到他的大弟子张晶教授很认真地给小师妹刘维她们说戏时，不时流露出喜悦的表情，梅先生和我说：“父亲收的111位弟子中，有一现象你看出来了吗？最早的姚玉芙、程砚秋。姚叔叔实际年龄比我父亲大两岁，为什么不称伯伯而称叔叔？程砚秋比我父亲也就小十岁左右。我父亲最小的弟子胡芝凤要比最大的弟子小50岁还多，大师兄教小师弟，大师姐教小师妹，在60年前的上海思南路87号梅家是一道风景线。我的《昭君出塞》原先是尚小云教我，我们是亲戚，后来尚先生忙了，就请在我家学戏的尚的弟子，也就是我父亲的学生杨荣环师兄给我说的。父亲在旁看了，也不插手，笑笑而已。他和荣环师兄说过，今天我教你，同时你也可以教葆玖。李世芳也跟大师兄魏莲芳学。这是一种很特殊的中国京剧传承的文化，我十分欣慰这种古老的文化习俗在今天的中国戏曲学院，在这个教学传承项目《梅兰霓裳》中奇迹地保留下来了。今后张晶、胜素、圆圆都应该抽点时间来教小师妹，海敏在台湾也可以带，张晶和刘维她们相差二十几岁，我看了她们之间的传帮带，真是非常高兴，一旦有机会人才就会冒出来了。”

《光明日报》登载："在国务院公布的两批777名国家非物质文化遗产代表性传承人中，传承戏剧的代表性传承人就有304名，京剧最终就确定了包括梅葆玖、谭元寿、尚长荣、李世济等在内的24位代表性传承人……"

我把报纸给梅先生看，说："把你放在首位了。"梅先生淡淡地说了一句："那是因为我父亲的关系，他们都比我强，咱们那么多年了。你是清楚的，我是再普通，再好说话的了。"

梅先生说："话说回来，人才的缺失，是制约京剧传承和发展的重要原因。'十八大'上说的要强调传统，会给今天的青年演员们一些启示，梅兰芳的长久不单单在某一唱腔、某一身段和某一个技艺上，而是他是如何在当时已经衰败的文化形势中，为京剧注入新的活力，让京剧有更好的发展。"

梅兰芳幼年刻苦，打小走红，有不少译馆、书馆的青少年粉丝。19岁到上海后，迎合时尚，排演时装新戏，作过不少新的尝试。但是他是一个传统意识很深的演员、艺人，他对梨园界的长辈有足够的敬畏感，他深刻意识到，只有对传统的了解和继承，才是京剧得以生存的必要条件和充分条件。26岁后，他不唱新戏，回归传统，他的兴趣是更深刻地挖掘传统。他会在所演出的传统戏里，更尽心地思索适合自己的表演手段，迎合观众的欣赏习惯。我们渴望梅派的继承者，用自己的全身心在梅兰芳所留下来的传统经典剧目中找到自己的艺术感觉和自身的愉悦。

2013年10月，梅先生知晓中国戏曲学院梅兰芳艺术研究中心，已经搬到梅兰芳大剧院四楼办公，明年要出版一本《梅讯》和我谈这件事，梅先生说："我父亲生前就有一个愿望，出版一个定期的刊物，名曰'梅讯'。为他在全国的100余位弟子以及热爱梅派艺术的研究者、爱好者、执教者创造一个交流和学习、研究的园地，旨在继承传统、推进发展。但由于种种原因而未果。"

改革开放之初，许姬传先生和梅先生谈起此事，并写下了“梅讯”二字，交于我，嘱咐我帮助梅先生做好此事，完成梅兰芳的遗愿。

这次由中国戏曲学院来搞，底气更足了。在这件事上，可以设计一个栏目，让我们梅派第三代弟子来谈谈学艺、传艺、演艺的心得；也可以让大家知道，他们在国内外都干了什么？看似平常，多少年以后，会很有意思的。梅先生最后和我说：“做这事无利、无名，没人知道。”我说：“享受孤独吧！”

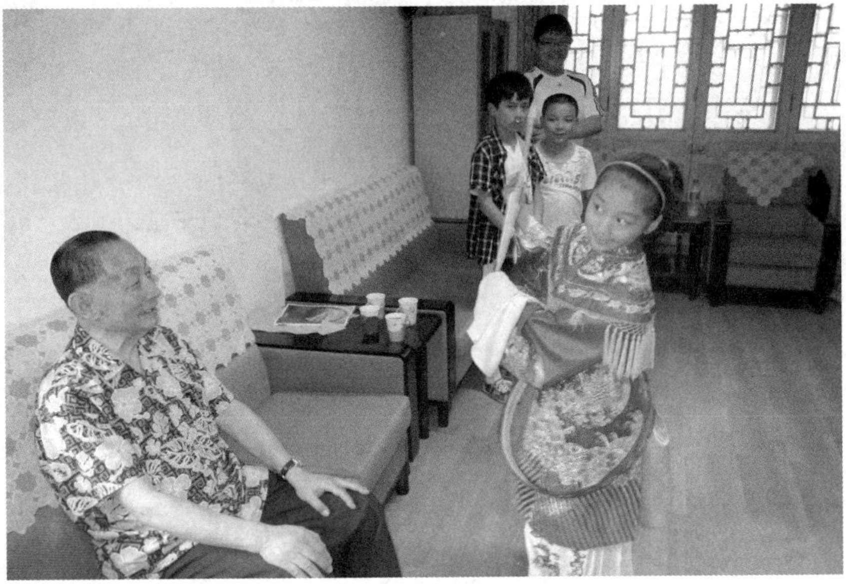

京剧进中小学

京剧进中小学，亲自上阵

梅葆玖在后台看望学生

为学生喝彩

第九章　梅兰芳和梅葆玖的演唱艺术

农历癸巳年九月初九（2013年10月13日）的前一天中午，梅先生来了电话，说："明天是重阳节，今年中央台十一频道的重阳京剧演唱会，要我参加，你有时间听听。"往年重阳节的京剧演唱会梅先生没有参加过，大概虽然是70多岁，近80岁了，看上去不像太老的缘故，今年怎么也参加了？我们有共识，显示"老"的活动，一律不搞，也不参与，这样心态上可以没有"老"的自我压力，包括"生日"也不过，因为过一次，向极限接近一次，忘了年龄最好。我问："大概排在第几位上场？"梅先生说："没有跟我说，应该是在中间一块，因为我年龄不算最大的。"

演唱会的第二天，又通了电话。我说："声音真不错，完全是幼功的关系，他们怎么还是安排你在张百发同志前，演员中最后一位呢？"梅先生说："我一点不知道，到了现场才知道，他们客气，让我在最后，其实好多人年龄都比我大，我不应该是最后的。"我说："总有他们主办方的原因，我们不过脑子了。我昨晚听了王玉田老人的金派《法门寺》刘瑾的白口，大有感触，95岁还那么冲。我建议明年重阳节和王玉田老师合作来一段《霸王别姬》从出场四句摇的，到对口

【原板】的唱念，把调门定在B调，双方都舒服，而且王玉田老师明年96岁了，六六大顺，公益性特别强，太棒了！”梅先生回答说：“真是好主意，就这么着吧！”我说：“85岁的指标，有望！”

梅先生的嗓子，真如歌唱家胡松华先生说的，“有点特异了”。确实，近十年梅先生能保持这样的嗓音，是奇迹了，除了调门降低了一点，其他没变，还是那么干净、清醇、通透。比早年的刚，更加柔美了，使人感到雍容、大气、稳当。

近30多年来，不知多少次梅先生和我谈起他对梅派唱念的看法，其核心是“用没有特点来显示特点”“梅派无形”“真水无香”“不温不火”“中规中矩”。

梅兰芳对自己演唱的定位：碎中求整，闲处生神。梅先生嘴里的功夫——唱念，可以说使梅派艺术在这50年来得以生存，没有被人所遗忘，是一种极为有力的支撑。使人有循可依，有榜样在。有人对梅氏理论“移步不换形”的直观解读：“他儿子能唱成这样，又跟老子不完全一样，但又不能说不一样，这大概就是‘移步不换形’。”解读虽然极为感性，也可能过于简单，但这个比喻很对！很对！真是移了步了，发声位置都不一样了，但风格、韵味没有变，甚至突然像得不得了，例如《御碑亭》。

梅先生的唱念，尤其是念，几乎内行、票界，各种不同身份的爱好者几乎是一致的，“规规矩矩、稳稳当当、不做作、不拿捏”“中庸之道、和平、大气、悠扬”“简洁之中，显示功力”“圆润、完整、连贯”尤其是近十多年来的演唱会，几乎是刚一张口，“老爹爹，发恩德……”观众立马陶醉了，掌声已起满堂。在喜爱和了解京剧的群体中，有一点像在20世纪80年代初，邓丽君演唱会的气势。我好几次曾想到，也和梅先生请教多次，把我们“关于梅派演唱形式和发展”的认识从根谈起，请梅先生系统谈一谈自己的心得，以谢观众对梅派的热爱。

梅兰芳是近现代世界上伟大的艺术家之一，是我国京剧历史上一位承前启后、继往开来的表演艺术家。他一生在艺术上孜孜不倦，勇于探索，不断革新，创造了众多优美的艺术形象，积累了大量的优秀剧目，形成了具有自己独特风格的艺术流派——梅派。

梅兰芳和梅葆玖的演唱艺术是整个梅兰芳表演艺术体系的一个重要组成部分。从梅兰芳到梅葆玖，他们以特有的甜美圆润，音聚响堂的嗓音所创造的流丽酣畅、落落大方、优美动听的唱腔，为人们所热爱，给人们提供了极为美妙、高雅的艺术享受，使人感到纯净而荡涤着人们的心灵，为无数戏曲艺术的后继者树立了师法、学习的典范。他的成就对人民的精神生活、对戏曲艺术的发展有着深刻而巨大的影响。

如何学习和继承梅兰芳那种热烈的时代责任感和永不停步的革新精神，使梅派演唱艺术为现在人们所接受，使我们的青年演员能在继承中发展，发展中升华。学其何以如此之神，而不必叹其如此之绝。我们面临着时代的挑战，如何使前辈们创造的宝贵的艺术财富在新的时代发扬光大，如何像梅兰芳、梅葆玖那样继往开来，接过旧的，完善当时的，发展将来的，已成为迫在眉睫的事了。下面就想对从梅兰芳到梅葆玖关于“唱”这个专题谈谈今天如何“接过”、“完善”、“发展”这三方面的理解，对梅先生演唱艺术的风格形成，成就和今后的方向与读者交流。

（一）

本传记先记梅先生，再详谈梅兰芳。

梅先生对梅兰芳的唱腔艺术和声腔艺术的发展做了哪些事？首先，梅先生以身作则、亲力亲为，捍卫了梅派演唱风格的纯洁性。

十年前在麦田唱片公司录制的全本《太真外传》和全本《贵妃醉

酒》这两张金唱片，是梅派演唱水平的标志性的事，它全面概括了梅派演唱在梅葆玖时代达到的新的水平。运气、使腔、咬字、口型确确实实捍卫了梅派的纯洁性，实实在在体现出了“平稳之中蕴藏着深厚的功力，简洁之中包含了丰富的感情”，捍卫了“使人感到洁白纯真，而荡涤着人们的心灵”的艺术效果，事实放在面前，当场可听。

我有幸参加了这套唱片制作的全过程，全程监制、策划。梅先生颇费了一番心血，不断修改，反复推敲，一旦进棚，这一段一定是一气呵成，几乎没有技术合成的必要。梅先生说：“我们这唱，不比唱歌，如果人家听出来不是真功夫，还是免了为好。”这话连我都坐不住了，真不愧为梅兰芳的儿子。1954年，中国唱片厂给梅兰芳录制和萧长华合作的全部《女起解》(即现在用来做“音配像”的)。梅兰芳做了充分准备，进棚以后，没有再来一遍那么一说。厂方的师傅好心提出：“梅先生是否听一遍，或者再录一次、选择一下？”那管事的老前辈还开玩笑地说：“再录一遍，是否再给一遍钱？”后来梅兰芳还对老人好言相劝，这是真事。听起来是一笑话，其实很深刻，因为这是在制作一件艺术品，是不能造假的。

我们相识那么多年，这件事他是真的用心了，梅先生自己也说：“我是在用心唱”，“用心来唱”是感情和技巧的统一。

梅派演唱只有高水准，而无特色，一切顺其自然流露而驾驱于自由王国之中，追求的是空灵、活脱、深邃、幽远的新天地，而进入物我无间而道艺为一，与天冥合而不知其所以然的境界。

也有好心的朋友和我提出不同的看法，说是“父子二人唱法，用嗓都不一样，同样一出戏、同样一句，有时也不一样”，这句话有一定的道理。通俗一点说，梅兰芳用嗓位置较前，膛音特别的棒，梅葆玖用嗓位置比较靠后，关腔和胸腔的共鸣很明显，最妙的是梅先生照样在这平淡的曲调中，唱出了一种非常独特的味道，这就是继承了父亲演唱的精髓而得到的结果，形式上确实有些不同。梅先生喜欢

用一种比较直接、比较单纯的唱法来追求梅派“平和”的特点。例如在《太真外传》中“长生殿”那一场出场的【四平调】，梅兰芳唱

| i· 2765 | 50 6 i 2 3 6 5 | 6 5 6 i 2 (5 |，而梅葆玖把
纤 云 弄 巧

“巧”字唱成 | 6· i 2 (5 |“秋光明……”中的“明”字梅兰芳唱成
巧

3 2 i | 2 6 3 2 3 3 | 2 3 i· 2 3 5 2 i | i 5 6 (2 7 6 5 6) |，
秋 光 明

梅葆玖把“明”字腔中5音给抹平了，整个【四平调】中几处棱角都抹平了，有人说可能是梅先生岁数大了，力不从心了。不是的，他能完全按梅兰芳的旋律唱，但是他认为这样唱更顺。“用心来唱”是很现代的意识，会让人用感情去唤醒音符的。我曾经为几出戏中，有几个和他父亲不完全一样，虽然仅仅是一两个音符，但对有些爱好者来说是不轻易放过的，为此事而向他请教。他说实话：“这样顺，就这样来了。”多好啊！这不就是梅派的风格和宗旨吗？我不能肯定这就是梅派唱腔发展的标本，但可以肯定这是“移步不换形”。梅门第三代中，中国戏曲学院的张晶教授是唱得比较讲究、很正统的一位。我曾经在她的教室内听见她把梅氏父子在某个腔中某个音略有不同而演绎给同学听，这是对梅派教学科学的态度。

关于用嗓的方法，也有人说梅先生他往梅兰芳唱腔里加了君秋先生的那种“绕着唱”的成分，这可能是都出于王瑶卿一派的关系。

梅先生是王幼卿开的蒙。王的唱念，正宗王派。张君秋是李凌枫开的蒙，李凌枫是王瑶卿开的蒙，也是宗“王”。所以梅先生的唱法中有“王”的东西是很自然的。我曾经把君秋先生于1955年在上海唱《生死恨》的录音和梅先生1957年的《生死恨》录音作比较。一句一句地比，发现君秋先生的梅派唱得也很好，两位基本一样，这说

明京剧演员开蒙之重要，那种“法”很难变。

梅先生对梅派唱腔的运用和发展是他可以在不同剧目里，例如以《大唐贵妃》中的《梨花颂》为例，他可以把另一类的东西，甚至是地方戏的化到他的梅派唱腔里面，其梅派宗旨不变，这可能会成为梅派第三代、第四代……比能耐的一个尺度，其根源来自梅葆玖。

梅先生唱与行腔最大特点是“稳”，梅派宗旨是“中正平和、悠扬大气”和儒家的“中庸”思想是一脉相承的，梅派演员再怎么唱、怎么改，只要宗旨不变，都行。

（二）

梅兰芳演唱艺术的形成。

梅兰芳出生于19世纪末，京剧这个新兴剧种刚刚成熟，生机盎然，蕴藏着旺盛的精力，有如满枝蓓蕾，只待春风春雨，便将喜绽怒放。北京的街头巷尾到处都可以听到人们哼着：不是“小东人……”就是“金乌坠……”再不就是“伍员马上怒气冲，……”[①]而青衣的唱腔除了在茶园、书馆外很少听到，当时青衣唱腔艺术没有像老生行当取得那样高的成就。旦角没有挑大梁的，旦角戏仅占百分之一二而已，“对儿戏”（即生旦并重的剧目），也不过百分之二三，青衣行当唱大轴是没有的。但当时青衣旦行演员中已有了胡喜禄、梅巧玲、时小福、陈宝云、龚翠兰、余紫云、陈德霖等有影响的名演员，票友中也出现了像孙春山、林季鸿那样既富有文学修养，又精通音律，善创新腔的人才。梅兰芳谈起：“论到陈、胡两位前辈，恐怕要算我们青衣

① 以上三出是当年最享盛名的老生孙菊仙的《三娘教子》，谭鑫培的《碰碑》，汪桂芬的《文昭关》戏中名唱段的首句唱词。

行当的开山主帅了。”陈、胡两位都善创新腔，胡以工整熨帖见长，陈则以巧取胜。当时旦角唱时口紧得几乎听不清唱的是什么字，徽音较重。而胡喜禄在一定程度上已采用了较松的唱法，虽不如以后的王瑶卿那样使人完全听清楚，但已有了很大的革新，他首创的“十三咳”的腔一直保留至今。继胡喜禄、梅巧玲、陈宝云之后是余紫云和时小福。余紫云的青衣戏，私淑胡喜禄，花旦戏继乃师梅巧玲，并容花旦声腔于青衣，嗓音高而明亮。时小福专攻青衣，追随胡喜禄，雅典纯正。梅兰芳开蒙老师吴菱仙就是时小福的得意弟子。在时、余之后，王瑶卿之前，陈德霖是青衣演员中的代表人物，当时在正工青衣中是具有权威性的。他唱法接近时小福，嗓音圆润，气力充沛，唱来高亢嘹亮，以刚劲为其特点，虽音色纤细，但旋律非常优美，更值得注意的是他昆曲根基厚实，非常讲究字音声韵，发音咬字准确，梅兰芳的昆曲戏得他亲授。

综合师承所述，梅兰芳虽在伯父梅雨田推荐下，曾在王瑶卿府内拜王瑶卿为师，但同时王瑶卿、梅兰芳、王蕙芳等均为陈德霖之“六大弟子”。梅兰芳、王瑶卿一直弟兄相称而为世人所识。梅葆玖的开蒙师父王幼卿，得王瑶卿嫡传，乃王凤卿之子。概括梅氏父子师承的脉络，梅派演唱艺术流传至今，其起源是十分清晰的。

前辈艺术家的成就及其影响，对梅派唱腔艺术的形成有着密切的关系，从梅兰芳到梅葆玖均十分尊重传统，他们各个时期的唱腔艺术都渗透了前辈留下的精华。

纵观梅兰芳之全部从艺过程，他唱腔艺术和声腔艺术的发展可分下面四个阶段：

第一阶段：学戏和实习阶段。梅兰芳在唱腔上没有自己的创造，演的全是正统青衣戏，如《祭江》《祭塔》《落花园》《彩楼配》《二进宫》《搜孤救孤》（程婴妻）、《桑园寄子》等40余出传统唱功戏及配角戏。大约是在18岁之前，几乎天天演出，刻苦的磨炼为以后取得那样高的成就奠定了基础。18 岁脱离了科班，列入主要演员的行列，搭班演出，拥有了一定的叫座能力，开始显露了唱功方面的根底和隐约的艺术创造的才华。

梅兰芳师承吴菱仙，拜过陈德霖，宗时小福一派，演唱风格更接近于陈德霖，以阳刚为主，刚多于柔。《祭江》的【二黄慢板】中第二句“背夫君撇娇儿两地离分”中的“君”和“分”字最为典型，简洁得像金石一样结实，字字铿锵，绝无单落轻飘之感。“天”字前后参有气口，非但没有给人以生硬的感觉，反而使人感到饱满充沛，而最后一小节中一般气口在$\underline{6\cdot\ \dot{1}}$，而他却唱在$\underline{6\cdot\ 5}$，给人一气呵成之感，无扎实的幼功是不可想象的。值得一提的是，当时梅兰芳的演唱已有了一种近乎于传统而又出于传统的新的迹象，主要表现在两个方面：其一，当时传统唱法闭口音比张口音运用得好得多，常发细高的声音，唱腔直线多于曲线。梅兰芳以惊人的毅力苦练张口音，位置明显靠后，使张口音和闭口音取得平衡，而使行腔的弹性增强了。其二，是在发声部位全面开启的前提下，他又吸取了余紫云咬字清晰而明朗的特点。这两方面虽然当时还不像后来发展的那样突出，但确已作为梅兰芳风格而出现，使人感到平易近人，易于理解。较保守的老先生也觉得他功底深厚，而获得内外行的一致好评，这在当时是一件很不容易的事。与此同时，梅兰芳对当时青衣传统唱法中直线多于曲线，开始意识到这种唱法所包含的感情是不够复杂多样的，从而产生改革之萌芽。

当时，著名的京剧革新家王瑶卿不怕阻碍和困难，首先突破了多年来的旧规和严格界限，把青衣、花旦、刀马旦的唱、念、做、打融汇起来，开辟了新的路径。这一大胆的尝试，使原来对传统的青衣重唱功而对身段、表演不讲究，以及对声腔艺术的单调感觉到不满足的梅兰芳受到了很大的启发。这使梅兰芳的唱腔艺术发展到了第二个阶段。

这个阶段中，梅兰芳的演出除了传统青衣戏外，开始演出《汾河湾》《玉堂春》《穆柯寨》《贵妃醉酒》《樊江关》《虹霓关》等做功较多的青衣戏和花衫戏。其中，梅兰芳的伯父，杰出的京剧音乐演奏家梅雨田对梅兰芳起了很重要的作用。梅雨田是一位革新家，他除了给梅兰芳说《玉堂春》等新腔外（此新腔是票友林季鸿所创造），还帮助梅兰芳对传统戏《彩楼配》《坐宫》《武家坡》《大登殿》等，在王瑶卿的基础上进行了再创造。我们从梅葆玖青年时期唱的《彩楼配》的【慢板】第一句中的腔可以听出梅兰芳是如何从陈德霖的传统老腔中演变出来（陈德霖有唱片留传）。这些传统的唱腔，经过梅兰芳的消化而自成一家，经过梅葆玖的全面继承，一直沿用至今。

与此同时，在这个阶段梅兰芳接受了王瑶卿的启示，力求字音清楚，在出字、收音上猛下工夫，突破了原有的唱法。社会的进步鼓励着梅兰芳进一步对唱腔的创新，这一阶段的改革虽然步子不大，但思想上的酝酿，和艺术上的磨炼为他以后具有历史意义的改革创造了充分的条件。

从二十二三岁到四十四五岁是第三阶段，也就是到抗日战争爆发前，是梅兰芳唱腔艺术以独特的风格，形成梅派唱腔并日益成熟的阶段。这个时期排演了各种形式的新戏，大致有五类：第一类是时装新戏，《一缕麻》《邓霞姑》等；第二类是穿老戏服装的新戏，《牢狱鸳鸯》《木兰从军》《春秋配》等；第三类是他新创的古装歌舞戏，《嫦娥奔月》《天女散花》《黛玉葬花》《千金一笑》《麻姑献寿》《上元夫人》《天河配》……直到后来的《洛神》《西施》《太真外传》《红线盗盒》《廉锦枫》《俊袭人》等；第四类是整理或翻新的以情节取胜的传统戏，《霸王别姬》《宇宙锋》《王春娥》《凤还巢》《春灯谜》等；第五类是这一阶段后期编演的具有爱国主义思想的新戏，《生死恨》《抗金兵》等。后三类艺术成就更为突出。这一时期梅兰芳还交叉着演出许多昆曲名剧。

这一阶段中梅兰芳除了对旦行的做功、舞蹈有很多创造，并推动了乐队伴奏的丰富。在唱腔上十分活跃，几乎每出戏都有新腔，并创造性地运用了一些新的板式和曲调。如果审视一下，从第一出新戏《牢狱鸳鸯》中“病房”那场的【二黄慢板】和“监会”一场中大段对口，一直到顶峰时期《太真外传》各种板式的唱腔，以及具有独特风格《生死恨》中大段【二黄】和【反四平】，就会清楚地看到唱腔从由简到繁，越来越适合人物的需要了。板式方面梅兰芳首先突破，创用了老生【反二黄原板】的腔而融于旦角之中的《廉锦枫》，《太真外传》中的【反二黄导板】、【回龙】也是前所未有的。曲调方面从《嫦娥奔月》中第一次运用梆子里的【南梆子】被移植过来，到《霸王别姬》中脍炙人口的“看大王在帐中和衣睡稳……”一直到《王春娥》中的【南梆子】，运用了几个高腔和略为花哨的唱腔，把表演一下推到高潮，【南梆子】被赋予了新的面貌，而成为具有代表性的梅派唱腔了。如今【南梆子】在旦行中运用得如此广泛，应归功于梅兰芳对唱腔艺术的贡献。

人们常说中年梅兰芳的唱最好听。的确，这一阶段中他把演唱风格发挥得非常突出和明显，表演艺术的发挥和演唱艺术趋于平衡。早先“阳刚派”的那种常带重音的痕迹已不那么明显了，嗓音更趋于圆润，更富于水音。他利用自己的特殊发音才能，把原来在语言上发音类型不同的字，通过艺术加工，高度地统一了起来。咬字清晰，音色明朗的优点更为突出，无论张口音或闭口音唱得同样响亮、圆润，听起来真可谓低音如珠落玉盘，高音可响彻云霄。他有意识地发挥自己音色上、气息上的特色，演唱风格和演唱特色相互辉映，形成了极为秾艳的色调，使得艺术上的美感得到了充分发挥。第三阶段内，梅兰芳的演唱艺术完成了他独特的音宽响堂、珠圆玉润的梅派风格。

抗日战争期间，梅兰芳坚持民族气节，蓄须明志，中断了舞台生活。抗战胜利之后一直到他逝世，是他唱腔艺术的第四阶段了。同时也是梅葆玖的演唱开始起步，承前启后，突起猛进，与父亲演唱衔接的成功，为世人承认的阶段。梅兰芳，尤其是新中国成立以后，他精神愉快，祖国强盛使他感到欢欣鼓舞，艺人地位的提高使他感到宽慰，1953 年起比以前七年反而长了一个调门。由于种种原因以及体力不胜，演出剧目中除了最后岁月中的《穆桂英挂帅》，没有其他新作。艺术家的精力主要集中在对以往实践加以总结，上演的剧目显著地减少了。计划经济控制的演出市场，忽视了梅派艺术的多样性，客观上也使对《宇宙锋》《贵妃醉酒》《霸王别姬》《贩马记》《穆桂英挂帅》等剧目进行了反复的琢磨加工，使它们在艺术上升华到更高的境界。应该说对一位艺术家来说，是一种更成熟的表现。与此同时，也给梅葆玖创造了表演梅兰芳不上演的剧目的机会，如《生死恨》《玉堂春》《天女散花》《木兰从军》等，就连最传统的《花园赠金》《彩楼配》《三娘教子》《祭塔》都成为了梅葆玖的代表作。时光轮回，犹似几十年前的梅兰芳再世，梅葆玖年轻力壮，气贯满台，响彻云霄，弥补了父亲晚年体力上的微衰，使观众得到了另一种具有新生代气息的满足。直至 1961 年梅兰芳逝世，梅葆玖在演唱上自然地接过了衣钵，非但没有减弱，相反更有朝气。可惜不到两年“现代戏”风潮席卷全国，梅葆玖彻底失去了空间，一直到 1979 年“文革”结束，重上红毡，可是最好的用嗓年代永远一去不复返了！

梅兰芳最后一出《穆桂英挂帅》，也是梅葆玖演出最多的代表作，在唱腔上几乎没有新的创造，几乎没有一句是新的腔，在唱腔艺术上色彩单薄了，线条简洁了，然而表现力更强了，内在力量更深厚了。如在《挂帅》接印那场戏里有一句叫散的腔：

3 5 | 5 3 | 0 i | 6 | i | 6 5 5 3435 7· 6 5 6 6 5 5
一剑 能 挡 百 万 （的）兵

是一个在【西皮】中叫散常见的腔，一般演唱都在 7 “兵”字上力度很重，而梅氏父子都是提着丹田，加重了尾腔 6 5 6 6 5 5，充分抒发了穆桂英当时的激昂感情，唱出了虚拟的千军万马的气势。

这说明梅派的唱腔艺术发展到这一阶段，犹如国画书法中的气韵一样，意到笔随，甚至有时候意到笔不到，有的地方唱得特别古拙，又有些地方一笔带过，给欣赏者一种极大的想象，确实到了炉火纯青、进入化境的地步了。

令人十分欣慰的是在纪念梅兰芳诞辰 110 周年时，在中国唱片公司上海分公司主持下，在李素茵（李洪春的女儿）与京剧老生研究家柴俊为先生的通力合作下，梅葆玖先生和我完成了一件具有历史使命的事情，《梅兰芳老唱片全集》整理出版了。它是在梅兰芳身后第一次对这份珍贵遗产进行全面收集整理，囊括了梅兰芳 1936 年之前灌制的全部唱片，一面不漏，共 169 面，42 出剧目，显示了梅兰芳独特声腔风格的三个阶段，艺术鼎盛时期演剧活动一个缩影，记录了梅兰芳继承、精练传统戏和自创新编戏的精彩片段。在剧目，唱段的选择上往往体现出梅兰芳的艺术观和演剧思想，梅兰芳从 1920 年到 1936

金唱片发布会

年间，共录制了18批唱片，都遵循了他“新旧并举”的思路。每一批唱片中都既有他这一时期创作的新戏，又有传统的骨子老戏，值得非常注意的是他早期偏重于推广他自己的新腔新戏，1930年后，传统戏分量明显加重。回归传统，“移步不换行”是梅兰芳之魂。

梅先生为了他父亲的老唱片出版，全力以赴，亲力亲为，几次到唱片公司录音室，一点一点地听，当然这和他喜欢研究录音设备，扩音设备，喜欢亲自操作不无关系。

梅兰芳的169面老唱片，是我写梅先生传记、是我们说事的重要依据，特列出目录，我希望这本传记不仅有叙述性和趣味性，更有它的学术性。

梅兰芳1949年前全部唱片资料：

《天女散花》【二黄慢板】悟妙道好一似春梦乍醒 1920 百代公司

《黛玉葬花》【反二黄慢板】若说是没奇缘偏偏遇他 1920 百代公司

《虹霓关》【西皮二六】转【流水】转【摇板】见此情不由我心中暗想 1920 百代公司

《汾河湾》【西皮原板】转【摇板】儿的父投军无音信 1920 百代公司

《木兰从军》【西皮导板】转【慢板】转【摇板】俺自从到边关家乡音杳 1920 百代公司

《嫦娥奔月》【西皮原板】转【摇板】卷长袖把花镰轻轻举起 1920 百代公司

《女起解》【反二黄慢板】崇老伯他说是冤枉难辩 1923 百代公司

《霸王别姬》【南梆子】看大王在帐中和衣睡稳 1923 百代公司

《霸王别姬》【西皮二六】转【摇板】劝君王饮酒听虞歌 1923 百代公司

《西施》【西皮慢板】西施女生长在苎萝村里 1923 百代公司

《春秋配》【西皮原板】蒙君子致殷勤再三问话 1923 百代公司

《梅龙镇》【四平调】自幼儿生长在梅龙镇 1923 百代公司

《洛神》【二黄慢板】云须罢梳慵对镜 1923 百代公司

《洛神》【西皮原板】转【二六】转【板板】转【散板】我这里拾翠羽斜簪云须 1924 胜利公司

《玉堂春》【西皮二六】转【流水】自从公子回原郡 1924 胜利公司

《武昭关》【二黄慢板】恨只恨儿祖父纲常丧尽 1924 胜利公司

《宝莲灯》【二黄原板】转【导板】转【散板】莫不是二奴才不听教训 1924 胜利公司

《西施》【南梆子】想与年苎萝村春风吹遍 1924 胜利公司

《廉锦枫》【反二黄导板】转【原板】转【散板】为娘亲哪顾得微躯薄命 1924 胜利公司

《西施》【二黄导板】转【回龙】转【慢板】水殿风来秋气紧 1924 日本蓄音器公司

《红线盗盒》【西皮导板】转【原板】转【流水】谯楼上打三更月明人静 1924 日本蓄音器公司

《御碑亭》【西皮流水】转【二六】又听得二鼓响人不见影 1924 日本蓄音器公司

《天女散花》【西皮导板】转【慢板】祥云冉冉波罗天 1924 日本蓄音器公司

《廉锦枫》【西皮原板】遭不幸老严亲穷边丧命 1924 日本蓄音器公司

《醉酒》【四平调】好一似嫦娥下九重 1924 日本蓄音器公司

《醉酒》【二黄导板】转【回龙】转【四平调】耳边厢又听得驾到百花亭 1924 日本蓄音器公司

《六月雪》【反二黄慢板】没来由遭刑宪受此大难 1924 日本蓄音器公司

《廉锦枫》【西皮慢板】遭不幸老严亲穷边丧命 1924 日本蓄音器公司

《祭塔》【反二黄慢板】未开言不由娘珠泪双流 1925 百代公司

《牢狱鸳鸯》【二黄慢板】自那日烧香后身体困倦 1925 百代公司

《太真外传》【反四平散板】转【碰板】听宫娥在殿上一声启请 1926 百代公司

《太真外传》【反四平导板】转【碰板】脱罢了罗衣温泉来进 1926 百代公司

《太真外传》【二黄碰板】我这里持剪刀心中不忍 1926 百代公司

《太真外传》【西皮导板】转【原板】殿前的侍女们一声通禀 1926 高亭公司

《西施》【二黄导板】转【回龙】转【慢板】水殿风来秋气紧 1926 高亭公司

《辕门射戟》【西皮摇板】转【二六】转【摇板】将军休要逞刚强 1926 高亭公司

《嫦娥奔月》【南梆子】碧玉阶前莲步移 1926 高亭公司

《天女散花》【西皮二六】转【流水】转【散板】云外的须弥山色空四显 1926 高亭公司

《御碑亭》【西皮导板】转【散板】转【快板】一见休书如刀绞 1926 高亭公司

《宇宙锋》【西皮慢板】初嫁匡门心好惨 1928 胜利公司

《玉堂春》【西皮原板】公子二次把院进 1928 胜利公司

《春秋配》【南梆子】问君子因甚事荒郊来定 1928 胜利公司

《麻姑献寿》【西皮二六】瑶池领了圣母训 1928 胜利公司

《西施》【二黄慢板】坐春闺只觉得光阴如箭 1928 胜利公司

《六月雪》【二黄慢板】未开言不由奴泪如雨降 1929 大中华公司

《俊袭人》【南梆子】见此情不由人自思自忖 1929 大中华公司

《武昭关》【二黄散板】转【原板】马昭仪上龙驹自思自恨 1929 大中华公司

《春灯谜》【西皮二六】转【流水】尊声夫人听奴禀 1929 大中华公司

《凤还巢》【西皮导板】转【慢板】日前领了严亲命 1929 大中华公司

《红线盗盒》【西皮二六】转【摇板】红线女近前来一言告禀 1929 大中华公司

《太真外传》【南梆子】转【流水】转【散板】万岁爷把羯鼓一声来响 1929 大中华公司

《宇宙锋》【西皮导板】转【流水】转【散板】出相府脱离了滔天大难 1929 大中华公司

《凤还巢》【西皮原板】本应当随母亲镐京避难 1929 高亭公司

《凤还巢》【西皮流水】转【散板】母亲不可心太偏 1929 高亭公司

《宇宙锋》【反二黄慢板】我这里假意儿懒睁杏眼 1929 高亭公司

《俊袭人》【西皮慢板】没奈何且把这女红来整 1929 高亭公司

《醉酒》【四平调】海岛冰轮初转腾 1929 高亭公司

《廉锦枫》【反二黄导板】转【原板】转【散板】为娘亲哪顾得微躯薄命 1929 高亭公司

《女起解》【西皮流水】转【导板】转【慢板】转【原板】苏三离了洪洞县 1929 蓓开公司

《宇宙锋》【西皮原板】转【散板】老爹爹发恩德将本修上 1929 蓓开公司

《四郎探母》【西皮摇板】转【流水】转【快板】芍药开牡丹放花红一片 1929 蓓开公司

《杨贵妃》【二黄碰板】转【摇板】杨玉环在殿前深深拜定 1929 蓓开公司

《杨贵妃》【西皮二六】挽翠袖近前来金盆扶点 1929 蓓开公司

《霸王别姬》【西皮慢板】自从我随大王东征西战 1929 蓓开公司

《刺汤》【二黄导板】转【回龙】转【慢板】谯楼上打罢了初更尽 1929 蓓开公司

《祭江》【二黄慢板】想当年截江事心中悔恨 1929 蓓开公司

《刺虎》【滚绣球】转【朝天子】俺切着齿点绛唇 1930 胜利公司

《霸王别姬》【西皮散板】明灭蟾光 1930 胜利公司

《六月雪》【二黄散板】忽听得唤窦娥愁锁眉上 1930 胜利公司

《杨贵妃》【西皮散板】手把着紫玉笛临风吹定 1930 胜利公司

《苏三起解》【流水】转【摇板】一句话儿错出唇 1930 胜利公司

《三娘教子》【西皮导板】转【反西皮二六】见灵堂好一似深宵梦境 1930 胜利公司

《三娘教子》【南梆子】王春娥听一言喜从天降 1930 胜利公司

《贩马记》【吹腔】进衙来不问个详和细 1930 胜利公司

《霸王别姬》【南梆子】看大王在帐中和衣睡稳 1931 百代公司

《霸王别姬》【西皮二六】劝君王饮酒听虞歌 1931 百代公司

《太真外传》【西皮慢板】转【流水】杨玉环生至在那华阴小郡 1931 百代公司

《太真外传》【二黄原板】转【摇板】昨日宫中何等宠幸 1931 百代公司

《丁山打雁》【西皮导板】转【慢板】娇儿打雁无音信 1931 百代公司

《打渔杀家》【西皮原板】转【散板】老爹爹清晨起前去出首 1931 百代公司

《打渔杀家》【摇板】转【快板】转【散板】忽听门外有人声

1931 百代公司

《四郎探母》【西皮流水】转【散板】母后上面不容情 1931 百代公司

《宝莲灯》【二黄散板】一句话儿错出唇 1931 百代公司

《西施》【西皮二六】提起吴宫心惆怅 1931 新乐风公司

《太真外传》【四平调】纤云弄巧轻烟送暝 1931 新乐风公司

《太真外传》【反二黄导板】转【回龙】转【慢板】忽听得侍儿们一声来请 1931 新乐风公司

《春灯谜》【西皮慢板】忆昔佳节去观灯 1931 新乐风公司

《春灯谜》【南梆子】说无缘又何必庙中相遇 1931 新乐风公司

《凤还巢》【西皮流水】转【摇板】娘子不必泪涟涟 1931 新乐风公司

《霸王别姬》（全部念白）1931 长城公司

《廉锦枫》【西皮导板】转【原板】更衣改换出家门 1932 长城公司

《春灯谜》【南梆子】说无缘又何必庙中相遇 1932 长城公司

《红线盗盒》【南梆子】转【散板】看承嗣在帐中和衣睡稳 1932 长城公司

《俊袭人》【西皮二六】转【摇板】好男儿在青春竟无志气 1932 长城公司

《彩楼配》【西皮流水】转【摇板】听他言来自思忖 1932 长城公司

《战蒲关》【二黄碰板】俯念奴至诚心无敢渎亵 1932 长城公司

《枪挑穆天王》【西皮摇板】人马回山哪 1932 长城公司

《女起解》【西皮原板】转【流水】转【摇板】一可恨爹娘心太狠 1932 长城公司

《四五花洞》【西皮慢板】不由得潘金莲怒恼眉梢 1932 长城公司

《探母回令》【西皮摇板】转【流水】下得银安无计行 1934 胜利公司

《金殿装疯》【西皮摇板】转【散板龙】行虎步上金殿 1934 胜利公司

《审头刺汤》【二黄散板】陆大人此事断得好 1934 胜利公司

《牢狱鸳鸯》【西皮散板】不知道他与我有何仇恨 1934 胜利公司

《三娘教子》【二黄散板】我哭一声老薛保 1934 胜利公司

《三娘教子》【二黄碰板】老薛保你莫跪在一旁站定 1934 胜利公司

《抗金兵》【西皮摇板】转【二六】恨胡儿乱中华强兵压境 1934 胜利公司

《抗金兵》【粉蝶儿】桴鼓亲操 1934 胜利公司

《生死恨》【二黄导板】转【散板】转【慢板】耳边厢又听得初更鼓响 1934 胜利公司

《六月雪》【反二黄慢板】没来由遭刑宪受此大难 1934 胜利公司

《玉堂春》【西皮散板】来至在都察院 1935 百代公司

《玉堂春》【西皮导板】转【回龙】转【慢板】玉堂春跪至在都察院 1935 百代公司

《玉堂春》【流水】转【散板】在洪洞住了一年整 1935 百代公司

《玉堂春》【二六】转【快板】这堂官司未动刑 1935 百代公司

《四郎探母》【西皮导板】转【慢板】夫妻们打坐在皇宫院 1935 高亭公司

《四郎探母》【流水】转【摇板】铁镜女跪尘埃祝告上天 1935 高亭公司

《游龙戏凤》【四平调】自幼儿生长梅龙镇 1935 高亭公司

《生死恨》【反四平调】夫妻们分别十载 1935 高亭公司

《打渔杀家》【西皮导板】转【快板】波浪滔滔海水发 1936 胜利公司

《打渔杀家》【西皮摇板】转【散板】他本江湖二豪侠 1936 胜利公司

《游龙戏凤》【西波流水】月儿弯弯照天涯 1936 胜利公司

《游龙戏凤》【四平调】在头上取下金龙帽罩 1936 胜利公司

《四郎探母》【西皮流水】转【快板】听他言吓得我浑身是汗 1936 胜利公司

《四郎探母》【西皮流水】转【快板】在头上取下胡地冠 1936 胜利公司

从目录上可以看出，发展的第二阶段，梅兰芳开始录唱片。1920年的梅兰芳迫切地要推广他在这些戏里的新唱段，集中录制了他的古装新戏的段子，通过唱片把新的东西推出去，流起来。如《黛玉葬花》《天女散花》《嫦娥奔月》以及《木兰从军》，传统老戏就选了二本《虹霓关》中丫鬟的【二六】转【流水】。另一段是《汾河湾》的【原板】，这二出虽然是老戏，可包含了梅兰芳的独特创作，头二本《虹霓关》是徽班进京时就有的，头本东方氏是刀马旦应工，二本丫鬟是闺门旦应工。老前辈演出此戏是两个旦角各演一个角色到底，但梅兰芳认为自己的性格不适合演二本的东方氏，首创了一人分两角的演法，即头本他演东方氏，二本演丫鬟。1914年到1916年的上海舞台，梅兰芳的《虹霓关》轰动一时，一直延续到梅葆玖由朱琴心、陶玉芝精心传授此剧。梅兰芳、梅葆玖父子合演了《虹霓关》，是父子二人合演京剧唯一的一次（在前面二章已有详细记述）。又谁知上海滩隔40年《虹霓关》再次轰动，电影《梅兰芳》筹备期间，我建议陈凯歌导演将《虹霓关》放了进去，还特意请杨派武生叶金援演王伯党，这是老梅剧团的规矩。这部《虹霓关》命运坎坷，新中国成立初期的戏改就不让演了，一直封了30年，如今已不太见了，青年人根本不知《虹霓关》为何物。老唱片全集出版，至少让青年人还能知道一点点，中国唱片公司功德无量。

这一阶段录制的唱片另一出老戏是《汾河湾》。它是梅兰芳在齐如山建议下，对青衣戏“捂着肚子死唱”风格进行改革的开端，也是梅兰芳接受新表演思想，尝试改革的一个信号，录制这段显然也有特别意义。所以，虽是旧戏卖的则是新意，形成市场卖点。

1935 年、1936 年，梅派风格已被戏迷和市场所确认，这第三阶段那一批唱片全部是传统的了。1930 年成功访美，在与西方艺术家的交流过程中，通过与西方艺术家近距离的接触，他对民族传统文化的认识更为深化。艺术观念发生了较大的转变，他甚至说出，传统老戏才更能代表中国戏曲，今后要多研究和演出传统戏，他后来创排的新戏《生死恨》《抗金兵》，直到最后的《穆桂英挂帅》等从服装到唱腔，都越来越回归传统精神，更加注意在传统法则下的融会贯通。

梅兰芳的艺术观极具深刻的时代意义和现实意义，对近 60 年来，特别是近十几年来中国京剧的种种现状，有着深刻的指导意义。

（三）

梅派唱腔艺术的风格。

梅氏父子两代人努力创造所形成的梅派唱腔艺术的风格是在于它使生活的真与艺术的美达到了高度统一，其艺术形象和梅派的表演艺术一样可以用八个字来概括：运密入疏，富浓于淡。平稳之中蕴藏着深厚的功力，简洁之中包含着丰富的感情。听来平易近人，可又不是“大路活”的粗唱，这是由于他非常善于运用唱来表现人物的复杂内心世界，表现人物的神采丰韵，唱腔被人物的思想感情所“化”了，使人在芳香清彻之中陶醉不觉。

梅氏父子唱腔艺术的风格，可以归纳如下：

第一，大方自然，使人易于接受。传统青衣唱腔中，【西皮】【二黄】【反二黄】三种慢板，各有五个大腔（有说西皮有八个大腔，其中三个是同样旋律的）这是固定的，我曾把40出梅派戏和梅兰芳常演的传统青衣戏按三种慢板，五大腔按时代先后，用谱列出，并录制成音频。结果发现梅兰芳在20岁左右刚成名时的腔，几乎是无腔不新，但确又无腔不似归，有根有据，绝无“索隐行怪”，给人的感觉除了美好动听外，几乎每一句都非常圆润，饱满和匀称，形成“无特点”的风格。梅兰芳先生主张中和平衡，和谐通融，相互协调，大山适度，恰到好处，自然、松弛、甜美，给人愉悦舒适之感。

第二，唱法上字字唱真，收清，放足。京剧旦行主要用假声，音区高，行腔又很纤细柔和，曲调比较曲折委婉。要做到字音新晰，非经长期的、扎实的技术磨炼不可。如果单纯地追求字音清楚，必使唱腔缺乏艺术感染力而流于自然主义。这一点是梅葆玖继承父亲梅兰芳最为到位之处。

梅兰芳精通音律，四声、尖团用而不泥，又从剧情出发，弱强兼顾，以悦耳和顺着观众耳朵的习惯为原则，如《玉堂春》出场的一句：1̇ 1̇ 3 5（3 65 5）2̇ 1̇ 2̇ 2̇2̇ 1̇ 1̇（来 在 都 察 院），“来”字属阳平。他根据剧情，并没有按阳平字音的规律唱“成”，但在“来”字出口时，又符合了由低往高的原则，唱成 3 36 5（来 至 在）为绝大多数旦行演员所效法，听众也从未引起错觉，“都察院”三字一气呵成，并没有按传统唱法在“院”字前加一个气口唱成 2̇ 1̇ 61̇ ∨2̇ 2̇ 2̇ 1̇（都 察 院）使苏三一出场，就带出了公堂肃穆的气氛。此剧中剧情发展到最高潮时，苏三以急切的心情唱出“眼前若有公子在，纵死黄泉也甘心”。在下句中“黄泉”二字是阳平，“也”字是上声，“甘心”二字是阴平，按字音应唱成：

3 6 5　6　6 ∨5 6∨2̇　2̇　6 ∨ 7　7 7 6　5 6 5　5
纵　死　黄　泉　也　甘　心

唱腔明显激情不够，唱不出苏三急切的心情，梅氏父子都把此腔唱成

3· 6 5 i i ²6 ¹6 5 3 3 2 2（0 7 6 1 2……）
纵 死 黄 泉

5 3 5 0 ³2 ³2 2 2 6 7 ²7·6 5 6 ⁵6 ⁱ5 ⁶5
也 甘 心

“黄泉”和“甘心”两个腔形成了对比和呼应，强烈地渲染了人物的感情。又如，梅兰芳在处理《霸王别姬》中【西皮原板】的一句下句唱腔，也很典型。唱词是“劝大王休愁闷且放宽心”，“心”字是阴平，应高唱，可处理为 6· i 2 3 | 5（宽……心），但梅兰芳认为这样太干，无法体现当时虞姬佯言欢笑，内心凄楚，劝慰大王的心境。而唱成：

6 5 6 i 4 3 | 3 2 0 3 4 3 6 3 ⁵3 | 5 5（宽……心）。这样“心”字，出口是倒了，但最后又正了，腔很动听，比简单顺从字音的唱法，效果好得多。所以梅氏父子的唱腔艺术并非完全“以字就腔”，也不完全“以腔就字”，而是在唱腔服从剧情，服从人物感情的前提下“以腔就字”，“字正腔圆”。

从举不胜举的例子中可以得出梅兰芳对吐字行腔的精辟见解的，最明显的是《凤还巢》中【南梆子】最后一句“如意郎君”中的“郎”字 4· 6 4 3 | 3 ⁵3 5（郎……君），梅兰芳说，当年有好多文人益友提出“郎”字倒了，应该唱成 | 2 ³2 | 3 ⁵3 5 |（郎……君）。可是梅兰芳还是要求梅葆玖“这样唱好听，而且顺”。梅先生说：“这是从全面出发的。字腔兼顾，而不做机械的对号入座，正是梅派一大优点。”梅氏父子对“字”、“腔”的处理原则是：“唱腔不给字音捆死，字音也不为唱腔

所破坏。”

京剧中的尖、团字，上口字是为了区别同音的字。梅兰芳在“字”方面，甚至自我否定。如《刺汤》中，老唱片中唱为 | 3 5 2　3 5 2 | 5 ，（鼓　咚　咚）而后来他教任颖华时唱成：| 5^{3}　$\dot{2}$ $\dot{2}$ |（鼓　咚咚），使字唱起来更清楚、有力，送得远。

梅派对尖团字要求非常讲究，但也不是绝对如此，例如《凤还巢》中“姐姐”两字应该都念成尖字，但梅兰芳念时，仅把后一个“姐”字念成“尖”字，这样语气上就更自然了。新中国成立后，梅兰芳又对有的上口字作了适当的调整，并把这些规律传授给了梅先生，目的也是为了使观众听得更清楚。

大家知道，京剧传承教学，无论是书寓，科班或是私家，均以口传心授为主，演员是靠长时间的积累而自觉掌握了韵白规律，达到了阅读文字随即念出韵白的能力，掌握了京剧韵白和普通话之间的转换规律，能运用自如。梅派白口，气口准确是关键。梅氏父子能以气口为手段来达到抑扬顿挫的目的。这一方面，梅葆玖几乎已超越前人，这也是大家公认的。例如在《三击掌》中，王宝钏念：“……高搭彩楼，抛球招赘”中“楼”和“抛”之间不能有气口，而一般演员都不会注意到，今年在中国戏曲学院创排《梅兰霓裳》之时，我请梅先生在我家中，把全剧中杨贵妃的全部白口，一字不漏地全部录音，并制成 MP3，要求参演的同学和老师都以此描红，从头开始，老老实实地学，非常必要。不能再出现人已经相当出名，而白口都念不好这样的怪现象，幼功大有问题！

梅先生常跟我说：“字音要正，四声不倒，尖团不混，五音分明。京韵无入声，南昆有入声。父亲有时在吃饭时，搞笑，学俞五爷的入声字，‘命苦啊命薄’的‘薄’字，还学得真像、真乐！”

我说："我少年时期，李三爷（释戡）推荐，杨老师（畹农）教我入门。他们文化功底厚实，一手王羲之。音韵、尖团都是在说戏过程中讲解，我现在受聘中国戏曲学院梅兰芳艺术研究中心，和同学们相互研究讨论，也是戏说到那个字，把尖团、四声、口形、发声部位一起说。我认为比单说理论，容易记。理论源头要了解清楚，这也是演员所必需的。"

京剧音韵指的是京剧独特的语言体系。它以普通话为主题，吸收了安徽、湖北、苏州等方言，经过一二百年许多老艺人不断地琢磨、创造、改进、提高，形成一种综合的语言体系。京剧音韵来源于徽调，采用中州韵，习同于昆曲，又采用"十三辙"及北方音，加上湖广韵和个别老艺人公认的传统习惯，形成特有的语言体系。比较复杂，不能随便改革，简单化的改革要闹笑话的。

中州韵的尖团字与湖广音的四声声调构成京剧音韵体系的主要框架，这一思路必须清晰，取消尖团字就会成笑话。现代的戏校同学，完全可以用汉语拼音来简化读音，易记，也不会为难字而困。个别例外，如梅派"大王"的"王"字就不能按（wáng）来念，无奈，无法用拼音字母表达，只能在《霸王别姬》中"大王……"念白中的"王"去听辨，《女起解》中反调第二句，"想起了王金龙负义儿男"中"王"字，如唱准（wáng）会很难听。尖团字的起源，这些比较深的问题，我没有来得及问我们的前辈，也无书可查，李三爷（释戡）他们都走了，在世时我也从没想到要问，我们还真只有"干活的"水准，几十出梅派戏里那些比较难的字，不搞错也就满足了，也没有时间去专心学老生戏，而且我也从没有见过有关尖团字的起源和运用法则的理论研究著作问世。《中国京剧史》里讲得极为笼统。齐如山先生的家乡河北高阳人的口音，很多人满口"尖字"，如"薛平贵"的"薛"字，很特别。再有苏州人，以前思南路梅家亲友周围不少人是苏州人，那个口音，许多字念"尖"字，好像"酒"字，所以有时我碰到一个无法确定的字，除了用“十三辙”来认定它的母音，就是参考苏州方言。“十三辙”里，姑苏、怀来、灰堆、中东几个辙没有尖字，发花辙的“斜”，即《醉酒》中“玉石桥斜倚把栏杆靠”的“斜”字，其他没有尖字。一般学梅派的把《洛神》里的字搞明白了，再举一反三，效果比较好。一般地说，北京人经常误把北京话里舌尖前音做声母的字，误认为尖字，错了，这不是京剧音韵里的尖字。如果专门去背尖团，反没有在学戏过程中逐步积累效果好，这是经验之谈，王幼卿老师说戏也是那样的。

第三，梅派唱腔艺术非常善于以内在感情传达剧中人的思想。宏观上来说，可以从他的演唱中区别出各种各样人物的身份、性格、处境和教养；从微观上说，他结合剧情，唱腔上每一个细节的变化又都和剧中人当时、当地的思想感情、内心活动十分吻合熨帖。更难能可贵的，是这一切又都表现得极有分寸，恰到好处，绝不使人感到过分或不足。

在梅兰芳晚年经常演出的，经他反复琢磨千锤百炼的那些梅派代表作中尤其如此，例如《宇宙锋》《贵妃醉酒》等，我们不对每一出代表作详细分析，举一二例子说明一下：《汾河湾》和《武家坡》剧情差不多，两个主角的丈夫都出外从军，离家一十八载，又同样回家团聚，虽然《汾河湾》里多了一只鞋子的曲折，大体看来是大同小异的，可柳迎春和王宝钏身份和教养都不一样，王是丞相之女，柳是一般平民出身。梅兰芳在演这两出戏时，语言的语气、语调和手势的表达都不一样。王宝钏比较庄重，而柳迎春比较洒脱。在《汾河湾》中那段流传很广的【原板】中“全仗儿打雁奉养娘亲”，也改唱成“靠儿打雁奉养娘亲”，【慢板】的最后一句：

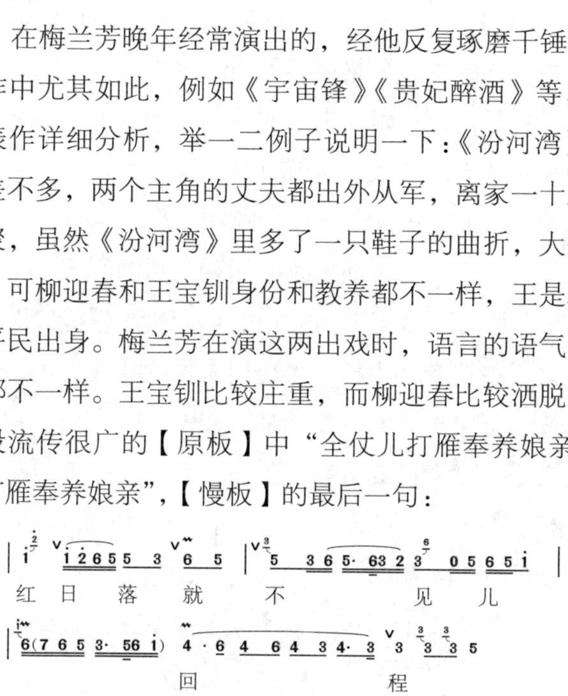

字的安排和《武家坡》【慢板】就不一样，演唱时的语气就像平民妇人，而又不失其美。

再如，同样一个哭头，又同样受非生母冷遇的《凤还巢》中的程雪娥和《春秋配》中的姜秋莲两个人物上，唱腔也不一样了，程雪娥是：

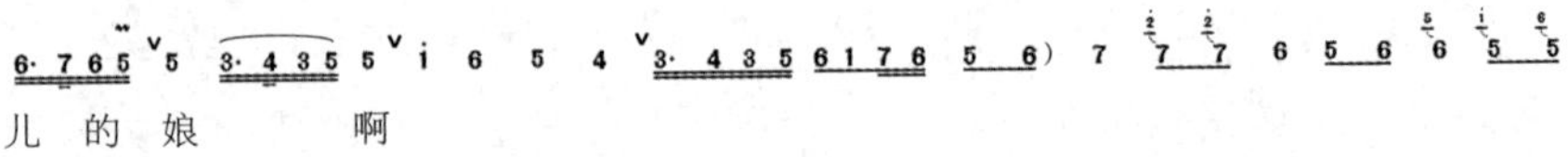

姜秋莲受继母虐待迫使捡柴，逆境之中遇到意中之人，想起身世，便用了如直上云霄的高腔。程雪娥虽然为相府小姐，但为妾所生，受到大娘的愚弄，满腹委屈，以低腔来表现似落花委地摇曳纡折，盘而后出。

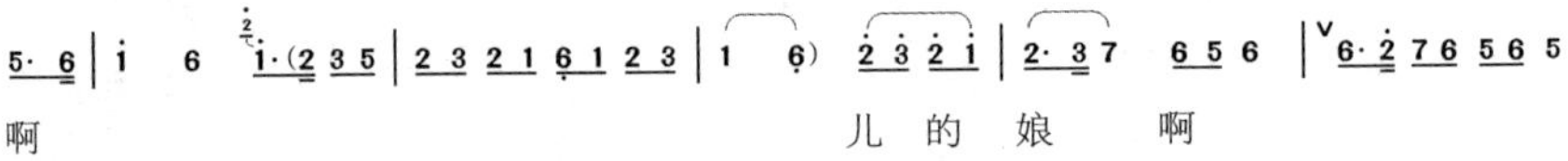

《宇宙锋》是梅兰芳最为偏爱、下工夫最深的戏。我们可以从《宇宙锋》中最精彩的“修本”一场的唱腔艺术中来深刻认识梅兰芳唱腔艺术的主要风格。剧中主人公赵艳容是当朝丞相之女，教养赋予她凝重端正的风度。可是这位小姐在夫家遭遇到突如其来的奇祸，回到娘家后面对着的又是丈夫的敌人，也就是她的父亲。她不得不采用完全相违背的行为和言语。梅氏父子在演此剧中，极深刻体会到她这种复杂而矛盾的处境，一出场就表演出她的两种交错的心情——冷静和愤慨。“老爹爹发恩德将本修上”，这段【西皮原板】是赵艳容见父答应修本，绝望之后忽得意外生机，表现出喜悦的感情，也是这出戏中赵艳容唯一的愉快情绪。梅兰芳在胡琴刚起过门时，使了一个双抖袖的身段，给了观众一个喜悦的背影。第一句中有一个气口是放在“将本修上”的“上”字出口后，而不是出口前，增加了喜悦的成分。第二句“明早朝上金殿面奏吾皇”，“面奏吾皇”四字略有跳跃，旋律华丽开朗，把赵女善良而天真的希望和幻想以及对父亲的真挚感情表

现得十分动人。随后进入了另一阶段，赵女先是狐疑和惊怖，随后又转到父女发生口角，开始与她那卑鄙、阴险的父亲发生正面冲突了。女儿三次听完赵高的话，对父亲作了一次比一次紧张的抗拒，梅兰芳采用了三种不同形式的【散板】，来表达当时的心理状态，而十分微妙，尤其最后父亲见女儿十分倔犟，就用封建时代的两座大山——父命和圣旨压将过来。梅兰芳用摔双袖的身段表达了赵女誓死不从的决心，唱出了“见此情我这里不敢怠慢，必须要定巧计才得安然”。赵女意识到了父亲的不择手段和皇帝的无上淫威，绝不是她那样一个弱女子所能抵抗的，只有另想巧计来渡难关。所以这句【散板】唱来强自镇定，尤其是“安然”二字，走低腔安排成：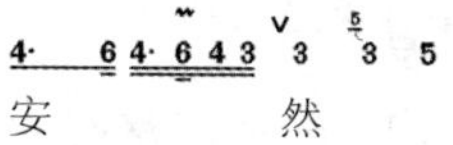

，而且唱得比较缓慢，似乎是她还在想主意呢。这几句【散板】对演员来说是很见功夫的。初步的调查，梅兰芳晚年就这几句【散板】，或字或腔改了七次以上。梅先生是在“文革”以后才演这出戏的，当然是按梅兰芳最后一次修改本唱的，梅兰芳认为梅先生40岁前，人生阅历不够，这戏不能动。所以学了没演过，“文革”就来了。20世纪末梅先生手把手教给了李胜素，李胜素2010年5月再次演出了全本《宇宙锋》，引起广泛的注意，表演精致，身上松弛得到一致好评。从“……乌云扯乱”到大段【反二黄】，剧情进入高潮，【散板】唱腔渐渐提高，配合了初步的疯态。“他那里道我疯随机应变，倒卧在尘埃地（就）信口胡言”，腔连着唱，和身段的配合也达到了天衣无缝的境界。【反二黄慢板】是戏中唱腔之核心，而且技巧要求高、难度大，唱腔和表情必须十分熨合才能取得应有的效果。唱腔的语气、语调、语架都要处处使观众想到赵艳容是假疯，梅氏父子均以出色的演唱表现了人物感情的真与假之间，疯癫行为与内心痛苦之间，作了细微刻画，在那疯癫轻狂的唱腔语气中，却每每流露出内心的哀伤，但又是如此自然，毫无做作装扮之势，真使人拍案叫绝！

这段【反二黄慢板】共六句（最早是八句），其中有四句是长腔，速度比较慢，慢曲难唱，唱慢了很容易拖沓，从而破坏情绪，对演员是一个考验，很容易使自己的弱点暴露无遗。梅氏父子的演唱在这里达到了很高境界。他们动用了身段、神情、音乐手段和唱腔融为一体，长而慢的拖腔不但没有捆住手脚，反而成为充分发挥人物悲哀、羞耻、温存、疯癫各种复杂的内心因素和它所包含的感情手段，成了他们发挥表现艺术才能的良好机会。

从《宇宙锋》的“修本”这场戏的唱腔艺术，可以看出梅氏父子不仅能运用唱腔的变化把人物心理发展作不同的表现，而且他们非常善于抓住每一个小环节的处理，运用唱腔的细微变化把人物心理发展的过程表现得极为细微，极有层次。

梅葆玖的声音，虽然和他父亲发声位置并不尽相同，但都是一条响堂的好嗓子，是唱梅派必需和充分的条件。

第四，声音上的美和表演上的美的高度统一。

梅派唱腔对人物感情的刻画是十分深刻，充分而又真实的。但它不是生活的再现，而是融化在美的艺术形象之中。唯其美，就能更深地激动观众的心弦，使观众产生共鸣。有人说，梅兰芳的美，仅是表演上的雍容华贵和唱腔的富丽堂皇，应该说，这是梅兰芳的一个重要方面，而不是全部。梅派名剧《生死恨》中“机房夜诉”一场中大段的【二黄】，从【导板】【散板】【回龙】【慢板】到【原板】，在梅派唱腔艺术中是很典型的，至今仍受到戏迷的喜爱。甚至几位完全不懂京剧的人听了以后（当然还得看唱词了），也认为是出色的咏叹词。这个唱段是由许姬传作词，徐兰沅、王少卿和梅兰芳一起设计唱腔的，结构别具一格。【导板】后【散板】的安排，把主人公韩玉娘凄楚、悲怆的心情表现得很真切、很强烈，可谓“凄凄切切、悲歌当哭”而且整个唱段繁简相重、疏密有致，感情色彩富于变化，是梅派唱腔中的精品。梅氏父子唱来，从非常凄凉婉转的【导板】和【散板】，到叙述性的【慢板】，接【快三眼】一气呵成。行腔雅美，听不出哭哭啼啼，而竟使人落泪，戏中并没有交战胜利的场面，然而“一刀一个、宰尽杀绝……”的唱腔又是非常振奋人心，我想当年（1934年到1937年）的观众一定会以古比今，增加了抗日战争的信心。

梅氏父子在处理静与动矛盾的统一方面，《生死恨》的“机房夜诉”，可称绝品。以静制动，以静寓动这种表演手法，可惜在当前大量的新编剧中已经少见了。某话剧导演说，“人家看不懂，坐不住”，我想可能他本人“坐不住”是主要的。完全可以用今年梅先生和周龙导演所示，用多媒体的手段，天幕屏上出现“一刀一个、宰尽杀绝”，与敌交战的虚拟场景，甚至采用动漫3D手段，大手笔的写意，但是台上的四功五法，绝对姓京。在《梅兰霓裳》的舞台实践中，已经取得了成功的经验。这与角儿用过于外露的强力白口，水袖技巧的堆砌，或者出现大幅度的翻滚等画蛇添足的处理是完全不同的。梅先生说：“大可不必担心观众看不懂。”

同样，《霸王别姬》则是激情与深沉矛盾的统一，那段极为著名的【南梆子】“看大王在帐中和衣睡稳，我这里走向前且散愁情。”焦虑的心情，丝毫没有外露。梅氏父子真是唱出了“云敛清空，冰轮乍涌”的环境气氛，冷冷清清使人屏息静听，清净得很，仿佛就会想到荒漠的古战场，悲凉的秋夜，虞美人独步月下，忧郁惆怅的心情以及那种诗情画意的境界。虞姬的忧思惆怅和凄美是通过动人的【南梆子】这样优美的旋律表达出来的。生活的真实在艺术里表现得更美好了，感人的程度更深了。

第五，京剧旧称皮黄剧，分西皮、二黄、反二黄三种曲调，每种曲调各有固定板式，艺术表现力有一定的局限性，如何以有限的板式曲调来表示出无限复杂丰富的艺术形象，使唱腔富有个性，而不落俗套。梅兰芳和徐兰沅、王少卿这三驾马车，对唱腔的板式和曲调，十分善于安排和运用，手法极为多样。如《太真外传》里他们运用【导板转慢板】【南梆子转流水】的创新唱腔；【二黄】唱腔中【导板】引出【回龙】是老祖宗的规矩，无人敢于破坏，而梅兰芳、徐兰沅、王少卿三位在《生死恨》中就在起【回龙】前加了四句【散板】，利用【散板】更能发挥出凄凉的特点，把舞台的气氛造足了，再起叙述性的【回龙】【慢板】，大大增加了艺术的感染力。即使晚年的梅兰芳，演出《凤还巢》时每当唱【慢板】的第一句时，同样和年轻时一样，必报满堂。梅兰芳为了表现出少女羞涩的心理，采用了旋律低回的两个较新的腔。

摘录如下：

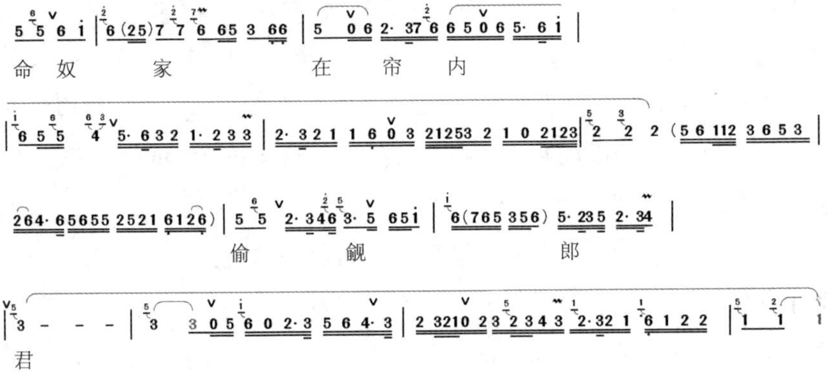

谱上所注气口的运用，是唱好这一腔的关键之关键，对唱腔之效果起到了画龙点睛的作用。传到梅葆玖手里，他对这类唱腔的乐感有自己的想法，他可以把几个唱腔分为几个小的起伏，表达出的感情就更加细腻，这是梅葆玖的成功之处。一般来说，在梅氏父子的演唱里，奇特的腔一般是少有的，但用起来却有惊人之笔，又十分合情合理。这段【慢板】的第三句，梅氏父子的演唱层次分明而且避免了旋律的重复，处理得极为高明，摘录如下：

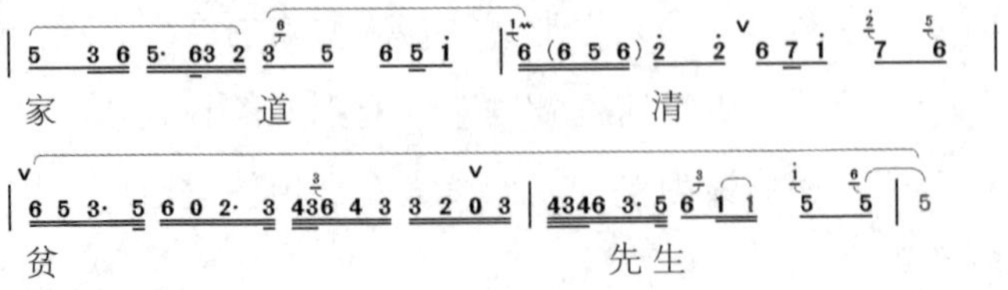

到了梅先生的学生那一代，没有仔细把“贫”字那一小节中 436 $\overset{6}{4}$ 3 略有跳跃的手法，处理成一般习惯的 43463· 5唱法，造成反复，而且是一顺边的，观众当然没有了感觉，想鼓掌都鼓不起来了。

我曾经和梅先生提出过这个问题，我说这样的例子还有几个，如果不引起警惕，强调所谓的“流畅”，会和一般大路活的唱法分不清了。梅兰芳这句“清贫”二字的唱法，从1929年大中华唱片公司出版这一段【慢板】，一直到1959年最后一次《凤还巢》从来没有变过，为什么我们下一代会视而不见呢？梅先生淡淡地说：“要学点乐理。”

梅兰芳的艺术创造是极富于革新精神的，在他的一生中，特别是他精力最充沛的大约44年时间里，身体力行地做了各种尝试和教学，使京剧大大地前进了好几步，他继承前人没有完成的事业，做了大量的工作，梅派唱腔艺术是在改革中形成的。

（四）

如何运用梅派唱腔艺术的成果来体现当今新时代的精神、新的欣赏趣味，如何从梅派唱腔的发展和形成中，给当前京剧作曲、唱腔和声腔设计的改革之士一些应有的启发。我曾就上述问题和梅先生请教了多次，并取得了一致的看法。

第一，继往开来。继承和发展是一个事物的两个方面，不继往何以开来，不推陈就无出新。继承和发展是相辅相成的，相互依存的关系，继承是手段而发展是目的。如果我们带着花岗石的头脑来继承梅派唱腔艺术，唱的一字、一腔、一个气口、一个颤音都丝毫不能动。或是“一切以梅兰芳中年的唱为标本”，不顾自身条件，一味描红，则最终是要被淘汰的。如果当年梅兰芳仅是维持时小福、陈德霖的原貌，也就不会有今天的梅派唱腔了。梅兰芳最杰出的成就是他不仅继承了我国戏曲艺术长期积累起来的传统成果，同时又超越了以往的总体水准，传统没有变，而达到了一个新的高度。

我们可以非常具体地从《宇宙锋》不同时期同一个腔的发展来说明：

初期梅兰芳演《宇宙锋》中【反调慢板】，其中第二句腔完全是按吴菱仙、陈德霖的唱法，延续下来的，其唱腔为：

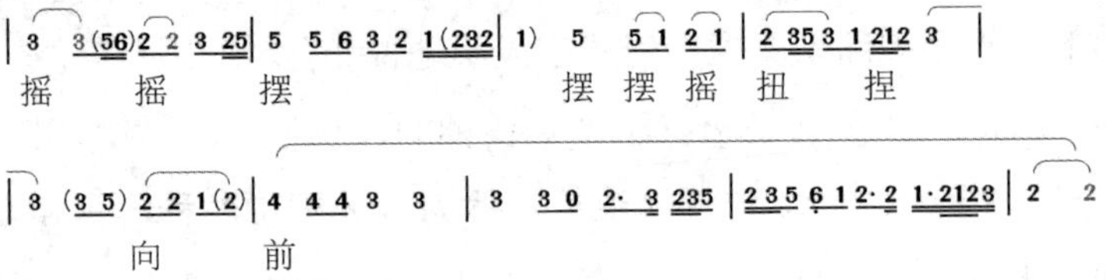

唱腔虽有悲愤情绪，但明显是干涩而平淡。

当梅兰芳受到王瑶卿、梅雨田的启示，并在梅雨田直接帮助下，大约在1928年前就改为：

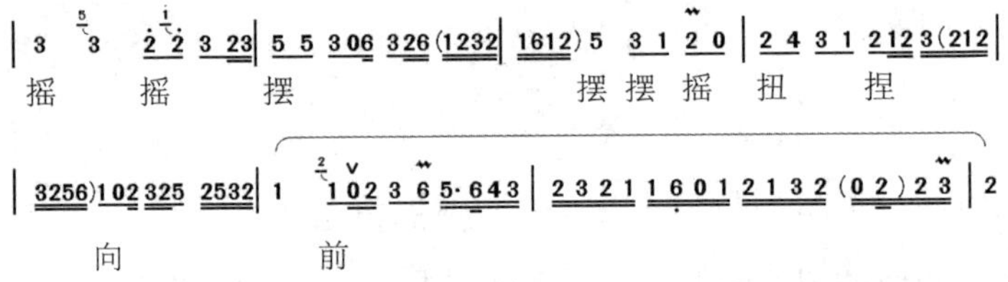

当他对《宇宙锋》反复琢磨，对剧中人理解更深刻后，把唱腔、身段、表情都融合在一起时，这一句唱腔就发展成现今60年中定格的

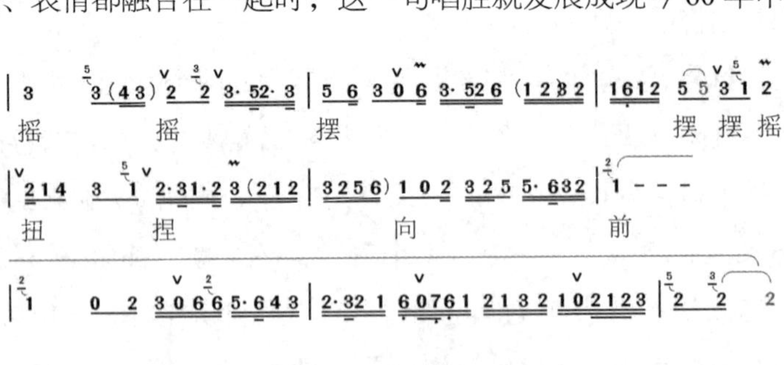

梅兰芳在1913年、1914年以及1916年每年都在当时工商业和时

代文化发展较为发达的上海演出一两个月，广泛地触及社会多个方面，尤其是和演新剧（当时的白话剧）朋友的交往，对他自己的舞台表演的改进和演变是起了重要作用的。他开始意识到原来师承的唱法表现不够强，需要进行突破，尤其是需要以细腻的表情动作，来加强唱腔的艺术发挥，同时又以大段唱腔来驱使优美的舞台和身段程式，这很明显是受了海派文化的影响，是唱念和做舞交辉互映，相得益彰。

《宇宙锋》是如此，《醉酒》《洛神》也是如此，唱功极为繁重，而表演又丰富多彩，使京剧艺术上升到了一个新的高度。可以说梅兰芳为我们如何继承与发展的辩证法的实践树立了极好的榜样。

第二，我们学艺术的，讲究“学会精通化”。学就是要有一定知识面的量，然后才能从中化出自己的东西来。老观众常为那些已经出了名的青年梅派演员就只能唱那几出戏，或“到那时要演出，学起来还来得及”，而感到吃惊。面对年轻的专业作者为某一梅派演员谱一出新戏，可自己连《太真外传》，包括多段梅兰芳本人创新的唱腔，不用说哼得出来，就听都没听过，而深为感叹。如果前辈艺术家的东西尚未学到手，就想有所发展而创新的流派，其结果谓之标新立异尚可，谓与前人不同亦可，而欲有一定造诣成为一个好的流派则未必，若谓超出前人而得发展，更是不可能的事情。

据统计，梅兰芳一生演出剧目，包括京剧与昆曲200余出，梅葆玖包括那些仅演出几次的如《三女抢板》或马少波改编的全新的《祭江》这些另类新戏在内，也有80余出，这就是量的概念。没有这个量的基础，要起变化是不可能的。39年前，我之所以和卢文勤先生把梅兰芳生前演出的43出戏，以尽量准确的简谱形式出版《梅兰芳唱腔集》，也就寄希望立志创造自己的流派的青年演员都尽量多地掌握一些梅派唱腔的精华，经过几代人的努力，而化生出新的流派来。照片中梅先生正在为此书内容和排列次序和卢文勤先生和我讨论，至今我还清楚记得，那天他就说：“这四十几出戏，绝大部分我都演过，有的我也没有演过，如《嫦娥奔月》《牢狱鸳鸯》《俊袭人》我能唱，还是父亲亲自说的，但没有演过。他后来也不演了，《牢狱鸳鸯》就没有见过了，让青年演员和专业人员都知道，为梅派常演的四十几出戏，以尽量准确的简谱形式出版《梅兰芳唱腔集》，也就是希望立志创造自己流派的青年演员都尽量多地掌握一些梅派唱腔的精华，经过几代人的努力，而化出新的流派来。”

继承和发展也不应该是互相孤立地进行，说是继承好了再发展，这是形而上学的概念，一个学生把老师的东西纹丝不动地保留下来是没有的，学生的生理条件、历史条件、社会条件和老师不可能一样。所以师承的要领是神似而不是形似，这就包含了在师承过程中就有结合本人条件来“化”的意思在内，梅兰芳在工作最紧张的时期，也就是1915年4月至1916年9月，18个月中创演了18出多种形式的新戏，唱腔上每出必有新腔，可这时期也正是他学习昆曲，演出昆曲最紧张的时期，这历史的事实可能是最好的说明了吧！

第三，梅兰芳的唱腔艺术之所以能博采众长，这与他丰富的艺术修养、团结他人，特别是和那些周围立志革新的同事，齐心协力是有极大关系的。他十分重视昆曲、地方戏、曲艺等各种歌唱艺术的创造精华。从《太真外传》【反二黄】唱腔中我们可以明显地感到刘宝全大鼓的味道。昆曲在我国声乐艺术中是宝库，它十分重视对语言的表现，讲究四声、音韵，并由此而发展出一系列的掌握和运用声音的技巧，如像五声四呼，出字收声，过腔接字以及行腔上的掇、叠、擞、霍、豁、断等方法而使之轻重疾徐，抑扬顿挫更为突出。梅兰芳吸取了昆曲的优点，并融化在自己的演唱之中。而借用梆子戏和大鼓口语化的特点。此外，对绘画、西洋音乐、电影的欣赏也广泛涉猎，把各种艺术的有益影响，错综复杂地融汇在一起，为自己的唱腔艺术服务。

梅兰芳十分尊重和他一起革新的师友、合作者，如早期的王瑶卿、陈彦衡、徐兰沅以及以后的王少卿，这些为梅派的形成和发展做出巨大贡献的人们。他们有的和梅兰芳共同编制了许多新腔，有的以自己出色的伴奏扶衬他的演唱，使其光芒更为显露。梅兰芳每有疑，必向他们虚心问教。

第四，有人承认梅派唱腔艺术确是体现了京剧传统声腔艺术的精华，但今天除了已年近八旬的梅葆玖以外，已听不到梅氏父子那样使人感叹不已的了，是否有新的梅派唱腔再度风靡一时也深感渺茫。是的，不可抗拒的客观规律，人们的生产方式、生活内容、精神面貌都在变，作为反映人们生活的文艺，它的内容也必定要适应时代的需求，而为内容服务的艺术形式必然要有所前进和发展。

梅派唱腔需要发展，已迫在眉睫。首先应该是认真学习梅兰芳不断思考和勇于思考的精神，争当促进派。如果一位梅派主演，她仅是满足于几出梅派戏，一字、一腔、一招、一式的刻意模仿，如果成风，无疑使梅派的表演艺术或唱腔艺术都会慢慢地僵化，其结果是一代不如一代，观众越来越少。振兴京剧，除了必须有好的剧本基础外，唱腔艺术的革新是第一因素，因为歌唱不单是演员能表现于舞台，而任何爱好者在任何场合，都能从简、随便地唱唱，因唱着玩，就更爱听、爱看，观众就越来越多，历来如此。

如何在一些新编历史剧中进行梅派唱腔艺术的革新，实践是首先的事，在做这件事的时候，专业对口写唱腔的和唱的演员对梅派唱腔艺术的风格和演唱技巧的掌握是成功之关键。梅兰芳在创新唱腔时曾说："歌唱，音乐结构第一，如同作文、作诗、写字、绘画，讲究布局、章法。所以繁简、单双要安排妥当，工尺高低的衔接，好比上下楼梯，必须拾级而登，顺流而下，才能和谐酣畅。要注意几个字：怪、乱、俗。……琢磨唱腔，大忌杂乱无章，硬山搁檩，使听的人一愣一愣，莫名其妙。"梅兰芳讲的要避免怪、乱、俗，提出来一个尊重观众耳音习惯的问题，即唱腔革新要在观众熟悉的格局上进行，起唱后，中间来个新腔，使观众一震，再回到传统上。一定要给观众留叫好的地方，千万不能使观众刚要叫好，腔却拐了弯，或者不知在哪叫好才合适，有那么几次折腾，观众泄气了，创作的功夫也白费了。梅兰芳的《太真外传》最后“仙会”中那一句【反二黄】的【回龙】:“我只得起徘徊忙推玉枕，斜挽云须花冠不整，转过银屏就来到前庭。”就是杰出的例子。遗憾的是，这80多年来几乎没有能听到过超越于此者。

有了好腔，熟悉、了解、掌握梅派的演唱技巧是不可少的手段，梅兰芳的演唱技巧发展过程中又有一个显著的变化，就是他冲破了当时那个时代审美观念的限制。当时正工青衣，必须按照樱桃小口，笑不露齿的原则去表演，这就不能不妨碍唱念中的咬字清晰度。梅兰芳在梅雨田的帮助下以《玉堂春》《武家坡》新腔作为开端，把调门略为降了一些，唱念的口型也放开些、松弛些，使音色明朗而甜润，字音也清楚了。这和有些学“梅派”走了样的，为了把字咬清楚，而把字咬得很死，声音发直，响而不糯，则是两个概念。关于咬字方面，如果不对传统戏曲中的一些古音加以改革，就会和今天的生活语言有距离，可考虑使用一些北京的字音，显得生动使群众易于接受。但要一步一步来，一个字一个字来，甚至同样一个字在不同戏里，都会有不同，千万不能一刀切。梅兰芳是那样做的，这可能是“移步不换形”的一个小小的部分吧！

在梅派新腔创作过程中，要十分注意梅兰芳唱法的技艺，也就是所谓梅派的味道，五音四呼、收声归韵是大法，是必须遵循的。大法之中还有小法，小法用得好，梅派的味道就浓。举几个例子来说明一下:《女起解》中【反二黄慢板】中第一句:“崇老伯他说是冤枉能辩”中，“崇”“他”“冤”三字梅兰芳全是用“立音双颤”的唱法，唱成$5\ {}^{6}5\,{}^{6}5$可一般都唱成$5\ \ 5$很平淡。在【导板】或行高腔的【散板】中也如此，如《天女散花》$2\ {}^{2}1\,{}^{2}1\ {}^{3}2\ {}^{3}2\ {}^{3}2\ \ 760$梅派的行腔中很重视立音要稳、要干净、不能乱花，要有那种在泰山顶上俯视一切，胸襟很宽阔，如

《西施》的【南梆子】里“每日里浣纱去……”中的“里”字，《穆桂英挂帅》的【原板】转【南梆子】中“全不减少年时……”的“不”字，都要唱成2· 5，5，音中要立起来，要挺拔，不能唱成2· 125。【慢板】的长腔中“断”要干净，“落”要柔美，也是具有共性的特色。如《春秋配》【二黄慢板】中“奴好比花未开风吹雨打”的“打”字长腔。

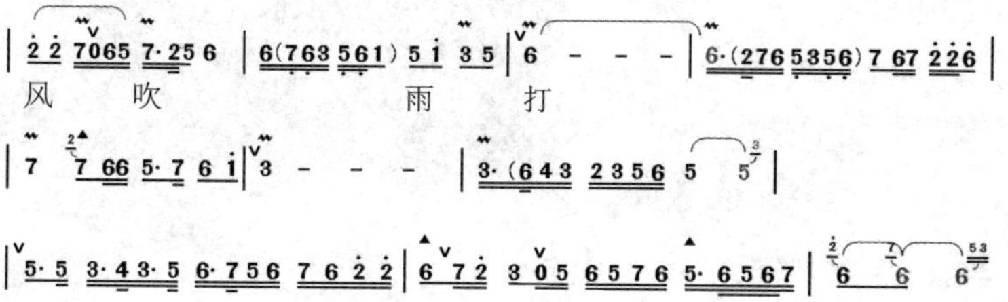

谱中注有▲符号就是压音，把长腔断开，便于感情的处理，音落在 3 上，下落三度，如果是干收或过分降级 5 3 的音，就显得缺乏美感，其他关于颤音、刚音的运用等法则不一一介绍了。总之，没有在这些技巧方面下一定的苦功，即使你对人物下过苦功揣摩，唱词也有一定的理解，并具有一定的演唱技巧，也会使人感到“梅”味不足。行话说：“不是这个意思。”在发展梅派唱腔的应用中，必须非常注意这个环节，否则梅迷们将不予承认。我们寄希望于胸怀壮志的青年们能深刻地探讨梅派唱腔艺术，“学其何以如此之神，而不必叹其如此之绝”。以“移步不换形”的哲学思想为标准，发展梅派的唱腔艺术。

年渐八旬的梅先生能保持今天的嗓音是京剧史上的奇迹，按理，“文革”息了那么多年，嗓子早回了，而他除了调门降了一点，其他一点没变，还是那么干净、清醇、通透，比起早年的刚，更加柔媚了一些，显得何等的稳当、雍容、大气。这将作为一种历史的奇迹，让后人去研究。

1988年于香港和邓丽君合影，邓丽君说："我想学梅派。"

梅先生和多明哥合影

梅葆玖76岁高龄演《穆桂英挂帅》，真像梅兰芳

《贵妃醉酒》剧照

《贵妃醉酒》剧照

跋

谢柏梁

一

人民政协组织精英荟萃，名家云集。政协委员是各族各界各行各业的翘楚，大多具备丰富的阅历和历史经验，将一部分卓有成就的委员生平写成传记，无疑是一件有意义的事情。

早在1959年4月29日，时任全国政协主席周恩来召开茶话会。他说："在分组会上听了几位老先生的发言，很有感触，觉得有必要和大家谈谈工作安排的问题，希望过了60岁的委员都能把自己的知识和经验留下来，作为对社会的贡献。这是从已故的程砚秋同志那里得到的启示。程砚秋同志的艺术修养很高，解放后在政治上和作风上也有很大进步，但总还是有点孤僻。在旧社会，他是孤身奋斗出来的，养成了洁身自好的习气，不大收徒弟，因此他的唱腔也就流传不广。解放以后，我曾劝他收徒弟。今年纪念他逝世一周年时，算了一下，他的徒弟不过十几个。程派唱腔又难学，徒弟们还没有学得好，他就去世了，录下来的唱片也不多。从这个问题联想到，凡有一技之长的老年人，总是多给社会留下一些东西好。"他还说："陈毅同志喜欢用《秋江》里的一句台词，说过了60岁又是一个新花甲。老道理新解，很好。"这篇讲话两次提到戏曲话题，并就程砚秋英年早逝联想到，凡有一技之长的老年人，最好要多给社会留下一些东西。这篇题为《把知识和经验留给后代》的讲话，开创了人民政协的文史资料工作，许多政协委员和社会知名人士，纷纷向政协组织提供富有“亲历、亲见、亲闻”特色的历史资料。50多年来，政协组织征集的各类史料汗牛充栋，蔚为大观，在“存史、资政、团结、育人”等方面发挥了独特的作用。

中国政协文史馆每年选择一批德高望重的委员，组织专门力量帮助他们收集、整理个人资料并以传记形式出版。首批传主选定为全国政协委员中德艺双馨的京昆表演艺术家梅葆玖、谭元寿、李世济、叶少兰、蔡正仁。2013年2月22日，全国政协副主席孙家正参加“中国政协文史馆委员传记工作座谈会”。6月25日，孙家正等又参加了在国家京剧院举行的“济世为民·艺术人生——李世济艺术传承暨传记写作座谈会”。在这两次会议上，孙家正深入阐述了为京昆艺术家撰写传记的意义。他指出，中国有着文学艺术等方面丰厚的文化资源。戏曲艺术是文学艺术的综合性载体，京昆艺术作为人类口头与非物质文化遗产代表作，又是雅俗共赏、中外同尊的艺术瑰宝。通过对首批入选李世济等五位京昆艺术家璀璨人生的展示与宣扬，可以在一定层面上形成热爱艺术、热爱艺术家的社会风尚，让更多戏曲爱好者及社会热心人士来关注戏曲、热爱戏曲，并投身到戏曲艺术传承发展这个光荣的工作中来。

为有效推动首批传主的撰写工作，中国政协文史馆与中国戏曲学院合作，共同负责戏曲界委员传记丛书的撰写出版工作。

二

纷繁历史，因人物而精彩；梨园天地，赖优伶而生存。

从唐代的梨园开始，美妙绝伦的中华戏曲艺术至少存在了漫长的10个世纪。千百年以来，戏曲艺术一直蓬勃发展，成为中国人民雅俗共赏的奇葩和民族文化中的闪亮名片。

较早对优伶进行分类撰述的史书，是宋代欧阳修的《新五代史》。该书包含分类列传四十五卷，殊为难得。曾被收入到中学教科书的《五代史·伶官传序》云：“《书》曰：‘满招损，谦受益。’忧劳可以兴国，逸豫可以亡身，自然之理也。故方其盛也，举天下之豪杰，莫能与之争；及其衰也，数十伶人困之，而身死国灭，为天下笑。夫祸患常积于忽微，而智勇多困于所溺，岂独伶人也哉！”欧阳修本想说明祸患乃多方面原因累积爆发而成，但还是给伶人带来了较大的负面影响。

西方世界中对戏剧艺术家的看法与中国迥异。晚清以来最早睁开眼睛看世界的中国人，是那些在西方世界出使、考察或者读书的官员士子。当他们瞻仰西洋剧院的建筑艺术之华美绝伦、内部装饰之金碧辉煌后，由衷地生出赞美之情，感叹西洋剧院“规模壮阔逾于王宫”；特别是舞台上的机关布景之生动逼真，变幻无穷，“令观者若身历其境，疑非人间”；至于西方的戏剧艺术家地位之高贵，更是令国人叹为观止：所谓“英俗演剧者为艺士，非如中国优伶之贱”，“优伶声价之重，直与王公争衡”！

三

我国历史上最先高度评价戏曲艺术家的文人，是元代的钟嗣成（约1279—约1360）。这位祖籍大梁（今河南开封）的人士长期生活在素有天堂之称的杭州城。他先在杭州官学读书，师从于邓文原、曹鉴、刘濩等名家宿儒，又与对戏曲有着共同爱好的赵良弼、屈恭之、刘宣子、李齐贤等人同窗攻书，其乐融融。

钟氏名传青史的著作是为中华民族有史以来第一代剧作家描容写心、传神存照、树碑立传的《录鬼簿》。《录鬼簿》上卷分为三类：“前辈已死名公有乐府行于世者”“方今名公”“前辈已死名公才人有所编传奇行于世者”。这三类名公才人之情形，乃其友陆仲良从“克斋吴公”处辗转所得，故“未尽其详”。下卷分为四类：“方今已亡名公才人余相知者为之作传，以【凌波曲】吊之”“已死才人不相知者”“方今才人相知者，纪其姓名行实并所编”“方今才人闻名而不相知者”。这上下两卷书大体依据时代先后加以排列，一共记述了400余种剧目以及152位元杂剧及散曲作家的基本情况。

元杂剧作为中国戏剧史上第一个黄金时代，需要进行认真的归纳和总结。从此意义上言，钟嗣成在中国的地位，甚至可以与西方的大学问家亚里斯多德等人的《诗学》等书相提并论。有明一代，在贾仲明所增补的天一阁蓝格钞本《录鬼簿》之后，又附有约成书于洪熙、宣德（1425—1435）年间的《录鬼簿续编》一卷。该书直接受到《录鬼簿》的影响，以相同的体例记述了元、明之间一些戏曲家、散曲家的大致事迹，接续前贤，踵事增华，令人欣慰。

与《录鬼簿》蔚为双璧的元代重要戏曲典籍，是生于元延佑年间、卒于明初的华亭（今上海松江）人夏庭芝所撰的《青楼集》。前书论作家，后者集演员，正好勾勒出元代戏曲艺术家中两个重要部类的旖旎景观和绰约风采。《青楼集》作为第一部比较简练而系统的表演艺术家史传，对研究元代演剧、表演艺术、演员行迹与时代风尚等，都具有非常重要的史料价值和文化价值。

与明清以来关于戏曲剧作家的记录相对寂寥的研究局面不同，类似明代潘之恒《鸾啸小品》之类关于演员与表演艺术的文献相对较多。表演艺术家的优美声容与较大的社会影响力，受到较多的关注和充盈的记载，就在情理之中了。

清代的演员记录蔚为大观。《清代梨园燕都史料》中所收录的《燕兰小谱》《日下看花记》等几十种书目都对演员予以了主体性的关注。比方小铁笛道人序其做传源起云："唐有雅乐部。宋时院本始标花旦之名，南北部恒参用之。每部多不过四、三人而已。有明肇始昆腔，洋洋盈耳。而弋阳、梆子、琴、柳各腔，南北繁会，笙磬同音，歌咏升平，伶工荟萃，莫盛于京华。往者，六大班旗鼓相当，名优云集，一时称盛。嗣自川派擅场，蹈蹻竞胜，坠髻争妍，如火如荼，目不暇给，风气一新。迩来徽部迭兴，踵事增华，人浮于剧，联络五方之音，合为一致，舞衣歌扇，风调又非卅年前矣。……录成一稿，名之曰《日下看花记》。梨园月旦，花国董狐，盖其慎哉。余别有《杨柳春词》一册，备载芳名，以志网罗无俾遗珠之叹。凡不登斯录者，毋怼予为寡情也。噫！”这段序言，既有史识在，又见人情浓，令人为之莞尔首肯。

民国以来，报刊和图书出版业勃兴，关于演员的记载、评选和评论蔚为大观，广受社会关注。王芷章（1903—1982）的《清代伶官传》（中华书局1936年版）辑录曾在清宫内当差演剧的演员、乐师、检场、衣箱等人的小传；由徐慕云编著的《中国戏剧史》（1938上海世界书局版）卷一专列《古今优伶戏曲史》，以编年体形式纵述自先秦直到民国戏曲演员的历史脉络与知名演员，颇具史家眼光。

北京学者孙崇涛、徐宏图等人合著的《戏曲优伶史》（文化艺术出版社1990年）和上海学者谭帆的《优伶史》（上海文艺出版社1995年版）先后问世，丰富了中国历代演员事迹的研究。

四

中华人民共和国成立后，戏剧艺术家的地位得到了前所未有的提高。在全国人大代表和全国政协委员的席位中，戏剧家特别是戏曲表演艺术家都占有一定名额。

关于戏曲表演艺术家的各种传记资料陆续出版并受到广泛重视。最富盛名的自传性著作是梅兰芳的《舞台生活四十年》。记录盖叫天行传的《粉墨春秋》，也激励过业内外的诸多读者。20世纪末到本世纪初，关于戏曲艺术家的传记蔚为大观，但也还存在着收录偏少、体例不全的遗憾，随着新资料的发掘和新人物的涌现，社会各界迫切需要一套相对系统、完整的戏曲人物传记资料。

中国政协文史馆提倡并主持为戏曲界别的委员们写传记，我所在的中国戏曲学院积极参与。政协委员中的戏曲艺术家的系列评传，从一个侧面托举出中华文化中戏曲艺术家的辉煌群像。

戏曲艺术家们在舞台上创造了富于美感的各色人物形象，但在生活中却是一位凡人，或者往往是一位烦恼更多的凡人。如何使得生活中的凡人和舞台上具备各色美感的佳人才子、英雄豪杰和各色人等有机地对接起来，更是亟需在传记写作过程中不断探索的难关。

戏曲天地，风云变幻，梨园人间，名家辈出。区区一套丛书，尽管编者力图使之相对完整系统一些，但挂一漏万、沧海遗珠的现象，还是会在所尽有。即便收入本丛书中的名家大师，由于历史的某些误会以及材料的相对匮乏，错讹之处在所难免。尚求方家不吝指正，遂使学问一道，代有传承；梨园群星，光芒璀璨。这也正好呼应了马克思的人物传记理想，那就是写人物应当从感情气势上具备“强烈色彩”“栩栩如生”，力求达到恩格斯关于人物形象应当“光芒夺目”的审美理想。

尽管为梨园界的艺术家们作传，从理论上看厥功甚伟，但是要做好任何事情却常常会举步维艰，甚至梨园界的一些同仁乃至某些传主的家属学生，也都会存在着不一致的想法。尽管前路漫漫，云雾遮蔽，坎坷难行，但是坚定的追求者和行路人还是会历经千辛万苦，抹去一路风尘，汇聚文章锦绣，迎来晨曦微明。

彼时彼刻，仰望戏曲艺术的长天之上，那一颗颗晶莹的晨星正在深情地闪烁着动人的光华。晨钟暮鼓响起，无限芳馨远播，那正是全体传记写作人和得以分享传记的读书人，以及关心本套丛书的戏迷和社会各界朋友们的无量福音。

（谢柏梁：中国戏曲学院戏文系主任、国务院政府特殊津贴专家、中国戏剧文学副会长、国际剧评协会中国分会副理事长）

2014 年 5 月 28 日